本书为国家级一流本科专业（英语）建设、中国外语教育基金资助项目"基于CLIL大学外语课程思政体系构建与实践路径"（ZGWYJYJJ10A001）的阶段性成果

U0743948

新时代高校外语
专业建设与课程思政
理论与实践

The Foreign Language
Curriculum Development and Ideology in
Higher Education in the New Era
Theory and Practice

贾爱武　主　编
陈映戎　副主编

浙江工商大学出版社 ZHEJIANG GONGSHANG UNIVERSITY PRESS | 杭州

图书在版编目(CIP)数据

新时代高校外语专业建设与课程思政:理论与实践 /
贾爱武主编. —杭州:浙江工商大学出版社,2021.6(2022.11重印)
　ISBN 978-7-5178-4356-6

　Ⅰ.①新… Ⅱ.①贾… Ⅲ.①高等学校—外语—学科
建设—研究 ②高等学校—思想政治教育—研究 Ⅳ.
①H09 ②G641

中国版本图书馆 CIP 数据核字(2021)第032633号

新时代高校外语专业建设与课程思政——理论与实践
XINSHIDAI GAOXIAO WAIYU ZHUANYE JIANSHE YU KECHENG SIZHENG——LILUN YU SHIJIAN
主　编　贾爱武　副主编　陈映戎

责任编辑	王　英
封面设计	王妤驰
责任校对	穆静雯　熊静文
责任印制	包建辉
出版发行	浙江工商大学出版社
	(杭州市教工路198号　邮政编码310012)
	(E-mail:zjgsupress@163.com)
	(网址:http://www.zjgsupress.com)
	电话:0571-88904980,88831806(传真)
排　　版	杭州朝曦图文设计有限公司
印　　刷	杭州高腾印务有限公司
开　　本	710mm×1000mm　1/16
印　　张	23.5
字　　数	343千
版 印 次	2021年6月第1版　2022年11月第2次印刷
书　　号	ISBN 978-7-5178-4356-6
定　　价	68.00元

前　言

　　《新时代高校外语专业建设与课程思政：理论与实践》从选题策划到编辑出版,历时两年多。这是浙江工商大学外国语学院教师集体智慧和实践的成果,彰显了我校外国语学院紧扣时代脉搏,积极投身一流专业建设和课程思政实践,践行立德树人这一教育根本任务的精神。

　　本书是在深入学习全国教育大会精神、不断深化课程思政"三全育人"理念、推进新文科建设、开展国家一流专业和课程建设以及构建新文科人才培养体系的这一宏大背景下所进行的系列丛书策划与阶段性落实。2019年学院出版了《高校外语课程育人行动研究——教师叙事文集(第一辑)》,共收录案例40篇,生动描述了30多位教师在大学外语课程思政教学改革中的亲身体验和反思感悟。本书为姊妹篇,汇集了学院43位教师对新时代外语专业建设及人才培养的研究探索和教学实践经验。

　　全书包括六大主题,即"一流专业与人才培养""专业课程建设""课程思政""线上线下混合式教学""教学思考与创新""教师专业发展"。这不仅从宏观视角探讨了一流外语专业建设和人才培养的政策、方法与创新路径,而且从微观层面探索了具体课程的建设,提供了多个生动的课程思政及线上线下混合式教学案例。同时,本书也对不同教学方法的课堂效果及外语教师专业发展进行了探讨与反思。

　　本书为国家级一流本科专业(英语)建设、中国外语教育基金资助项目"基于CLIL大学外语课程思政体系构建与实践路径"(ZGWYJYJJ10A001)的阶段性成果。本书得到浙江省"十三五"英语优势专业建设经费资助。

　　在该文集付梓之际,我们向一直鼎力支持外国语学院教学与科研发展的浙江工商大学出版社致以谢意,感谢责任编辑王英女士的专业精神和认真负责的态度。相信该文集能够向外语界同仁展现学院外语教学与研究的最新成果,促进外国语言文学学科建设与发展。

由于时间和水平有限,文中不当之处,恳请广大专家、读者不吝批评指正。

编委会

浙江工商大学外国语学院

2021 年 5 月 20 日

目　录

线上线下混合式教学

教学思考与创新

教师专业发展

一流专业与人才培养

一流英语类专业建设政策理据*

贾爱武①　　马佳玲②

一、前言

新时代中国高等教育规模跃居全球领先地位,开始进入世界高等教育发展第一方阵,与国际高等教育最新发展理念和发展标准同频共振,世界高等教育界开始倾听中国声音、融入中国元素(吴岩,2017)。2018年,教育部实施建设国家级和省级一流本科专业的"双万计划"。2019年,教育部启动"六卓越一拔尖"计划2.0,全面推进新文科建设。在新时代、新文科和"双万计划"的大背景下,建设一流专业成为各高校亟须思考和实践的重要课题。本文将简要梳理一流英语专业建设的相关文件,理清思路,从政策角度为浙江工商大学外国语学院英语专业建设奠定理论基础。

二、一流英语类专业建设

2018年,教育部颁布了《普通高等学校本科专业类教学质量国家标准(外国语言文学类)》(简称"《国标》");2020年,外语教学指导委员会推出《普通高等学校本科外国语言文学类专业教学指南(试行)》(简称"《指南》")。以上文件为各高校进一步明确专业定位、深化专业建设、创新人

* 基金项目:本文系2021年度浙江工商大学新文科研究与改革实践项目"外语复合型拔尖人才立体分类式培养模式创新与实践"和"新文科背景下涉外复合型高级听说人才培养创新研究"的阶段性成果。
① 贾爱武,博士,浙江工商大学外国语学院教授,研究方向为英语教育。
② 马佳玲,浙江工商大学外国语学院研究生,研究方向为英语笔译。

才培养、推进课程改革提供了参考和依据。

(一)人才培养目标

根据《国标》，外语类专业的培养目标是："培养具有良好的综合素质、扎实的外语基本功和专业知识与能力，掌握相关专业知识，适应我国对外交流、国家与地方经济社会发展、各类涉外行业、外语教育与学术研究需要的各外语语种专业人才和复合型外语人才。"(教育部,2018)《国标》是各高校制订本校英语类专业人才培养方案的参照标准。

根据当今国际组织给出的人才十大核心素养——民族文化身份认同，尊重多元文化的价值观，客户和目标取向的思维方式，语言沟通能力，信息技术运用能力，团队合作能力，组织、计划、管理与领导力，主动开放、认真负责、灵活应变、积极抗压的个性特征，学习意愿和持续学习的能力，专业精神和专业知识(国际司,2016)，以及当前新文科、大外语的时代背景，各高校可以依据本校的办学类型、办学条件、生源特征、所处的地理位置以及经济社会环境等，从学校实际出发，立足国家和地方的社会经济现实需求，面向世界，面向未来，以《国标》为基准，根据《指南》中对学生素质、能力、知识培养的校本化人才培养规格和模式，培养"一专多能"的国际化、复合型人才，满足国家对外语人才的多元需求，提高学生参与全球治理的能力和竞争力。

因此，在《国标》和《指南》原则与精神的指导下，各高校外语类专业点要坚持做到"内涵发展、多元发展和创新发展"(孙有中,2020)，努力培养时代需要、国家期待的外语专业人才。

(二)课程体系建设

专业建设最终要落实到课程建设上，高水平的课程建设才能促进高质量的专业建设。2018年，高教司司长吴岩就"一流专业和一流课程"议题，提出"打造有创新性、挑战度的金课"。为此，教师的课程目标、课程内容、教学手段和教学模式必须更新、完善，并做到将知识、能力和素质有机融合(教育部,2019)。而且，新文科建设的根本就是优化课程设置体系、培养复合型人才(马骁,2019)。可见,课程体系是实现人才培养目标的主要载体,是各高校英语类专业人才培养定位、培养模式和办学特色的集中体现(王巍巍、仲伟合,2017)。

英语类专业课程体系,主要包括总体框架、学制/学分/学时要求和课程设置。课程设置包括理论知识与技能课程(通识类课程、公共基础类课程、外语专业技能类课程、专业基础类课程、专业类课程)、实践教学环节(专业类实训、社会实践)、毕业论文/设计(选题要求、内容要求、指导要求)(戴炜栋、王雪梅,2014)。课程体系的组成要素相互联系,不可或缺,共同作用,以促进人才培养目标的实现。

为此,在教学实践上,我们要围绕以学生为中心的教育理念,不断创新教育教学方法,创新教学内容和教学手段,强化现代信息技术与教育教学深度融合,营造课内课外、线上线下、实体虚拟相结合的智能化教学环境,将《国标》和《指南》精神落实到具体教学改革实践中。

(三)专业建设实践

2019年,浙江工商大学英语专业和对外经济贸易大学商务英语专业入选国家级一流本科专业建设点名单。两所高校同为国内排名靠前的财经类高校,尽管它们在办学层次、地理位置、经济环境、人才培养规格等方面存在差异,但是,我们不能否认二者在许多方面存在类似或相同之处。在高校追求高水平特色化发展道路上,相互学习、相互借鉴对于完善一流专业建设方案来说是极具针对性和可行性的有效路径。

1. 商务英语专业建设案例

对外经济贸易大学是首批"211工程"和首批"双一流"建设高校之一。该校的商务英语专业是国内高校中首个获准设立的英语类本科专业,旨在培养具有宽广的国际视野与较高的人文素养,适应经济全球化发展和我国新时代对外开放需要,具备扎实的英语基本功,熟悉国际商务通用规则规范,拥有通用与专用商务实践能力、跨文化交际与跨文化商务交际能力,能够从事国际商务工作的复合型、应用型专门英语人才。

人才培养理念:三才五语——专才、通才和实用型人才,以及学生必须掌握的最基本的五门"语言",即汉语、英语、数学、计算机和音乐;三位一体——知识、素养、能力为一体;五个模块——外语、专业外语、多语、通识、专业和实操。人才培养的方针是精英语、懂商务、知文理、会通融、宽视野、善思辨、能创新。

课程设置分为四大模块:商务英语技能、商务专业知识和技能、跨文化商务交际、人文素养。可见,该校在国内所拥有的经济和地理优势,以及该校领先的学科地位、实力和布局结构等,都为商务英语专业建设搭建了特色鲜明、高标准、高水平的发展平台。

2. 英语专业建设案例

浙江工商大学走的是"大商科"的一流学科建设之路,这是我校成为特色鲜明、国内一流的财经类高校的必由之路。学院全面贯彻学校的办学指导思想和目标定位,以打造英语基本功为根本,以商务为特色,突出英语专业的特点,培养有文化素养、有专业能力的复合型英语高端人才。

我校外国语学院英语专业为省级优势特色专业。多年来,我院实施一系列促进内涵式发展的专业建设和改革措施,在专业定位、课程体系、教学模式、创新实践等方面综合发力,推进一流专业建设。

第一,明晰专业人才培养定位,凸显本校特色。我校立足经济发展国家战略、商务大省外向发展需求和学校"大商科"办学定位,聚焦国际商务服务与人文传统传承,以"专业成才,精神成人"理念为指导,制订了培养复合型、应用型、体现大商科特色的高素质"英语+"人才的培养目标。同时,对接新文科发展战略,实行英语专业"一精多能""一专多会"宽频式人才培养战略及模式,以适应新时代社会对外语专业人才的需求,培养能从事涉外管理、商务沟通、教学研究、翻译交流等工作的国际化高端人才。

第二,推动课程建设,深化教学改革,强化实践育人。依据"以学生为中心"的培养理念,在专业培养中加强特色鲜明的课程群建设。以英语技能课程群为主体,主要以商务英语课程群和文化素养课程群为拓展,充分利用"互联网+"平台,线上线下融合,助推学生在英语语言与文学研究、国际商贸以及人文社科领域的多元化发展。开建创新课堂,鼓励创新创业,探索体验式教学模式网络。语言技能课程与"以赛促学、以演促练"相结合,课内外体验互赢。强化实践环节,创立引企入校、岗前实训的认知实习模式,建立国际联合培养机制,搭建国际实习实践平台,促进本专业师生和留学生双向交流,等等。

第三,加强师资队伍和基层教学组织建设。因复合型外语人才培养目标的实现直接取决于外语学科师资队伍的建设,我们致力于提升教师"互联网＋"教学和研究能力,不断加强课程设计、组织和评价等互联网教学能力培训,提高教师信息化教学素养,探索新技术背景下的课堂教学新模式和新方法。对标国家一流专业建设标准,继续设立平台项目,委托教师团队开展课程教学研究,建立"项目驱动"专业建设共同体。同时,在新文科视域下,英语专业课程将尝试和完善两种或两种以上学科知识的交叉与融合,包括跨学科专业和"主修专业＋辅修专业"两种方式,以培养复合型高端外语专业人才。

下一个阶段,围绕教育部一流本科专业建设要求,针对外语类人才的国际化、多元化、个性化和跨学科需求,我们将继续认真做好一流专业建设工作,进一步扩大复合人才培养模式与范围,将人才复合方式从"英语＋商务"拓展到"英语＋政经商法";优化课程设置,利用大数据进行学习行为和教学质量分析,着力打造"金课"、精品在线课程等,逐渐普及混合式教学;进一步加强创新创业教育,使教学与创新创业成为有机整体;加强学生毕业后的信息跟踪,有效利用校友反馈提高专业教学质量,进而不断完善专业建设规划,扩大和深化英语专业的内涵建设,发挥专业示范领跑作用。

三、结语

外语类专业点如何发挥自身优势,培养服务国家发展战略和地方经济社会发展需求的外语人才,需要我们不断思考、探索、借鉴和总结经验。因此,在新时代、新挑战、新文科背景下,我校一流英语专业建设的基本思路和路径为,把握《国标》和《指南》的原则和精神,借鉴同类领先高校专业建设经验,拓宽视野,准确定位我院人才培养目标,依据2019年版最新培养方案,不断完善体现本校特色的英语专业人才培养方案,理性思辨复合型人才培养模式;优化课程设置,深化教学改革,推进"互联网+"教学模式,借助"金课"建设和慕课(Massive Open Online Course,MOOC)优质资源,推广线上线下混合式教学;坚持走内涵式发展道路,打造能够满足新文科建设和发展需求的一流师资队伍,为培养高质量的英语专业人才和复合型英语人才做好师资培养工作。

参考文献

戴炜栋,王雪梅,2014.我国高等教育内涵式发展背景下英语专业的建设思路[J].外语界(3):2-11.

国际司,2016.国际组织人才十大核心素养[EB/OL].(2016-11-23)[2020-11-20].http://www.mohrss.gov.cn/SYrlzyhshbzb/rdzt/gjzzrcfw/jpzn/201611/t20161123_260161.html.

教育部,2019.教育部关于一流本科课程建设的实施意见[EB/OL].(2019-10-31)[2020-11-20].http://www.moe.gov.cn/srcsite/A08/s7056/201910/t20191031_406269.html.

教育部,2018.外国语言文学类教学质量国家标准[EB/OL].(2018-04-12)[2020-11-20].https://2011.gdufs.edu.cn/info/1086/2682.htm.

马骁,2019.新文科建设的内涵与发展路径(笔谈)——关于新文科建设的思考[J].中国高教研究(10):10-13.

孙有中,2020.贯彻落实《国标》和《指南》,推进一流专业和一流课程建设[J].外语界(3):2-4.

王巍巍,仲伟合,2017."国标"指导下的英语类专业课程改革与建设[J].外语界(3):2-8,15.

吴岩,2017.一流本科 一流专业 一流人才[J].中国大学教学(11):4-12,17.

专业建设，思政先行

俞佳乐①

在全球高等教育面临重大挑战与深刻改革的当下，如何坚持思想政治教育先行，为学科和专业建设保驾护航，是教育管理人员和广大教师群体必须认真思考的问题。本文将从浅析思想政治教育的内涵和外延出发，结合浙江工商大学外国语学院法语专业特色，探讨如何将思想政治教育与专业建设有机融合。

一、思想政治教育的内涵和外延

在我国思想、文化、教学和科研领域多次强调"思想政治教育"的必要性和重要性的同时，如何正确理解这一概念的内涵和外延，应该是思想政治教育学科最先阐释的课题。

回顾现当代中国历史，思想政治教育一直是中国共产党的政治优势和优良传统，并且在不同阶段经历了不同的提法：中国共产党成立之初，一直使用"宣传工作""思想工作""政治工作""政治思想工作"等概念。1940年3月，在延安抗日军政大学第五期学生毕业大会上，陈云做了题为《严格遵守党的纪律》的讲话，首次提出了"思想政治工作"一词。1945年4月，毛泽东在《论联合政府》中指出："掌握思想教育，是团结全党进行伟大政治斗争的中心环节。如果这个任务不解决，党的一切政治任务是不能完成的。"

---

① 俞佳乐，博士，浙江工商大学外国语学院副教授，研究方向为法语教学、翻译理论与实践。

中华人民共和国成立后,思想政治教育的概念逐渐明晰。1950年2月,全国学生联合会第十四届第二次执行委员会扩大会议通过了《中国学生当前任务的决议》,指出:"必须重视思想政治教育的学习,从而更好地掌握进步的文化科学知识,完成历史所赋予的任务。"改革开放以来,思想政治教育概念得到进一步规范;1984年,高校开始设立"思想政治教育专业"。经过近40年的论证和发展,思想政治教育概念得到了普遍认同,其中最有学术影响性的定义是:"一定的阶级、政党、社会群体按照一定的思想观念、政治观念、道德规范,对其成员施加有目的、有计划、有组织的影响,使他们形成符合一定社会、一定阶级所需要的思想品德的社会实践活动。"这一定义对思想政治教育的主体、对象和内容做出了清晰的表述,也说明思想政治教育不仅仅是宣传,更不只是说教,而是培养各个社会团体形成为实现长远目标而团结奋斗的精神。

在逻辑学视角下,内涵指一个概念所反映的事物的本质属性的总和,也就是概念的内容;外延指一个概念所确指的对象的范围。在此基础上,有学者对思想政治教育的内涵、外延和规范展开了具体论述,指出思想政治教育的内涵是各种各样思想政治教育活动存在的依据,是由其人本性、意识形态性、规定性和目的性所决定的;思想政治教育的外延则受内涵的制约和调控,具有全员性和全程性,同时遵守一定的规则和标准,要做到性质规范、范围规范和学科规范。

二、浙江工商大法语专业建设特色

浙江工商大学秉承"立德树人、依法治校、学术引领"的治校理念,致力于培养具有国际视野、人文情怀、专业素养的应用型、创新型、复合型"大商科"人才。学校积极贯彻习近平总书记关于教育的重要论述和全国教育大会、新时代全国高等学校本科教育工作会议精神,制订了《浙江工商大学一流本科教育建设行动计划》,明确了未来几年学校本科教育的蓝图和行动纲领。

笔者所工作的外国语学院法语专业于2008年启动招生;2009年申报

成为教育部外指委法语分委会下属中国法语教学研究会理事单位,同时设立法语专业四级、八级考点;2010年顺利通过浙江省教育厅的新建专业验收;2011—2014年,两位法语教师成功申报教育部项目,一人获全国傅雷翻译出版奖新人奖;2014—2016年,法语专业协助学校与法国雷恩高商学院、格勒阿尔卑斯大学企业管理学院、图卢兹天主教大学、克莱蒙奥弗涅大学等知名院校签署校际合作协议,稳定开展国际交流和本科、硕士连读项目合作;2016年,法语专业毕业生就业率达到100%,成为我校就业金牌专业;2017—2019年,法语专业招生分数屡创新高;2019年,我们在参照《普通高等学校本科专业类教学质量国家标准》,结合成果导向的教育理念,咨询业内专家、用人单位等多方意见建议的基础上精心修订《法语专业培养方案(2019版)》,明确“语言扎实、文化融通、商务指向”的人才培养目标,提出法语专业旨在培养掌握法英双语,具备跨文化交际能力,具备基本商务素养,能在经贸、文化、旅游领域从事以外语为工具的管理或创新性工作的复合型人才;2020年,法语专业教师齐心协力,成功申报法语笔译专业硕士点,同时我们正积极准备材料,争取成为“省级一流本科专业建设点”。

经过持之以恒的探索与发展,依托经济大省、商科强校和外国语言文学一级学科博士点等优势平台,法语专业的建设稳扎稳打。近5年来我校法语专业四级考试平均分远超全国平均水平,学生主持或参与近30项国家级、省级和校级创新创业训练计划项目,并且每年派出5—12名学生赴法国合作院校交流,其中10人获国家留学基金委“优秀本科生国际交流项目”全额资助,数十名本科毕业生成功考入浙江大学、复旦大学、上海外国语大学、广东外语外贸大学、大连外国语大学、四川外国语大学、南京师范大学、云南大学、香港浸会大学、法国巴黎索邦大学、斯特拉斯堡大学等知名学府进行深造。在为国家和地区经济文化建设培养了数百名法语人才的同时,法语专业也逐渐形成了学科资源优越、专业特色明显、师资队伍年轻有潜力和人才培养国际化程度高等特色。

三、如何将思想政治教育与专业建设有机融合

在学校思想政治理论课教师座谈会上,习近平总书记发表了题为《思政课是落实立德树人根本任务的关键课程》的重要讲话,他指出,教师承载着传播知识、传播思想、传播真理,塑造灵魂、塑造生命、塑造新人的时代重任,办好思想政治理论课,关键在教师,关键在发挥教师的积极性、主动性、创造性。"十四五"期间,浙江工商大学法语专业将精心打造浙江省唯一的法语笔译专业硕士点,努力成为特色明显、省属领先、全国知名的专业。在一步一个脚印,一次一个台阶的成长过程中,如何坚持师德为先,立德树人,落实课程思政,是全体教师都必须认真思考和扎实推进的重要课题。结合我校法语专业的师资队伍年轻有潜力、人才培养国际化特色明显等实际情况,我们将考虑从以下三个方面推进思想政治教育与专业建设的有机融合。

(一)加强思想政治教育,深化专业综合改革

充分发挥高校哲学社会科学的育人功能,"要面向全体学生,帮助学生形成正确的世界观、人生观、价值观,提高道德修养和精神境界,养成科学思维习惯,促进身心和人格健康发展"。与此同时,根据国家发展战略、经济大省需求以及我校"文化引领、融合创新、一体多元"的"大商科"人才培养体系,变"法语语言文学"单一人才培养为"法语+"应用型复合人才,推进专业综合改革,致力于培养学生的国际视野、人文情怀和专业素养。

(二)加强教师思政意识,推进基层组织建设

法语专业目前已经形成结构合理的教师团队,全体教师具有海外留学或进修经历,具备扎实的语言功底、先进的教学理念和突出的跨文化沟通能力,在全校"专业课程课堂教学效果""教学水平""师德师风""学风建设"满意度等方面位列前茅。在今后的工作中,我们将继续坚持师德为先,落实课程思政,将思想政治教育融入专业教学中;定期开展教学研讨,

提升教学能力,推进教学团队、课程组等基层组织建设。

(三)加强课程思政建设,建立质量保障体系

作为人文社会科学重要组成部分的外语学科,在新时代人才培养中,如何将语言能力、跨文化交际能力、社会实务能力和精神道德素养融为一体,是高校外语教育工作者最需要考虑的问题。未来几年,我们将根据《国标》的课程设置要求,不断完善专业培养方案,充分利用互联网平台和资源,展开线上线下教学互动,继续以"实务精英进课堂"实现校内外体验共联,以"跨年级互动学习模式"实现本专业各年级同学互助,"以赛促学、以演促练"打通课内外体验,以"中法交流学习共同体"增加跨文化体验,以"引企入校、岗前实训"模式搭建产教融合桥梁,从而全方位助力学生在语言、文学、翻译、国情研究和商贸实务等领域的提高和发展,建立起质量有保障的教学互长体系。

综上所述,思想政治教育既是党和国家长期坚持的优良传统,又在当下高等教育的发展和改革中被赋予了全新的意义和使命。只有思政先行,才能在思想先进性和政治正确性方面为外语学科和专业建设提供最为有力的保障。

参考文献

陈云,1995.陈云选集:第1卷[M].北京:人民出版社.

冯刚,沈壮海,2010.中华人民共和国学校德育编年史[M].北京:中国人民大学出版社.

李利姣,2015.思想政治教育的提出和发展——基于概念史的研究[J].求知导刊(4):6-7.

毛泽东,1991.毛泽东选集:第3卷[M].北京:人民出版社.

阮云志,武端利,2012.思想政治教育内涵和外延的重新审视[J].求实,(5):78-80.

习近平,2017.习近平谈治国理政:第2卷[M].北京:外文出版社.

王卓,2020.高校外国文学"课程思政"的内涵与外延[J].当代外语研究
　(4):66-72.

张耀灿,郑永廷,吴潜涛,等,2006.现代思想政治教育学[M].北京:人民出
　版社.

郑永廷,2014.论思想政治教育内涵、外延与规范[J].教学与研究(11):
　53-59.

新文科背景下外语人才培养的路径创新
——基于高校第二课堂视角*

刘望秀①

　　中国同世界各国的交流互鉴需要大量作为"桥梁"的外语人才,中国参与全球治理体系的改革和建设呼唤高质量的外语高等教育。习近平总书记曾强调:"参与全球治理需要一大批熟悉党和国家方针政策、了解我国国情、具有全球视野、熟练运用外语、通晓国际规则、精通国际谈判的专业人才。"(人民网,2018)这阐明了新时代外语人才培养的历史使命。2019年4月,教育部牵头并推行实施"六卓越一拔尖"计划2.0,中国开始全面推进新文科建设。在新文科建设的历史语境中,外语人才培养如何对接新文科教育,成为亟须解决的问题。

　　近年来,很多高等教育研究者将目光投向高校第二课堂,原因在于作为素质教育实施的主要载体,高校第二课堂具有创新的育人模式和独特的育人功能。教学计划之外,在学校统一管理与教师的指导下,学生参加的有组织、有计划开展的集体性课外实践教育活动统称为第二课堂(宋丹,2018)。高校第二课堂是服务立德树人根本任务和人才培养中心工作的重要阵地,具备培养大学生综合素质和能力的独特优势,在人才培养中具有不可替代的作用。当下,新文科教改的浪潮袭来,这要求我们把视野从第一课堂拓展到第二课堂,统筹协调,同步谋划,一体化推进。

* 基金项目:本文系2020年度浙江省教育厅一般科研项目"当代青年奋斗的现实样态与教育引导研究"(编号:Y202045164)、浙江工商大学2020年度高教课题"时代新人奋斗精神培育研究"(编号:1030KU220139)的阶段性成果。

① 刘望秀,硕士,浙江工商大学外国语学院党委副书记,讲师,研究方向为思想政治教育。

一、新文科教育对外语人才培养提出新要求

(一)立德树人:培养"德育为先"的政治素养

爱因斯坦曾经说过:"科学虽然伟大,但它只能回答'世界是什么'的问题,'应当如何'的价值目标却在它的视野和职能的范围之外。"(佚名,2019)倡导各国共同发展的"人类命运共同体",为思考世界"应当如何"提供了全新视角,为解决人类面临的共同问题贡献了"中国智慧"。面临"百年未有之大变局"的当今中国,在更全面系统、更细致和具体地理解世界的基础上,需要深入思考自身对人类共同命运所肩负的责任和使命。

高等教育的发展应在客观上服务于国家战略,为社会发展提供持续的思想和智力支持,从而更好地服务人类命运共同体。根据《统筹推进世界一流大学和一流学科建设总体方案》,到2050年中国高等教育要走进世界舞台的中央,为解决全人类共同面对的问题提供理性可行的中国方案(中华人民共和国教育部,2015)。新文科背景下外语人才的培养应强调全球视野与中国实践的结合,与国家的发展同向同行,在培养学生"国际视野"的同时并举"中国情怀"。为了在世界舞台上拥有更多的话语权,我们要正确引导学生认识世界和中国发展大势,正确认识中国特色,正确和国际比较,依托中华优秀传统文化,利用好社会主义先进文化,讲好中国故事,展现中国形象。新文科教育要求能力、知识和政治素养结合,在促进个性化发展的基础上培养具有政治素养高、信念坚定、专业卓越的外语人才。

(二)交叉融合:培育知识结构多元的复合型外语专业人才

技能型外语专业人才侧重于学生语言基本功的培养,强调听、说、读、写、译等能力;通用型外语专业人才要求学生精通外国语言文学与文化,侧重于外语应用能力。我国传统外语专业人才主要以这两类为主,在特定历史时期满足了社会对外语专业人才的需求。然而,当下国际交流和合作已经从纵深方向延伸到政治、经济、教育、文化等领域。新形势的发

展需求已经不是技能型和通用型的外语专业人才培养模式可以满足的了,复合型高端外语专业人才培养被迫切地提上议事日程。学生除了具备扎实的语言基本功、精通外国语言文学和文化,还要掌握相关专业知识,熟谙中外文化差异和国际惯例。

新文科的显著特征就是交叉融合,倡导人文学科和其他学科之间的交叉与融合。推进新文科建设,就是推进融合教育,由传统的单一化知识谱系结构向跨学科知识协同谱系结构转化,打破学科壁垒,破除专业障碍,培养复合型高端外语专业人才。如此才能顺应新文科发展和社会需求,体现外语学科发展的内在要求,凸显外语专业教育的本质属性。如此才能立足时代培养人才,培养体现学科交叉复合型外语专业人才。

(三)新技术应用:重塑外语人才培养的新思维

当今世界科技革命迅猛发展,大数据、云计算、量子通信和人工智能等技术正改变着人们的学习与生活。信息技术革命必将带来更为深刻的变革,必将带来人才培养的革新。大数据处理、机器智能、无人驾驶等高科技对未来人才的适应能力、学习能力、创新能力等提出了挑战。

高校外语教育应该摒弃对技术本身的偏见,祛除对新技术的使用产生的怀疑乃至抗拒,以更积极的态度面对被科学技术改变的世界,主动运用新方法。当下,外语学科的教育者遇到的挑战是缺乏必要的信息技术基础,他们无法有效地利用技术工具来解决本领域的研究问题和教学问题,新技术对学科研究和教育教学的辅助作用没有得到充分的发挥。此外,文科的专业学习与训练应加入新技术学习培训。我们在注重以人文精神提升学生的创新意识的同时,还要注重以技术进步推动文理交叉融通,多维度地拓展学生素质,努力培养具备创新意识和批判精神的创新型人才。

二、新文科教育下高校第二课堂的新任务

(一)发挥第二课堂育人优势培养学生的家国情怀

高校第二课堂活动具有独特的育人优势。《中共中央国务院关于进一

步加强和改进大学生思想政治教育的意见》(中发〔2004〕16号)明确指出:要开展好第二课堂活动,努力拓展新形势下大学生思想政治教育的有效途径,包括深入开展社会实践、大力建设校园文化等。(中华人民共和国教育部,2004)第二课堂的育人功能主要表现为高校第二课堂坚持立德树人根本任务,突出价值引领功能。当下,"三全育人"综合改革工作的推行更是赋予第二课堂更加全面和落地的育人功能。

西方国家以"言论自由""宗教自由""网络自由"为旗号,向我们渗透西方价值观。奥尔布赖特(美国前国务卿)曾毫不掩饰地说:"我们要利用互联网把美国的价值送到中国去。"国外的教材、国外的教学方法、英美等国家的课堂方式被认为是"原汁原味"的纯正外语教育,这使得中国的外语教育过滤掉了中国元素,同样使得这些囊括了政治强权、文化霸权和网络霸权的组合拳对外语学子意识形态构成了严重的威胁。国内一些所谓的学者以教育价值中立为借口,割裂教育与政治的关系,甚至在外语人才培养中鼓吹去政治化。与跨文化交流、文化传播过程如影随形的是意识形态的潜移默化。外语教育助力中华文化走出去,需要有充分的文化自信。在第二课堂的活动中,我们要让学生区分作为沟通交流工具的外语与作为文化资源的外语,前者或许可以"价值中立",但是,作为文化资源的外语和作为人才资源的外语学习者,却是有着鲜明的国家利益导向的。完全脱离政治的教育是不存在的,不同国别或地区的教育区别不在于有没有政治性,而在于何种政治性。虽然全球化的进程遇到逆流,但是中国以更加开放的姿态走向世界舞台中央的脚步不会停止。我们要时刻保持清醒的政治头脑,要对国家、历史、文化饱含深厚情感,将"家国情怀"的意识和情感外化为"守土有责"的行为,在对外交流活动中自觉传播中华民族优秀文化。

(二)发挥第二课堂组织优势培养学生的综合能力

第二课堂与第一课堂在组织形式上有着巨大区别。第一课堂一般是配备特定的教师进行统一的教学活动,班级一般按照学生年级、专业、课程以及学习程度编制而成,有统一的课程、统一的大纲、统一的教材、统一的考试。与第一课堂的封闭、固定和被动不同,以学生活动和校园文化活动为主要活动的,以学生自主组织、参与为主要形式的第二课堂则是开放的、动态的、主动的。如此,第二课堂的组织形式可以很好地绕过学科篱笆、打破专业壁垒,实现多学科交叉融合。

　　课堂教学之余,在教师的指导下,可依托共青团、社团组织、班级和党支部等学生组织,深入开展覆盖面广(各学科学生参加)、有影响力的社会实践活动、青年志愿者服务活动和科技创新活动,以增强学生社会责任感,提高综合能力,增加诸如管理、经济、历史、哲学、时事政治、社会和科学等非专业知识。倡导以科学素质培养为中心的校园文化活动,着重满足外语类学生对科技素养教育的需求。比如通过讲座的方式向外语类学生讲授科学知识,对接校内理工科专业,开辟一定的实验活动场所,鼓励外语学生积极动手尝试,适度参与理工科科研团队的实验。有条件的高校可通过组建试验班、荣誉学院的途径试点新的培养理念与模式。

(三)发挥第二课堂活动优势培养学生的创新精神

　　当前,高校都在积极探索有特色的第二课堂活动,活动内容丰富,形式多样,大致可以概括为学术类、竞赛类、实践类和文体类:有对接教师科研、培养学生科研能力的课外科技活动,有长见识、增才干、做贡献的社会实践活动,有体现奉献、友爱、互助、进步精神的社会志愿服务活动,有开阔视野、体验学习的跨国、跨文化交流活动,有追踪学术前沿、培养学术品格的学科学术报告,等等。学生参与自己感兴趣的活动时能跳出单向的"知识传授""标准答案""照本宣科"的呆板形式框架,能远离枯燥的条文、现成的结论和空洞的说教。取而代之的是调研思考、探索实践、体验感悟和交流探讨。

　　文科教育是形成未来的重要因素,随着全球经济、社会的发展,人类将会面临越来越多具有共性的疑难问题,这对文科教育提出了更高的创新要求。高校第二课堂的语言教育中要审视人文学科的当代价值和现实意义,要适应时代对文科教育提出的挑战。学生的求知欲望需要激发,生活视野需要拓宽,理论思维需要培养,人生境界需要进一步升华。第二课堂活动尤其是科技类活动,要坚持问题导向,在提高学生的理论概括力上下功夫,以便提高分析和提炼时代性问题的能力;在提升学生理论思辨力上下功夫,以便提升阐述和论证时代性问题的能力;在增强学生理论思想力上下功夫,以便提升学生回答和解决时代性问题的能力。尽管这些能力不足以让学生承担全部重任,解决不了面临的所有问题,但是我们可以在第二课堂中倡导融合中外智慧、融合学科内外的理念,培养强烈的社会责任感,培育思考问题、解决问题的创新精神。这些正向价值观的引导和创新精神的培养,能为外语学生解决各类问题提供思考的基础。

三、新文科教育下外语类人才培养的第二课堂新路径

(一)推动第二课堂与第一课堂的互动联合

第一课堂和第二课堂的侧重点和实施方式不同,两者并非隶属关系,也非独立的教学组织形式。但作为高校人才培养的主要教学工作,两者的共同目标是一致的。在新文科教育背景下,应将第二课堂纳入整个教改计划,与第一课堂通盘考虑,整合资源,合理规划,使两者有效衔接,呈互动联合之势:一是将第一课堂的育人理念延伸至第二课堂,使第二课堂的活动内容供给、组织形式、参与方式与第一课堂同向同行,增强育人合力;二是提高教师参与指导第二课堂的积极性,搭建不同学科教师交流、指导平台,积极探索"第二课堂跨学科指导教师资源库",提升第二课堂的系统性和思想性,增强育人功能;三是将第二课堂的教育成效纳入新文科教改评价框架,注重育人成效,予以机制化评价。

(二)促进第二课堂开展形式跨界融合

形式灵活多样的第二课堂活动契合当代大学生求新求变的心理,能有效提升大学生参与的积极性。跨界是融合创新的方法和途径,新文科教育背景下,在继续发挥第二课堂的组织优势的基础上,需要将跨界理念引入第二课堂的组织形式。一是跨学科界推动第二课堂打破固定的学院、专业、班级的界限,倡导各学院跨学科合作,资源共享,打破学科间的

隔阂,促进第二课堂组织形式的学科交叉与融合。文文交叉可以考虑外国语言文学加另一文科专业,让学生接触另一门文科专业的学生、教师,学习相关的专业知识。文理交叉,可以考虑外国语言文学加另一门理科专业,将科学技术纳入学生素质培养体系。二是跨思维界鼓励学生根据自己的成长需求和兴趣爱好,跨学院、跨专业参与更广泛的第二课堂活动,拓宽自己的交际范围,如积极主持发起或加入跨专业的创新项目申报,参与学校的科研团队等。

(三)推进第二课堂向校外延伸

与传统文科相比,新文科凸显知识更新的动态性。新文科教育,要求外语人才培养跳出象牙塔式的封闭形式,有计划、有层次地开发校外教育资源,积极吸纳社会力量参与学校第二课堂教育。首先,针对新文科对教师多学科贯通的较高知识结构要求,建设校内导师和实务界导师组成的"双导师"队伍。根据导师队伍的学科素养,以适应新要求为目标,完善其选拔、培养、激励等制度。其次,与社会合作,搭建多元化的专业实践平台。提供理论传授、基础技能培训、专项技能训练和企业岗位技能训练等,让学生在实践中建构知识和能力。再次,在校园文化建设中应适度引入行业文化和企业文化,积极开展实务精英进校园、行业精英讲座、职业生涯设计大赛、创新创业大赛等校园文化活动。这些体现行业特色的文化实践活动能让学生接受行业文化和企业文化的熏陶,提早追踪实务前沿,不断加强服务现实社会的能力。

人是文明交流互鉴最好的载体。新文科背景下,在高校外语教育中,第二课堂就是要发挥自己独特的育人优势,促进科学精神与人文精神相融合,助力培养知中国、懂世界,具有国际视野和跨文化交流能力,懂专业,服务国家战略和区域经济社会发展的高素质复合型外语人才,为携手构建人类命运共同体蓄积外语人才力量。

参考文献

人民网,2018.提高我国参与全球治理的能力[EB/OL].(2018-01-04)
　　[2020-10-25].http://theory.people.com.cn/n1/2018/0104/c416126-29745992.html
宋丹,2018.第二课堂、学习满意度与大学生核心竞争力关系的实证研究
　　[J].大学教育科学(5):21-29.
张胜,王斯敏,胡海男,等,2019.新文科"新"在哪儿? 并非"科技＋人文"
　　那么简单[N].人民日报,2019-07-28(8).
中华人民共和国教育部,2015.国务院关于印发统筹推进世界一流大学和
　　一流学科建设总体方案的通知[EB/OL].(2015-10-24)[2020-10-25].
　　http://www.moe.gov.cn/jyb_xxgk/moe_1777/moe_1778/201511/t20151105_
　　217823.html.
中华人民共和国教育部,2004.中共中央国务院发出《关于进一步加强和
　　改进大学生思想政治教育的意见》[EB/OL].(2004-10-24)[2020-10-
　　25]. http://www. moe. gov. cn/s78/A12/szs_lef/moe_1407/moe_1408/tnull_
　　20566.html.

专业课程建设

基于CIPP课程评价模式的商务英语专业课程体系建设创新与实践*

李丹弟① 　王　潇②

一、引言

商务英语是随着全球经济的迅猛发展和贸易全球化而生的。它作为专门用途英语的一个分支(Hutchinson & Waters, 1987; Ellis & Johnson, 1994),是在英语语言和商科类课程的基础上发展起来的。目前全国已有900多所高校获教育部批准设置了商务英语专业。随着《高等学校商务英语专业本科教学质量国家标准》(2019)(简称"《商英国标》")的颁布,优化课程体系成为当前商务英语专业课程改革的重点。而课程建构的可行性和必要性需要系统的科学理论的支撑,即有必要依靠一种有说服力的课程评价体系指导商务英语课程体系的建构(胡维霞、赵清丽,2018)。美国教育评论家斯塔弗尔·毕姆(Stuffle Beam)提出的CIPP评价模式近年来被广为看好(彭川、朱文忠,2011),本文结合商务英语专业现状,研究CIPP模式在商务英语专业课程体系建设中的运用,以便在《商英国标》的指导下优化商务英语专业课程体系。

* 基金项目:本文系浙江省教育科学规划课题"基于CIPP课程评价模式的商务英语专业课程体系建设创新与实践"(编号:2017SCG250)的研究成果。
① 李丹弟,博士,浙江工商大学外国语学院院长,教授,博士生导师,研究方向为英语教育、语言类型学、英汉比较。
② 王潇,浙江工商大学外国语学院研究生,研究方向为语言类型学。

二、CIPP 评价模式简述

CIPP 评价模式于 20 世纪 60 年代末 70 年代初由斯塔弗尔·毕姆和他的同事们提出（Stufflebeam, Madaus & Kelleghan, 1985），是在泰勒的目标导向模式不能满足教育实际的发展需要的情况下应运而生的。其名称由所包含的四项评价活动的首字母组成，即背景评价（context evaluation）、输入评价（input evaluation）、过程评价（process evaluation）和成果评价（product evaluation），简称 CIPP 模式。CIPP 模式在 21 世纪初又有了新的发展，斯塔弗尔·毕姆（2003）进一步把成果评价分解为影响评价（impact evaluation）和成效评价（effectiveness evaluation），并新增可持续性评价（sustainability evaluation）和可推广性评价（transportability evaluation），由此构成了七个环节的新评价模式。下面是构成该评价模式的具体内容。

（一）背景评价

背景评价，是指在一定的环境下评估需求、问题、有利条件（asset）和机会。其主要功能是诊断方案前的准备状况以辅助决策，主要方法是描述和比较，用来调整考察目标、确定方针或决定实施方案（吴钰，2014）。背景评价属于 CIPP 模式的诊断性评价阶段，也是 CIPP 模式的起步（刘宁，2018）。

（二）输入评价

输入评价，是在背景评价的基础上，对达到目标所需的条件、资源以及被选方案的相对优点做出评价。其实质是对方案的可行性和有效性进行评价，其主要功能是帮助决策者选择有用的资源，制订适宜的计划。

（三）过程评价

过程评价，是指对方案实施过程进行监督、检查和反馈，目的是获得反馈信息，以不断调整和改进方案实施步骤，本质上属于形成性评价。本环节是 CIPP 模式区别于目标模式的主要标志,强调过程评价的重要作用,在过程中发现问题并及时做出调整与改进(朱丹,2009)。

(四)影响评价

影响评价,是对方案的影响目标受众做出评价。其主要功能在于就方案实施的服务与受益人之间的一致性程度做出评价和判断,判断方案在何种程度上服务了受益人(徐仁凤,2012)。

(五)成效评价

成效评价,是对结果的品质和重要性进行评价。与影响评价相比,该环节更加强调方案对受益者长久利益的影响,全方位地鉴别方案预期与非预期的成效。

(六)可持续性评价

可持续性评价,是对方案成功地制度化并得以长久地实施进行评价。评价者采访执行者和方案的受益人,确定方案是否有可持续性的可能性和必要性。通过讨论和反馈确定可持续性的程度(李明秋,2013)。

(七)可推广性评价

可推广性评价,是指方案在可持续实施的前提下,对方案在何种程度上已经和将会成功地被调适和应用于别处进行评价。

由此可见,CIPP 模式是诊断性、形成性和终结性评价完整有机的结合。它重视形成性评价,但并未忽视诊断性评价和终结性评价,试图将三种评价综合体现在整个评价过程中。因此,CIPP 模式对商务英语专业课程体系建设的构建具有重要的指导意义。

三、CIPP 评价模式在商务英语专业课程体系建设中的运用

CIPP 模式的基本观点是:"评价最重要的目的不在于证明,而在于改

进。"(Stufflebeam,1985)在CIPP模式下,商务英语专业课程体系有很多值得改进的地方。下面以浙江工商大学外国语学院商务英语专业为例,对商务英语课程体系建设进行背景、输入、过程、影响、成效、可持续性和可推广性评价。

(一)商务英语专业课程体系建设中的背景评价

背景评价是课程开发和设计的基础。背景评价的结果直接决定了在商务英语专业课程体系建设中哪些课程是必修的,哪些课程是选修的(彭川、朱文忠,2011)。背景评价是对所在环境的需求、资源、有利条件和机会的评价。因此,对商务英语专业课程体系建设进行背景评价,即对商务英语专业的市场需求、就业去向、师资情况和培养目标等进行评价(单新荣、王丽娟,2012)。

市场和用人单位对商务英语专业学生的要求是背景评价的重要依据(贺萍,2019)。调查发现,在长三角大商务领域中,社会及用人单位对商务英语人才的总体需求主要体现在能够熟练运用商务英语从事国际贸易、国际金融、跨境电商、国际商务管理等领域的工作。毕业生的就业去向与市场需求密不可分。我院商务英语专业学生毕业后大多从事商务英语相关职业,如从事国际贸易、跨境电商、市场营销等工作。对师资评估也属于背景评价的重要指标之一,因为课堂背景的设置与语言教师和专业教师自身的水平密不可分(李明秋,2013)。浙江工商大学外国语学院商务英语专业教师队伍精良,对国贸、金融、旅游、电商、物流、营销、法律等商务领域的理论与实践都各具所长,已形成比较合理的师资结构。商务英语专业人才培养目标也是背景评价的重要方面。我院根据商务英语专业发展需求,参照《商英国标》,制订了商务英语专业的人才培养目标,即"培养语言基本功扎实,具有国际化视野和人文素养,掌握外国语言文学、应用经济学、工商管理、国际商法等相关学科的基础理论与知识,具备商务英语应用能力,跨文化交际能力,商务实践能力、思辨能力和创新能力;在长三角大商务领域中,熟练运用商务英语从事国际贸易、国际金融、国际交流、跨境电商、合资企业、国际商务管理等领域工作的高级应用型管理人才和业务人才"。

通过对市场需求、就业去向、师资结构和培养目标等方面的背景评价,可以发现,扎实的英语语言技能和商务专业知识是商务英语课程体系建设的核心。

(二)商务英语专业课程体系建设中的输入评价

商务英语专业课程体系的输入评价是在背景评价之上确定给学生提供的课程,以及课程需要采用的资源、教学方法。从背景评价可知,课程的输入应该从扎实的英语语言基本功出发,然后是商科知识。英语语言能力、商务知识和技能、跨文化交际能力、人文素养应成为课程建设的大模块。以我院商务英语专业为例,大一、大二注重培养学生的语言基本功,包括语法、词汇、语音等语言基础知识和听、说、读、写等方面的语言技能。学院为低年级学生开设了综合商务英语、商务英语阅读、商务英语写作、商务英语听力、商务英语口语等必修课程。同时,英语语言基本功的训练与商务背景相结合,注重体现专业特色,如各门课程教材与商务知识紧密相关。大三、大四注重培养商务知识和技能,学院为高年级学生开设了高级商务英语、国际营销英语、国际物流英语等必修课程及国际金融英语、国际商务礼仪等选修课程。商务涵盖的范围很广,理论上需要开设的课程也很多,但是在有限的学时里让学生学习并掌握各门课程是不切实际的。因此商务模块存在必修课程和选修课程(彭川、朱文忠,2011)。教师在专业知识的输入过程中并不会完全依赖教材,还会结合网络学习平台,让学生了解到最新的市场动态信息,结合实际案例,培养学生分析、解决问题的能力。

从输入评价可知,英语语言技能与语言学知识、商务知识与技能、跨文化交际、人文素养比例应控制在《商英国标》要求的50%—60%、25%—30%、5%—10%、5%—10%。由于不同的学校在培养目标上存在差异,因此还需要在具体的实践过程中,根据实际情况不断调整和完善课程设置。

(三)商务英语专业课程体系建设中的过程评价

过程评价强调监督商务英语专业课程实施的全过程,要求检查各个环节的基本面,并及时形成反馈。它重点关注计划的课程在实际教学中是否运用得当,比如教师的业务和授课水平是否在不断提高,具体的教学方法在实际教学过程中是否顺利实施,学生在课程学习中是否不断进步,学生对教学效果和课程教材是否满意等(胡维霞。赵丽清,2018)。通过对商务英语专业学生进行深度访谈,发现学生对课程学习主要在以下几个方面存在不满:同一学期课程中有较多相同类型的课程,如基础英语、综合商务英语、商务英语阅读、经贸报刊选读四种相近课程并存;口语课上开口锻炼的机会较少;商务类课程采用全英文教学,学生对课程内容理解不透彻;等等。在过程评价中对学生进行定期评估是十分必要的。它能及时、有效地发现课程设置中存在的不足,教师应结合实际,灵活地调整教学进度和教学方法。

(四)商务英语专业课程体系建设中的影响评价和成效评价

对于CIPP模式在课程体系评价中的应用而言,影响评价和成效评价主要由毕业生和用人单位来体现。以课程体系的结果(毕业生)、结果受益人(用人单位)作为衡量课程质量的出发点,有利于得到最终的评价报告(彭川、朱文忠,2011)。毕业生在校期间学到的知识、培养的技能基本能实现自己的预期目标,用人单位和毕业生的双重满意才能表明课程体系设置及实施的有效与合理。通过对我院2017级及2018级商务英语专业毕业生进行问卷调查(发放142份调查问卷,收回114份有效问卷),考察毕业生对课程设置的反馈信息,发现大部分学生认为商务英语专业四年的课程设置基本合理(如表1)。用人单位对我院商务英语专业毕业生所展现的国际视野、社会责任感、敬业与合作精神以及所具备的语言运用能力、商务实践能力、人际沟通能力都给予了高度评价。这些评价表明我院商务英语专业人才培养取得了令人满意的成果,但也从侧面反映出商务英语专业课程设置的一些问题。无论从毕业生还是用人单位的角度看,扎实的英语语言运用能力、专业的商务实践能力、跨文化交际能力等都是课程体系建设中所要重点关注的。

表1   针对商务英语专业课程设置合理性的反馈信息

合理性	非常合理	基本合理	不太合理	很不合理
百分比	10.91%	74.55%	14.54%	0

(五)商务英语专业课程体系建设中的可持续性评价和可推广性评价

对课程体系进行可持续性和可推广性评价,有助于课程体系的建设者及时发现优点和不足,进而为课程体系的优化指明方向。通过采访课程设置者(教师)、课程接受者(毕业生)以及课程受益者(用人单位),得到以下反馈:课程体系的优化应该始终围绕市场需求、培养目标、毕业生需求等方面开展,加大对课程建设和硬件设施(如商务英语虚拟仿真实验室)的资金投入,加强师资队伍建设,更新教师的商务知识结构等,以提高课程体系的可持续性。通过调查了解周边本科院校的商务英语专业课程体系建设情况,对验证成功的课程体系进行推广,一方面可以减少兄弟院校在课程体系建设方面的不必要的投入;另一方面可以将已有的体系推广到更大的空间去验证,使其得到进一步优化。

四、结语

《商英国标》的颁布促进了商务英语专业课程体系的建设和改革。本文运用CIPP模式,将课程体系建设作为切入点,以期实现对商务英语专业课程体系建设和人才培养模式的优化。CIPP模式作为一种系统完善的评价体系,将其运用于商务英语专业课程体系建设,能够很好地优化课程设置,提高人才培养质量。但是课程体系的完善不是一蹴而就的,建设符合国际经济发展需求的商务英语课程体系,需要决策者、一线教师、合作企业以及学生等多方的努力。本文的分析仅以CIPP模式为指导,可能存在一定的局限性,但不失为一种积极的尝试,希望能为商务英语课程体系的建设及改革提供参考。

参考文献

ELLIS M, JOHNSON C, 1994. Teaching business English [M]. Oxford: Oxford University Press.

HUTCHINSONT, WATERS A, 1987. English for specific purpose [M]. Cambridge: Cambridge University Press.

HUTCHINSON T, WATERS A, 1987. English for specific purpose [M]. Cambridge: Cambridge University Press.

STUFFLEBEAM D L, 2003. The CIPP model for evaluation: an update, a review of the model's development, a checklist to guide implementation [C]// KELLAGHAN T, STUFFLEBEAM D L. International handbook of educational evaluation(9). Dordrecht: Springer.

贺萍,2019.CIPP评价模式在商务英语课程体系中的应用研究[J].湖北开放职业学院学报,32(24):171-172,175.

胡维霞,赵清丽,2018.CIPP评价模式下地方高校商务英语课程教学改革的对策——以邢台学院为例[J].邢台学院学报,33(4):135-138.

刘宁,2018.建构基于CIPP评价模式的商务英语专业课程体系[J].台州学院学报,40(1):66-70.

吴钰,2014.CIPP模式与河南高职高专商务英语课程体系建设[J].河南财政税务高等专科学校学报,28(2):60-61.

李明秋,2013.基于CIPP模式跨学科外语教学的评价运用[J].华北电力大学学报(社会科学版)(1):134-137.

徐仁凤,2012.CIPP评价模式在高职商务英语课程体系中的运用研究[J].南通航运职业技术学院学报,11(4):95-98.

单新荣,王丽娟,2012.CIPP模式在商务英语专业课程设置中的应用[J].长江大学学报(社会科学版),35(4):123-124.

彭川,朱文忠,2011.商务英语专业课程体系建设CIPP评价模式研究[J].
　　中国外语,8(2):69-74.

朱丹,2009.CIPP评价模式在综合实践活动课程评价中的运用[J].中国校
　　外教育(S5):92,104.

空间连通与能力并进:口译联动教学模式*

谌莉文①

一、引言

长期以来,国内翻译界存在学校教育与社会需求脱节的问题,传统外语教学中的"文学、文化、翻译"三位一体的关系受到巨大挑战(仲伟合,2011),口译活动的瞬时性和现场性更使本科口译教学面临区别于传统语言教学和笔译教学的双重困难。主要问题有以下两点:一是缺乏实用的教材,现在多数教材使得主题和技能分家,造成课程设置的不平衡性和单一性;二是教师职业素养的欠缺使得口译教学与笔译教学不分,授课方法上难以摆脱笔译思维的窠臼。此现状既不利于培养口译学员构建概念框架的基本能力,亦有悖于新时期翻译人才培养目标。

目前国际上具有影响力的口译教学方式主要有两类:一是结果导向(the result-oriented approach),其理论核心是日内瓦学校的译员培训思想(Herbert, 1952; Rozan, 1956; et al.)及实验心理学派的语言转换研究(Gerver, 1976; Lambert, 1988; et al.);二是过程导向(the process-oriented approach),其理论核心是基于认知心理学的认知负荷模型(Gile, 1995)和巴黎释意学派倡导脱离词汇外壳的语义核心学说(Seleskovitch & Lederer, 1995)。相对于西方较为成熟的口译教育和培训机制,探索实用型口译教学模式一直是国内高校口译教改的重点,业已开展的尝试有:大

* 基金项目:本文系国家一流专业平台项目"职业化导向的英语专业口译能力提升模式探索"的研究成果。
① 谌莉文,博士,浙江工商大学外国语学院教授,研究方向为翻译学、口译和笔译理论与教学。

学英语口译教学定位研究(鲍川运,2004)、口译课程建设和培育研究(万宏瑜、张燕,2008;陈振东,2008)、口译课程设置及模式研究(仲伟合,2007;古琦慧,2009)、口译教材建设(孟庆升,2006;王瑞昀,2003)、口译教学手段研究(秦勉,2005)等。研究表明,国内在探索符合国情的口译教学改革和口译人才培养道路上从未停止努力,然而在实际操作中还面临优化学生知识结构和提升职业化能力等方面的具体困难,执行过程也因软硬件不同而呈现差异。

相对于单纯的市场培训和传统的语言课堂,口译联动教学模式具有以要素参与为基础、以空间连通为途径、以职业化能力提高为方向的协同优势。下面从模式架构、运作机制和应用实践三方面介绍口译联动教学探索过程与成效。

二、模式架构

(一)理论基础

协同指组成系统的各子系统或基本要素在一定条件下,通过它们之间的非线性作用、相互协调与合作,自发产生稳定的有序结构。物理学家哈肯在20世纪60年代提出协同学理论,证明了系统从无序走向有序的过程。顾凯平等(2008)将其作为讨论近代科学最新发展的重要支点。本文中,协同是指将口译教学过程视为一个系统流程,在该流程中,教学空间的多维子系统和拓展空间的各项子系统不断协调、相互合作,在系统工作期内所有程序从无间断,着力提高学生的职业化应用能力,这恰切于动态开放的、人脑生物性与环境物质性相互关联的口译思维流程(谌莉文2011)。巴黎释意学派的过程导向口译培训思想生动诠释了传译过程中思维与语言的关系,强调口译程序与培训程序的契合性,理解过程应做到"得意而妄言",表达过程应遵守目的语的语言规则,口译思维转换贯穿全程(Seleskovitch & Lederer,1995)。

为此,我们坚持思维培训为主,题材为辅,以技能提高为目标,充分利用网络技术,为社会输送合格人才(刘和平,2009)的翻译培训思想。放大职业化应用能力的重要性,充分吸取过程导向的思想精髓,切实优化教学环节,主张口译教学应立足口译思维特质,围绕教学目标,运作系统资源,凸显理论、技巧、知识、实践等多元空间要素互为提携、协同运作的教育理念。在操作层面,坚持以下基本原则:(1)传授基本概念和模型以勾勒方法;(2)点评思维过程而非译语选词;(3)解释处理方法而忽略口译困难出现的时间和顺序;(4)关注失误的原因而非错误本身;(5)灵活处理语言合适度和忠实水平。

(二)模式内涵

口译联动教学模式针对口译活动的心智性、瞬时性和功能性特点,立足当代教育科学发展的现实背景,以多元空间连通为核心,采用立体教学手段,以职业化能力综合并进为目标,形成口译教学和市场应用紧密结合的产学研链。

1. 空间连通

基于协同口译教学的职业化理论基础,针对传统口译课程设置的单一性,充分贯通以"教学演练""多维研讨""网络交互""应用实践"为主的多元教学空间和以"创新基地""网络平台""职业市场"为主的多元拓展空间,以空间为主线,以联动为途径,把课堂交予学生,用训练充实课余,使网络成为课堂的延续,形成零间断口译教学培训链,切实优化学习环境和教学实效。

2. 手段立体

本着口译人才培养的职业化核心目标,实施"熟悉基本口译技巧,掌握实战应变策略,顺利完成口译任务"的教学过程。针对口译活动的内在规律,彰显互动教学、网络教学、实践教学的动态规划思想,通过项目作业、实验仿真、小组互练、网络互动、考证竞赛和社会实践等手段进行立体化统筹,学习方式由接受式学习向探究式学习转变,培训对象由接受知识的终端成为职业化应用的载体。

3. 能力并进

紧扣口译应用能力的职业化发展方向,系统组织教学内容,始终把培养学生的职业精神和实战技能放在首要位置。针对传统教学目标的偏颇性,将"职业化定位""职业化素养""职业化技能""职业化沟通"等市场应用能力并入教学环节,使学生在多元空间协同共进的教学过程中逐渐形成口译职业化意识,综合有序提高学生的职业化实战能力和市场适应能力。

(三)结构要素

口译联动教学的结构要素包括4个范畴:

第一,课堂实战。通过课前布置,安排课堂实战,强化对口译技巧和主题类型的关照;引进时事音频、视频,始终保证课堂教学与时代的接轨;传授职业技能,教与学互为促进。

第二,多维探讨。师生共同探讨口译难点,开展问题式教学;通过小组测评和自我测评,及时总结训练得失;通过观察口译视频,开展即兴模拟口译,师生共同点评。

第三,网络交互。创建课程教学的配套网站,辅助进行相关译前准备和译后交流,有效连通现实课堂与网络平台;借助网络汇集口译社会实践信息,搭建从课堂走向社会的桥梁。

第四,社会实践。开发口译实践基地,建立相对稳定的客户;创建学生口译团队,跻身口译服务市场;重视用户评价反馈,完善服务实践机制。

三、教学实践

口译联动教学既是对教学过程的写照,也是对口译思维活动本身的描写,二者的契合在于口译体现了人类特殊思维过程的特质。为此,我们设计了主题与技巧同步并进的课程方案,通过实践,将探究口译思维奥妙的任务融入每一个教学环节,以模式带动项目,从课内延伸至社会。

(一)网络互动:探索教法改革

创建网络平台,严格执行译前准备、课堂模拟、课内训练、小组操练和课外交流等实践程序,努力实现课内与课外、现实与网络、校园与社会、实战与模拟的多平台内部连通及其平行互动的创新理念。

1. 资源共享

开辟作为课堂教学有机延伸的网络论坛,除课件上网、资源分享等常规信息外,按期发布译前准备、实战话题和作业反馈信息。

2. 成绩公开

平时成绩和期末成绩各占50%。平时成绩坚持公开、透明原则,由自评、互评和综评组成,所占比值为3∶3∶4,具体做法是:提前分发精心设计的自评表和互评表,同学们可在课后针对提示和评估标准,对课堂表现进行回顾反思,为自己和小组同伴的各项表现打分,并加注评语,教师在此基础上打出综评成绩。

3. 师生交流

一方面进行网络互动,教师随时与学生交流课堂教学和学习成效;另一方面,针对不同级别的留言,进行一对一或一对多的解答。随着学习网站的建立和网络论坛活动的顺利开展,口译教学能够真正实现无间断运作;同时,网络交流的即时性和生动性大大减少了师生交流的拘束感,受到学生普遍欢迎。

(二)探究活动:促进思维创新

开展"探究式演练""探究式评估""探究式研讨"工作,充分开发分析问题和解决问题的创新思维能力。

1. 探究式演练

根据所学的口译技巧,配合相关课堂训练主题,以小组为单位自主设计口译情景,现场挑选学生译员,开展课堂模拟实战。每学期所有学生都有2—3次机会进行编导、模拟和实战。这生动体现了技能与主题的交融,在促进思维创新的同时,提高学生的现场应变能力。

2. 探究式评估

每个单元都有针对培训技巧及口译话题的自测表和互测表,学生每人一份,每次课后每个同学都能通过自评表为自己评分、总结,所有同学都必须利用互测表为小组成员评分、写评语,期末上交。由于测评表在口译课前一天发放,学生还可依此预测课堂实战,做好译前准备。

3. 探究式研讨

每次课后都有针对教学内容而精心设计的思考题,将思考题融入课后操练作业中,再将这些问题的解答作为下次课堂教学的研讨内容,如针对交传笔记技巧,布置相关视频作业,进行多次针对不同任务要求的口译实战。下次课则由学生陈述口译笔记中的切实问题,再辅助示范解答,提示其形成有效笔记系统的意义与方法。

(三)资源更新:延伸教学资源

根据口译技能训练和主题训练的动态特点,对更新速度过慢的口译教材进行一系列补充。

1. 丰富性

依据主题线索,补充与地方经济发展相关的文字资料,作为课堂教学和课外操练的补充,如公司庆典、新产品发布、专题演讲、学术讲座等。

2. 时代性

话题材料紧跟中国社会现实和全球化趋势,采用真实场合言语交际活动的录音、录像作为教学课件,如商务展会、财富论坛、世界经济论坛等。

3. 延伸性

在网络平台上传资料,包括阅读书单、网站推荐、训练技巧、知识背景、文化背景、常用短语、译前准备、课后作业、音频和视频资料、学习链接等。

(四)实训平台:聚焦服务竞赛

以翻译基地为基础,以学生团队为主体,以竞争竞赛为动力,开展内容丰富的实训活动。

1. 创建翻译基地

建立以学生为实践主体的训练小组,小规模、分等级地开展口译培训,为提高学生的实践技能和业务能力奠定基础。通过模拟实战与社会实习,发现同学们均能较快适应环境,表现出较强的应变能力和敬业精神,顺利完成从模拟战场到社会职场的转向。

2. 成立口译团队

成立学生口译团队和市场调研小组,开发多元渠道的社会实践网络,通过调研小组的市场运作,扩大与社会不同组织和层次的沟通协调,承接力所能及的各类口译服务项目;与中国进出口商品交易会、华东进出口商品交易会、浙江经贸洽谈会、家居博览会、大型活动志愿者协会等社会机构签订翻译社会实践长期协议;参加包括世界互联网大会、世界游泳锦标赛等多项口译社会服务项目。

3. 建立竞赛制度

寻求差距,培养学生的竞争意识。采用"任课教师推荐与学生自愿报名"的方式,成立口译竞赛小组,由经验丰富的口译教师负责,入围学员获"一对一"指导资格,优秀者获得参加高级别口译赛事的资格。近年来,受训学员在全国口译大赛、海峡两岸口译大赛、CCTV英语演讲比赛、英语演讲辩论比赛等赛事连续获奖。在不断优化教学运作体系的空间协同过程中,学生对口译之实有了切身体会,对口译之用有了真实认识,对课外实践中遇到的实际困难有了更多的解决办法。

四、总结

系统思想带来三个重要启发:结构影响行为,结构具有内在规律,创新常常出自新的思考方式。口译联动教学理念正是这一思想的观照,口译思维的描写与教学活动的契合恰好凸显了口译教学的特殊性,在科学性、系统性、多元性方面顺应当今学科发展的整体趋势。通过实践,探究口译奥妙的任务融入教学的具体环节,其创新成效体现为专业整合与思维转化、口译素养与科学素养、公众演讲与话语交际、分析问题与处理问题等专业化和职业化能力的不断提升。

谨望口译联动教学理念得以继续实践和推广,为口译人才培训与专业发展提供有益思考。

参考文献

谌莉文,2011.口译思维过程的意义协商模式[M].北京:中国社会科学出版社.

陈振东,2008.口译课程培育模式探究[J].中国翻译(4):49-53.

鲍川运,2004.大学本科口译教学的定位及教学[J].中国翻译(5):1-7.

顾凯平,霍再强,姜宁,等,2008.系统科学与工程导论[M].北京:中国林业出版社.

古琦慧,2009.口译课程模式的开发及应用——以培养译员能力为中心的模式[J].外语界(2):33-39.

孟庆升,2006.口译教材的示范作用不容忽视——《高级口译现场实录》评析[J].上海翻译(3):45-48.

秦勉,2005.网络环境下口译教学模式的创新思考[J].外语研究(3):49-51.

万宏瑜,张燕,2008.拓宽视野,培养能力——上海外国语大学《英语口译》市级精品课建设[J].外语界(2):55-59.

王瑞昀,2003.口译的认知与口译教材的编写——跨学科口译理论在《英语口译教程》编写中的应用[J].中国翻译(4):68-72.

仲伟合,2007.口译课程设置与口译教学原则[J].中国翻译(1):52-53.

仲伟合,2011.高等学校翻译专业本科教学要求[J].中国翻译(3):20-24.

GERVER D, 1976. Empirical studies of simultaneous interpretation: a review and a model [G]// BRISLIN R W. Translation: applications and research. New York: Gardner Press: 165-207.

GILE D, 1995. Basic concepts & models for interpreter and translator training[M]. Amsterdam & Philadelphia: John Benjamins.

HERBERT J, 1952. The interpreter's handbook: how to become a conference interpreter[M]. Geneva: Georg.

LAMBERT S, 1988. Human information processing and cognitive approach to the training of simultaneous interpreters [C]//Hammond D L. Languages at crossroads: proceedings of the 29th annual conference of the American translation association. Medford, NJ: Learned Information: 379-387.

ROZAN J F, 1956. La Prise de notes en interpretation consecutive [M]. Geneva: Georg.

SELESKOVITCH D, 1998. Interpreting for international conferences: problems of language and communication [M]. DAILEY S, MCMILLAN E N, trans. Washington, D. C.: Pen & Booth.

从功能翻译理论看杭州公示语法译的失误与策略

——基于"旅游法语"的课程建设和学生课题实践*

陈建伟① 王 锴②

一、引言

杭州是中国著名的旅游城市,与世界各国的交流日趋紧密。G20峰会、世界互联网大会、FINA世界游泳锦标赛、2022年亚运会等领域的国际活动更是极大地促进了杭州旅游业的发展,吸引了大批国内外游客。

公示语是应用于公共场所的一种特殊语言现象,是"公开和面对公众,告示、指示、提示、显示、警示、标示与其生活、生产、生命、生态等休戚相关的文字及图形信息"(王颖、吕和发,2007)。公示语有着强制性、限制性、指示性和提示性等语用功能。大量外籍游客的到访,使外语公示语在城市的规划和建设中显得尤为重要。信、达、雅的公示语翻译,不仅能够使外籍游客更好地了解一座城市,还可以吸引更多的游客,进一步推动城市旅游业的发展。

为加强法语专业的课程建设,实现浙江工商大学外国语学院法语专业培养方案提出的"语言扎实、文化融通、商务指向"的人才培养目标,以及满足"能够基本准确地完成篇章和话语的中法互译"的毕业生语言能力要求和"培养跨文化交际意识和交流能力"的交际能力要求,同时真正将

* 基金项目:本文系2019年浙江省大学生科技创新活动计划暨新苗人才计划课题"'文化为魂,旅游为体'——基于法译策略的传统旅游文化走向法语国家的研究"(编号:2019R408021)的研究成果。
① 陈建伟,硕士,浙江工商大学外国语学院教授,研究方向为法汉语言对比及翻译。
② 王锴,浙江工商大学外国语学院本科生。

课堂所学运用到社会实践中,结合"旅游法语"课程教学改革,本文作者对杭州公示语法译现状做了实地调查。调查发现,作为重要旅游城市之一的杭州,法语公示语的译写仍存在许多问题。

(一)公示语译写错误情况

杭州英语公示语的问题"凌乱繁多,五花八门"(赵志义,2015),法语公示语错误也不少。本文采用了随机抽样采访与实地调研相结合的方式,最终于《旅游公示语法语译写错误分析》一文中分析得出"文化差异""语意错误""语法错误""英法翻译混用""书写形式不规范""翻译标准混乱"等6类法译错误(王锴,2020)。

这些错误存在于笔者所调研的杭州市多个景点的法语公示语之中。以千岛湖景区一缆车内的法语安全告示为例,仅仅5句话,出现了多达8处的明显错误(如图1所示),法语公示语规范性不足的问题可见一斑。

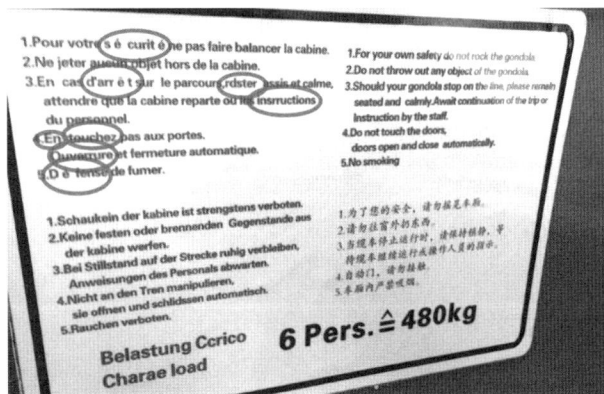

图1　杭州千岛湖景点缆车内安全告示

(二)公示语类型需求情况

实地调查显示,杭州法语公示语覆盖率较低,因此本次研究还做了公示语类型需求的调查(如图2所示)。根据公示语功能的不同,可分为4个大类:

(1)景区细节类,包括地图、导向牌、景点介绍等;

(2)提示警告类,包括安全告示、注意事项等;

(3)指示标识类,包括服务台、酒店等地点引导等;

(4)道路交通类,包括交通信号、站台标识等。

调查显示,景区细节类公示语的需求量在所有类型中排名第一(79%)。受访者表示景区地图是他们在游玩过程中最常使用的工具之一,拿到自己语种的地图或宣传册会大大方便他们对景区的了解。这对于文化传播和外国游客了解中国文化的多样性方面,有不容忽视的作用。

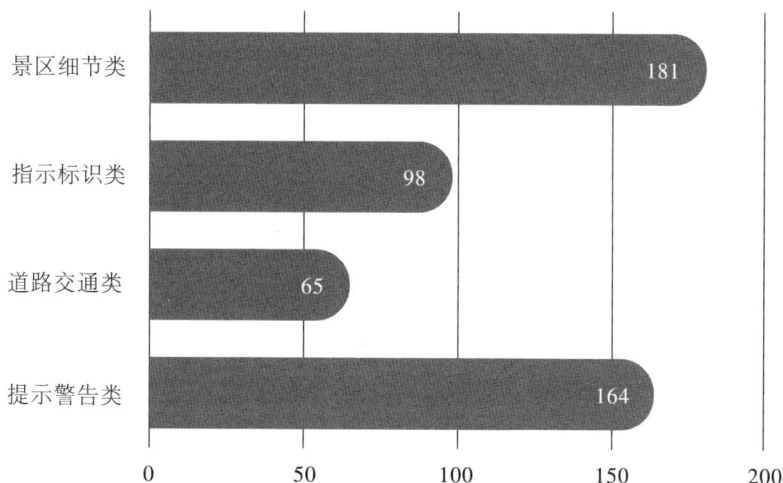

图2　公示语类型需求统计图

排名第二的是提示警告类公示语(71.6%)。此类公示语往往起限制、警示的作用,通常带有警示标识。如果未能准确有效地将此类公示语信息解释并传达给游客,就会对景区秩序、人身安全等产生影响。所以,此类公示语的需求量也同样较大,在翻译过程中应优先考虑。

排名较后的是指示标识类(42.8%)和道路交通类公示语(28.4%)。这两类公示语有一个共同点,即在使用时往往会配上相应的简化标识,如洗手间、服务台、公交车、交通信号等。这些标识易于理解,且通常在世界范围内通用,不易使人产生误解,所以多数受访者认为此类公示语并非必要,需求量不大。

因此,根据本次调查的公示语类型需求情况,在公示语翻译的整改工作中,建议优先增改景区细节类与提示警告类的公示语翻译。不过本文上述4类公示语类型只是初步分类,在进行正式整改工作前,需将类型再次细化并进行调查,根据公示语的需求度和优先级合理分配资源,逐步拓宽法语公示语的普及面。

二、功能翻译理论

功能翻译理论提出于20世纪六七十年代的德国,以卡塔琳娜·赖斯(Katharina Reiss)《翻译批评的可能性与限制》(1971)一书的出版为标志。赖斯在该书中把功能的范畴引入翻译批评中,虽然仍将等值作为中心,但其翻译批评模式是基于译语文本与源语文本的功能关系的。文本依据功能差异区分,可以使译者更易提炼功能翻译的组成因子和交际功能的语言标记,方便译者根据不同的翻译目的为对等标准选择适当的形式,即所谓的"综合性翻译"。

在赖斯的基础上,她的学生汉斯·弗米尔(Hans Vermeer)在《普通翻译理论框架》(1978)一书中提出了翻译目的论(Skopos Theory)。弗米尔认为翻译并非简单的语言过程,而是把两种语言中的语言和非语言交际符号相互迁移的人类行为。人类行为是发生在一定情境下的、有目的性的行为,因此翻译也是一种为达到一定结果的、有目的的行为。翻译目的论是功能翻译理论的核心理论。

在翻译目的论中,弗米尔还提出了几个重要观点:(1)翻译是一种需要参与者表达其意图性的互动行为。(2)翻译活动的发起者决定翻译的目的与要求,而译者则按照翻译的目的与要求选择合适的翻译策略,译写目的语文本,从而表达源语文本的交际意图。(3)翻译有三个基本规则——目的规则、连贯规则和忠实规则。其中,目的规则是第一位的,其他两个规则的实现都必须以目的规则的实现为基础。忠实规则从属于连贯规则。(4)翻译的标准不是"等值",而是"合适"。"合适"要求译文符合翻译要求(迟明彩,2010)。

功能翻译理论的另一位代表人物贾斯塔·赫兹·曼塔利(Justa Holz-Mänttäri)以行为理论为基础,将"翻译行为"作为其核心基础理论,极大地推动了功能翻译理论的发展。曼塔利认为翻译是一种互动的、有目的的、跨文化的、处理文本的交际行为。她区别了"翻译"与"翻译行为"两个概念:"翻译"仅考虑源语文本的使用,是一个狭义的概念;而"翻译行为"涉及翻译发起者、译者、目的语接收者等多个翻译当事人以及译者为翻译所进行的所有活动,包括在此过程中对源语文本外多源信息的处理,是一个广义的概念。

另外,Christiane Nord、Margret Ammann、Paul Kusmaul、Hans Honing等人也作为重要领军人物,对功能翻译理论不断加以完善。

三、从功能翻译理论看公示语法译

根据功能翻译理论,任何翻译都是一种有目的的互动行为。作为本文研究对象的公示语法译涉及的当事人有:

(1)翻译发起者:旅游局等旅游管理部门。

(2)译者:专业翻译人员。

(3)源文本的制造者:各景区管理部门。

(4)目的语接收者:母语为法语或使用法语的人群。

根据以上当事人之间的关系,我们大致可以得出公示语法译的翻译目的:使法语国家的游客更好地了解各景区的信息,传递景区文化。由此,我们可以引出功能翻译理论所强调的翻译要求,即准确、简洁、灵活地使用法语向来自法语国家的游客传达景区的各种信息,提升其行程体验。

根据上文提及的目的论的三个基本规则(如图3所示),本文对部分法语公示语翻译进行分析。

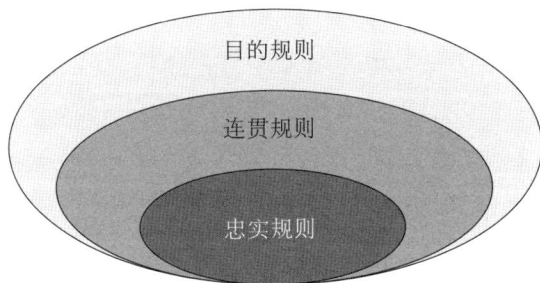

图3　三大规则所属关系

(一)目的规则

首先需要明确,目的规则在三大规则中占据最重要的地位,是最基本的核心规则。所以,在旅游公示语的翻译中,我们首先需要尊重的就是翻译的目的,也就是上文提到的使法语国家的游客更好地了解各景区的信息,传递景区文化。为此,我们最基本的翻译需求就是符合游客的关注重点,传达必要的信息,服务游客。

例如,对于景区中最常见的Entrée(入口)、Ascenseur(电梯)、Toilette(洗手间)、Attention(注意、警示)等功能信息公示语,译文应言简意赅。此处译文既体现了公示语多使用名词的特点,又符合法语国家的表达习惯,直截了当地传达了必要的信息,实现了翻译目的。

(二)连贯规则

连贯规则要求我们考虑法语的思维方式和表达习惯,在目的规则的基础上考虑公示语在法语文化环境中的意义,使得表达更加地道,符合法语国家游客的使用习惯。因此,为了使译文连贯,我们需要在准确实现目的的基础上,了解法语国家的语言使用习惯,优化译文内容。

在"请勿饮食"的翻译中,我们选择Pas de nourriture,而不是Tu ne peux pas manger ici,这样既避免了冗长,又可以使表达更加专业地道。这里再举一处来自车站的例子:

Pour changer de quai, il faut emprunter le passage souterrain.

（前往其他站台，请走地下通道。）

该公示语要表达的内容较多，但在译文中使用的"pour ..., il faut ..."的省略主语的表达，就显得简单清晰，符合法语的表达，也符合法语游客的使用习惯，非常好地做到了连贯表达，优化内容。

（三）忠实规则

由于中华文化的丰富内涵，在许多景点名称、景点介绍中，存在着特殊意象，这些词我们难以用法语一一对应地翻译，如果盲目追求一一对应，那么翻译传达的内容反而失去了原文的内涵，造成失真的现象，无法达到翻译的基本目的。因此，在一些含有特殊文化内涵的翻译中，译者应该依据对原文文化内涵的理解，选择忠实翻译的程度和形式。

例如景点"观音堂"，使用音译加注法，翻译成 Le Temple de Guanyin，然后再在之后增添对 Guanyin 的法语注解 La Déesse de la Miséricorde，而不是直接翻译成 Le Temple de la Déesse de la Miséricorde。这样不仅有利于外国游客的理解，还保留了"观音"的音译，有利于传播原汁原味的中国文化。

四、功能翻译理论指导下的法译策略

根据功能翻译理论，翻译的策略与方法由翻译的目的决定。所以，我们在进行公示语翻译时，应根据功能翻译理论的几大规则，制定合适的翻译策略和标准化翻译的流程，提升翻译工作的规范性。以下为几种可供参考的翻译方法。

（一）直译

直译，即以字译字，一一对应；在关注原文意思的同时，保留原文的形式。直译的优点是可以保留原文的文化特色、行文风格、修辞手法、意象等。

　　杭州历史悠久,文化底蕴深厚,公示语多引用古诗词或历史典故。我们可以采用直译的方法,这样不仅能保留原文的风格,还可以顾及原文的语言习惯和文化特色,使译文忠于原文,达成忠实规则。如"孤山霁雪"翻译成 Sites après la Neige au Mont de Solitude。直译方法的使用最为普遍,是接下来的几种翻译方法的基础。

(二)增译

　　增译,即根据表达需要,在翻译时依据含义、修辞、句法等增加一些词来连贯译文的表达,使译文得以更加忠实地表达出原文内容。例如,在翻译一些人名、地名、古代官衔、中国特产等具有中国特色的词汇时,可以采用增译的方法,便于外国游客对原文的理解,同时也对中国文化的对外宣传有所帮助。

　　在一些日常表达中,增译可以帮助游客更好地理解原文。如景点"宗教中心"的翻译 Centre Multiconfessionnel,其字面意思是"多宗教并存的中心",无法达到翻译的目的,很容易造成游客的误解。"宗教中心"这一场所建立的目的是通过提供服务来满足各个宗教的不同需求,帮助不同人群践行其宗教信仰。通过思考其含义,我们就可以增添 service 一词,将其翻译成 Centre du service religieux,这样,就可以更好地让人理解该场所的含义,实现公示语翻译的基本目的。

(三)省译

　　省译与增译相反,即在原文不失真的情况下,适当省去一些词的翻译,达到清晰易懂的目的。在翻译旅游景点中的古诗词和历史典故时,如果一味地选择直译的方法,很多情况下会造成硬译的现象。汉语中的诗词,对中国人来说可以增加关于景点的文学方面的了解,但对于外国游客来说会变得晦涩难懂,反而感受不到原有的意境,同时也为外国游客的理解增添了困难与负担。在这样的情况下,译者应适当地减少过于密集的文化点翻译,让外国游客更容易接受。

　　在一些常用表达中,我们可以通过省略一些词的翻译来使译文更贴近法语的表达习惯。如"医疗站"的翻译,法语中"医疗"一词有其惯用的表达方式assistance médicale。这里的"站"翻译出来就会显得冗余,所以不必将station翻译出来。

此外,一些对外国游客来说不必要的信息可以省略不译,这样可以减少无效信息的输出,减轻翻译的负担。如仅本地市民能享受到的优惠、专为中国人开放的活动等。

(四)借译

借译的方法比较特殊,它的使用多是出于两种语言间不同语言现象与语言本质的考虑。汉语属于汉藏语系,而法语属于印欧语系,语系的差异导致两者会出现不同的语言现象。如中文擅长使用富有节奏的短句,而法语则更加注重句子的结构,很多情况下追求简洁清晰的原则,避免繁杂冗长。

这些情况在一些日常公示语中也经常出现,如"人行步道"的翻译,我们就可以使用借译的方法,参考借鉴法语国家的语言表达习惯,用名词短语zone piétonne(行人区域)翻译即可,而不是生硬地翻译成"行人行走的道路"。

需要考虑借译的情况还多出现于原文使用对偶、顶真、互文等修辞手法进行描写的文字中,在这样的情况下,借译的必要性也就显示出来了。

五、小结

来中国观光旅游、商业投资、文化交流的国外人士除了使用英语的人员,还有很多使用法语的人员。杭州建设国际化的大都市需要有良好的国际语言环境,但目前法语公示语的普及程度远远不够,现有的法语公示语也没有一套统一的译写规范。

结合"旅游法语"课程的教学改革要求,本文通过问卷调查与实地调研相结合的方式,在初步了解杭州景区公示语法译的现状以及常见的几类错误的基础上,统计了景区细节类公示语、提示警告类公示语、指示标识类公示语以及道路交通类公示语的需求情况。

在法译策略的研究中,功能翻译理论的核心是目的论。本文通过目的规则、连贯规则以及忠实规则等三大基本规则,结合具体例子,分析了该理论与公示语法译相结合的可行性。在功能翻译理论指导下的公示语法译策略,可采用直译、增译、省译、借译等方法,为公示语的法译规范的制定提供参考。

研究的最终目的,是希望有关部门适时采取切实有力的措施,成立专门的管理队伍,组织有关人员进行调研,组建专业的翻译队伍,建立与完善一套法语公示语的译写规范标准,加快城市的国际化建设,提供更好的语言服务,进一步加快旅游业的发展,推动"文化走出去"进程。

参考文献

Nord C, 2001. Translation as a purposeful activity: functionalist approaches explained[M]. Manchester: St. Jerome Publishing.

VERMEER H J, 2001. Framework for a general theory of translation[M]. Shanghai: Shanghai Foreign Language Education Press.

REISS K, 2004. Translation criticism, potentials and limitations [M]. RHODES E F, trans. Shanghai: Shanghai Foreign Language Education Press.

LAVAULT-OLLÉON É, 2006. Le skopos comme stratégie de déblocage: dialecte et scotticité dans Sunset Song de Lewis Grassic Gibbon[J].Meta, 51(3): 504-523.

迟明彩,2010.功能派翻译理论综述[J].黑龙江教育学院学报,29(1): 130-131.

王锴,2020.旅游公示语法语译写错误分析[J].当代旅游,18(12):11-12.

王颖,吕和发,2007.公示语汉英翻译(原创版)[M].北京:中国对外翻译出版公司.

赵志义,2015.杭州市公共场所标识语英文译写规范[M].上海:上海交通大学出版社.

一流英语专业听力培养:基于学生自主报告的教学探索[*]

陈映戎[①]

一、引言

听力是一项重要的语言技能,更是目的语学习的关键,研究表明,二语听力技能的发展对推动其他语言技能的成长有着积极的作用(Rost,2002)。尽管听力对语言学习至关重要,但二语学习者很少学会有效提高目的语听力的方法(LeLoup & Pontiero,2007)。"与其他微观语言技能相比,二语听力因其内隐性和瞬时性成为课堂语言教学的难点,听力课堂依旧沿袭传统,运用'文本+答案'的理解教学法,试图通过语言的渗透性帮助学习者提高听力水平。"(申云化等,2019)事实上,Vandergrift(2007)早就指出:"要有效地进行二语听力教学,教师要对听力过程更为了解,仅仅聚焦于听力理解问题的正确答案,而对学生了解和控制听力理解的过程帮助甚少。"

在现实教学中,鉴于二年级英语专业听力的难度及对教学进度安排的考量,授课教师主要依附于传统的听力理解教学,形成一种相对被动的教学模式。从学习者心理视角看,从专业一年级的慢速听力转向二年级的常速听力,大多数学生面对听力难度的飞跃,不仅需要很长一段时间的

---

[*]　基金项目:本文系 2020 年度浙江工商大学外国语学院教学改革项目"'互联网+'之上的策略互动式一流英语专业听力课程建设"、2017 年度浙江省哲学社会科学规划课题"哲学阐释学视阈下庞德翻译思想研究"(编号:17NDJC089YB)、2021年度浙江工商大学新文科研究与改革实践项目"新文科背景下涉外复合型高级听说人才培养创新研究"的阶段性成果。
[①]　陈映戎,博士,浙江工商大学外国语学院副教授,研究方向为二语习得与语言教学。

适应期,而且在此过程中往往会产生很强的挫败感。那么对接受常速听力训练的英语专业二年级学生来说,听力到底难在哪里?我们的专业听力教学又该如何改进以满足学生的学习需求?这是本文旨在探讨的问题。

二、当前国内的听力教学研究现状

近五年来国内的听力教学研究主要集中在三个方面。第一,听力的多模态教学研究。在这一方面,学者多探讨多模态条件下听力教学模式的建构、文本的选择及任务的设计(章岚,2017),以及视觉、听觉等多个模态相互影响融合及其对听说能力的促进(黄伟,2016;史煜,2019)。在多模态听力教学中,坚持以听觉模态为主,视觉模态为辅,适当调动其他模态,无可非议。但将"自我感、运动感、思考感、语言感"当作模态处理,恐怕在多模态理解上进入了误区。由此产生的教学实验结果并不十分令人信服。

第二,听力教学模式创新研究。王艳(2015,2018)创新性地开拓了二语思辨听力的认知框架,探讨了以语言能力、听力思辨能力和跨文化倾听能力为共同目标的听力教学新模式及其实施方法。在其提出的新模式中,"语言理解不是唯一和终极的目标,而是为完成更高阶任务、发展综合能力打下的必要基础"。在听力技能和策略训练的同时,培养思辨力,实施跨文化教学,事实上,这对二语学习者的语言基本功有着较高的要求。部分学习者在笃实听力基本功方面都需要花费大量精力的情况下,提升思辨力和跨文化能力就显得较为理想化。

第三,听力策略研究。有的研究通过问卷探究听力策略与听力水平的相关性(邓巧玲,2015),或经出声思维探究不同听力水平学习者的策略使用差异(赵国霞、桑紫林,2016);有的研究探讨听力策略的有效性,包括通过问卷、访谈或对照组实验考察大学生认知策略培训的有效性(徐璐,2016;王晓静,2016),或在日语听力教学中导入监控策略(王璐,2015)。然而,这些研究基本上针对的是大学非英语专业的学习者。鉴于专业和非专业所面对的听力难度不同,很难说大学英语的听力教学策略也适用于英语专业。

"虽然我们了解听力的认知本质和听力在沟通中所起的作用,但二语听力仍然是四项语言技能中研究得最少的一项。这也许是出于它的内隐性,声音输入的短暂性和接触听力过程的困难。"(Vandergrift,2007)综观当前国内的听力研究,相较于其他技能的研究文章,听力研究确实少,且缺乏深度。在近几年国内有限的听力研究中,针对大学英语听力教学的研究多,但探讨专业英语听力的研究少;关于听力教学模式的创新多,但关于教学效果的讨论较少。从研究工具和数据获取方式上看,基于学生自主听力反思的研究途径几乎没有,可以说,关于学生对自主听力实践的真实反馈,听力教师掌握得不多。本文基于英语专业学习者对课外泛听实践的自主反思报告,了解学生的听力困难和实际需求,并结合听力课堂教学实际,探讨一流语言学科建设中如何培养和提升专业听力。

三、研究设计

为了解英语专业二年级学生在常速国际新闻泛听中遇到的困难和问题,强化学生的听力自我监控能力,我们采用记录日志的方式,对其开展关于听力困难和应对策略的调查。

(一)研究对象

本研究被试为来自浙江工商大学英语专业二年级两个平行班的学生,共计63人。这些初入二年级的学生都已接受了大一一年的慢速英语听力训练,开始接触常速英语听力材料。鉴于二年级听力教材 *Step by Step Book 3* 的内容特点,这些被试在学习中主要训练的是常速英语新闻报道听力。

(二)研究工具

本研究采用日志的方式,促使学生对课外自主泛听做自我反思和报告,从而提取其在听的过程中产生的问题。在二年级首堂听力课中,授课教师就日志的记录任务进行了布置,对学生听后自我反思报告的内容做了说明。每名学生每天都需要花至少半小时收听 VOA、BBC、CRI 等国际英语新闻广播,听完后主要从三个方面对收听过程做总结记录:(1)听了什么内容;(2)遇到什么问题;(3)解决办法的尝试。

(三)数据收集与统计

在学生持续收听 VOA、BBC 等国际新闻一个半月后,我们把学生的泛听本收集起来,对反思记录中提到的问题和自主听力学习策略进行归类统计。

四、研究结果与讨论

(一)学生反馈的主要听力问题

经过统计,我们发现在常速国际新闻收听中,学生的听力问题主要存在于6个方面(如图1所示)。根据学生的反馈,最突出的听力问题存在于词汇板块,其次是语速和句子结构。语音问题给一半的被试者带来困扰。超过1/3的学生存在由新闻题材带来的问题。而近21%(13名)的学生称对数字的反应能力不足。

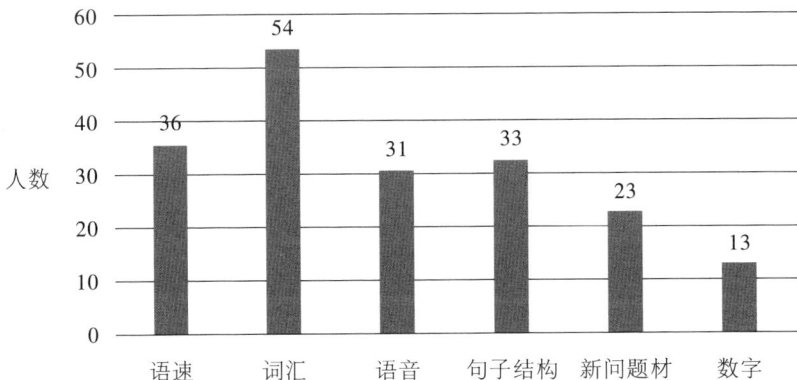

图1　英语专业大二学生听力问题报告结果

具体到每个方面,学生对存在问题的详述如表1所示。

表1 六个方面的问题的具体表述

主要方面	问题的具体表述
语速	a. 材料语速过快,理解有负担,需要多次听,或一句句听才能大致听懂 b. 记笔记速度慢,跟不上语速
词汇	a. 生词多,尤其是专有名词(如科技、国家、地名、人名等) b. 文化负载词、口语化表达听不懂 c. 虚词(介词、连词等)听不清楚
语音	a. 弱读、连读、口音听不清,背景音乐干扰 b. 读音相近无法区分 c. 自己平时存在发音错误,导致听不懂单词
句子结构	a. 文本过长,信息量大,导致理解难度加大 b. 句子过长,漏听或纠结于部分单词后容易走神 c. 对句子、文章的结构及表达不熟悉 d. 抓不到新闻重心,干扰词汇太多
题材熟悉度	a. 新闻背景不了解或不感兴趣,题材陌生,导致理解困难
数字	a. 数字记不下来

在接收英语新闻信息的过程中,语速快是造成听力认知负荷增加的一个重要原因。学生记笔记的速度跟不上新闻播报的速度,笔记应该记什么、怎么记没有把握。词汇层面的问题主要在于三点。第一,生词及部分专有名词听不懂;第二,文化负载词、地道的口语表达导致理解问题;第三,虚词听不清。第三点反映了学生在听的过程中避重就轻,对于实词和虚词的信息承载区别不清楚。语音基础薄弱,比如对连读不适应、自己发音不准确,以及英语口音难以辨别,都会导致听力问题。从句子结构上来说,一旦句子过长,学生就容易走神从而丢失重点;包含不熟悉词组表达的句子难以被学生所理解和切分处理。此外,学生对新闻题材较为陌生,缺乏背景知识;听数字也历来是英语听力的难点之一,学生往往来不及反应。

(二)学生自主尝试的听力策略

自主报告也反映了学生尝试解决听力问题所采取的一些认知和元认知策略:听之前预习生词(9人)。听的过程中,重点关注新闻导语(6人);聚焦 where、when、what 等重要信息(1人);重点关注重复出现的词(3人);用语法判断,根据上下文推断,或听音猜词(4人);使用速记符号、单词简写(16人)。听后整理批改(对组织、国家等生词进行批注,记录固定或常用的短语搭配等),定时回顾笔记(14人);通过浏览文本帮助吸收(4人);平时多看中英文新闻,及时了解当下热点,整理总结相同专题的信息(9人);扩大词汇量,积累专业词汇(10人);练习连读,多读长难句并做分析(5人);熟悉不同国家的英语口音(2人)。

由此可见,约25%的被试者对速记、听后整理回顾策略使用较多,近1/6的学生认为预习和积累词汇、了解热点信息对听力很重要。总体来看,学生对听力策略掌握较少,亟须教学给予指导。

(三)基于学生反馈的听力教学思考

学生在课外泛听中面临的问题需要听力教师在课堂上进行针对性的指导。在教学过程中,有必要落实听力理解策略和元认知策略的训练;同时,发挥学习共同体的作用,推动学生的课外自主听力实践。

1. 教学中增加显性技能策略培训模块

听力最早是作为一种教学手段,出现在20世纪五六十年代的英语教学中,其目的是通过听对话让学习者习得新的语法知识(Field,2008)。早期的听力教学严格按照结构主义的传统思路展开,教学过程包含"听前""听中""听后"三个阶段,听的过程包含泛听和精听。泛听类似于浏览文章,旨在让学习者对所听内容有一个大致的了解,知晓所需信息出现的大致位置。而精听则聚焦具体问题,注重细节。此外,传统教学中重复播放听力录音旨在协助教师不同程度地聚焦录音中的语言,同时使学生习惯目的语的说话节奏及语调形式。早期教学对后续的听力教学发展具有深远的影响。"听前""听中""听后"三段论为听力教学奠定了基础。

当前的听力教学模式是早期模式的发展演变,步骤如表2所示。

表2　当前的听力教学模式(Field,2008)

Current format for a listening lesson		
Pre-listening	Establish context	
	Create motivation for listening	
	Pre-teach only critical vocabulary	
Extensive listening	General questions on context and attitude of speakers	
Intensive listening	Pre-set questions	
	Intensive listening	
	Checking answers to questions	
Post-listening (optional)	Functional language in listening passage	
	Learners infer the meaning of unknown words from the sentences in which they appear	
	Final play: learners look at transcript	

当前的听力教学模式核心不变,仍然采用的是听力理解法(comprehension approach,CA),即通过一系列练习检测学习者对录音段落的理解。如果回答正确,教师就认为学生已经理解了听力内容;如果回答错误,教师则重新播放一遍引起听力问题的部分。这似乎意味着理解检测是最适合听力课堂的一种教学形式。

然而,Field(2008)认为大家在"理解"上存在一种认识误区:理解是听力的最终产物,本族语者(专业人士)可以毫不费力就实现这个目标,但新手需要大量分步骤的实践操作指导。换言之,教学生如何在听力训练过程中构建意义网络至关重要,然而这点被忽略了。在实际教学中,我们也发现在让学生理解常速国际新闻听力方面,具体的操作方法和策略指导非常重要。鉴于此,我们认为在现有的教学模式中应该设立一个可操作的显性听力技能策略教学模块,以有效引导学生收听国际新闻,并使之能在课外泛听中重复实践。Field(1998)将听力策略和技能分为七大类(如

表3所示),这为我们提供了技能策略教学的参考依据。听力教师需明确
以上听力策略、技能,并能将其融于教学内容,以对学生实施培训。

表3　听力技巧和策略(Field,1998)

Skills and strategies for listening	
Discrimination: distinguishing minimally different words	• Ear training in minimal pairs • Teacher dictates minimal pairs
Segmentation: identifying words in continuous speech	• Teacher dictates sentences which include contractions, weak forms, elision, assimilation, and criticized items (e.g. drink a pinta milk) • Learners transcribe a section of an authentic passage • Learners listen with transcript, paying attention to weakly stressed items
Extrapolation: working out the spelling of unrecognized words	• Teacher dictates words in spelling groups (e.g. laugh, cough, enough) • Learners guess the spellings of difficult-to-recognize cognates • Matching names to words on a map
Anticipation: working out what comes next	• Teacher plays half a sentence; learners complete, or answer multiple choice questions
Reference: relating pronouns, etc., to the items they refer to	• Teacher pauses cassette after ambiguous referring expressions, learners say what they refer to • Teacher lists referring expressions/general nouns; learners listen for them and write down what they refer to
Monitoring for information	• Learners monitor a long text for key words
Relevance: identifying important points made	• Slot-and-filler summaries • Filling in tables (specific/general) • Find (four) points about...

2. 开展有效的元认知知识策略指导

除听力策略的显性教学之外,元认知知识策略的引导也非常必要。
元认知是个体对自己大脑认知活动的认知,元认知知识包含"个人知识"

(了解个体学习能力和影响学习的内外部因素)、"任务知识"(关于学习目标、需求、任务本质及完成任务过程的知识)和"策略知识"(如何选用策略达到学习目标)(Goh,2002;Vandergrift et al.,2006)。听力元认知知识中的"个人知识"具体指的是:(1)有关听力的自我概念、成效;(2)具体听力问题、原因和可能的解决办法。"任务知识"指的是:(1)听力中涉及的大脑、情感和社会的过程;(2)完成任务所需的技能;(3)影响听力的因素;(4)提高听力的方法等。"策略知识"指的是促进听力理解的各种策略以及对某种类型听力采用的特别策略等(Vandergrift et al.,2006)。

学生的听力报告实际上就是元认知策略的一种运用。学生为自己的听力问题寻求解决办法,这体现了元认知的作用。但如何更好地运用元认知策略来计划、监控和评估听力水平还需要在教学中进行有针对性的指导。

3. 发挥学习共同体的监管互助作用

从专业一年级的慢速听力过渡到二年级的常速国际新闻听力,要让学生真正适应语速的变化,有效训练运用听力策略的能力,需要课外大量的泛听实践。而随着听力难度的增加,个体学生往往不能坚持。建立学习共同体,实施小组听力打卡机制,可以帮助监督个体学习,这可以对每个成员的每日自主听力施加一定的同伴压力。同时,小组成员可以相互分享资源,共同进行阶段性反思,商讨听力问题的解决方案。听力学习小组的打卡记录可以作为形成性评价的一部分,纳入平时成绩的考评。

五、结语

一流学科的建设离不开一流专业和精品课程的打造。要设立一门优质课程,教师需要对课程的教学目标、方法具有非常清晰的意识,同时也需要切实了解学生的学习需求和学习难点,在教学中给予有效的指导。通过建立在学生课外泛听报告基础上的教学反思,我们认为,要提高学生的专业听力水平,需要在教学上提供明确的策略指导,引导学生有意识地自我监控和评估;同时发挥学习小组的作用,推动学生个体坚持不懈地开展课外听力实践。除此之外,针对学生提出的语音、句法等问题,我们需要将多门课程结合起来,携手助力学生攻克难关。

参考文献

邓巧玲,2015.中国非英语专业大学生听力元认知意识、听力焦虑和听力水平的相关性研究[J].外语教学36(5):59-64.

黄伟,2016.多模态环境下大学英语听力教学实证研究[J].外国语文,32(6):150-156.

申云化,ZHANG L J,周玲,2019.二语听力策略教学效果实证研究的元分析[J].中国外语,16(6):57-66.

史煜,2019.多模态视角下英语视听认知影响机制研究[J].教学与管理,(30):21-23.

王璐,2015.日语听力教学中导入监控策略训练的实践研究[J].外语教学理论与实践,(4):75-79.

王艳,2015.思辨听力:理据、框架与操作[J].中国外语,12(2):80-85.

王艳,2018.以语言能力、思辨能力和跨文化能力为目标构建外语听力教学新模式[J].外语教学,39(6):69-73.

王晓静,2016.基于认知策略理论的大学英语听力教学模式研究[J].外语教学,37(2):65-68.

徐璐,2016.大学英语听力教学中注意策略有效性探究[J].外语界(5):89-96.

章岚,2017.多模态条件下英语听力教学探析[J].教学与管理(30):76-78.

赵国霞,桑紫林,2016.听力高水平者与低水平者策略使用差异研究[J].外语教学理论与实践(1):64-72.

FIELD J, 1998. Skills and strategies: towards a new methodology for listening[J]. ELT journal, 52(2): 110-118.

FIELD J, 2008. Listening in the language classroom [M]. Cambridge: Cambridge University Press.

GOH C C M, 2002. Exploring listening comprehension tactics and their interaction patterns[J]. System, 30 (2): 185-206.

LELOUP J W, PONTERIO R, 2007. Listening: you've got to be carefully taught[J]. Language learning & technology, 11(1): 4-15.

ROST M, 2002. Teaching and researching listening[M]. Harlow: Longman.

VANDERGRIFT L, 2007. Recent developments in second and foreign language listening comprehension research [J]. Language teaching, 40 (3): 191-210.

VANDERGRIFT L, GOH C, MARESCHAL C, et al., 2006. The metacognitive awareness listening questionnaire (MALQ): development and validation [J]. Language learning, 56(3): 431-462.

多模态输入对英语听力理解影响的实证研究*

陈　婵[①]　陈　杨[②]　王馨瑶[③]

一、引言

英语听力是英语学习的基本技能之一,在英语学习中起着至关重要的作用,是进行有效沟通的必要能力。经济全球化的发展迫使外语人才提高外语交际能力和语用能力。然而,国内高校英语听力现状存在诸多问题,主要表现在:(1)应试教育理念深入人心,导致国内师生更加注重读写能力,忽视了听力输入和口语输出的重要性。(2)听力课教学内容和教学模式比较单一,导致学生对英语听力的学习兴趣不足。因此,如何激发学习者对英语听力的热情,提高听力学习的效率,成为当前英语教育研究的一个焦点。

随着互联网和多媒体技术的飞速发展,越来越多的教育工作者和研究人员将互联网和多媒体技术应用到英语听力教学中,他们结合多模态教学理论,对传统的听力教学模式进行了一定的研究和改革[①]。作为一种新的听力教学模式,多模态教学不仅在一定程度上克服了传统教学模式的局限性,而且以其丰富性和趣味性在外语教学中逐渐显现出其优势[②]。本文拟通过实证研究,分析多模态输入这一教学模式对大学生英语听力理解的影响,并探讨运用多模态输入这一教学模式以有效提高大学生听

*　基金项目:本文系浙江省哲学社会科学研究课题"基于语料库的学龄期轻度自闭症儿童多模态会话特征研究"(编号:20NDJC111YB)的阶段性成果。
①　陈婵,硕士,浙江工商大学外国语学院副教授,研究方向为多模态话语分析、语料库语言学。
②　陈杨,浙江工商大学外国语学院研究生,研究方向为多模态话语分析。
③　王馨瑶,浙江工商大学外国语学院本科生,研究方向为英语教学。

力理解水平的方法,以期给英语听力学习者和教育者一些启示和建议。本研究拟回答以下三个问题:

(1)与传统的听力输入模式相比,多模态输入存在哪些优缺点?

(2)多模态输入是否能够有效促进英语听力理解?

(3)如何更有效地利用多模态材料来提高听力教学效果?

二、研究设计

(一)研究对象

本研究的研究对象是来自浙江省某综合性大学 2018 级英语专业一年级 6 个班的 183 名新生,其中女生 155 名,男生 28 名。实验在他们的"综合英语听力"课程中进行。班级根据学生的入学成绩分为 6 个平行班,所以基本能够保证各个班级学生的英语水平总体一致。

(二)研究方法

本研究主要采用听力测试、问卷调查、有声思维和访谈等 4 种研究方法。全体学生自愿参与听力测试和问卷调查。回收有效测试卷 180 份,回收有效率为 98.36%。在听力测试和问卷调查结束后,每个班随机抽取 2 名学生,共 6 名学生参加有声思维活动和访谈。

1. 听力测试

听力测试采用笔者自行设计的测试卷。笔者选取了 3 份难度适中的英语听力材料,分别为"左脑 vs 右脑神话"(材料 1)、"如何每天省钱"(材料 2)和"总统在美国的权力"(材料 3)。视频选自每日英语听力网(http://dict.eudic.net/ting/)和网易公开课网(https://open.163.com/)。以上材料难度适中,涉及生物学、日常生活和政治等话题。根据实验目的,每一个材料被编辑成 3 个版本,纯音频版本、视频无字幕版本和视频带字幕版本。根据每段视频内容,研究者精心设计了 5 道选择题来测试参与者对录音的理解。为了更好地比较数据,研究人员将这 6 个班级分为 3 组:1 班和 2 班在 A 组,3 班和 4 班在 B 组,5 班和 6 班在 C 组。为了便于记录,作者将 1 班、2 班、3 班、4 班、5 班和 6 班分别编为 A1、A2、B1、B2、C1、C2 班。每个组别依

次听纯音频版本、视频无字幕版本和视频带字幕版本,但听力材料的播放
次序不同。详细信息如表1所示。

表1 听力材料列表

	听力1	听力2	听力3
A组 (1班和2班)	材料1 (音频版本)	材料2 (视频无字幕版本)	材料3 (视频带字幕版本)
B组 (3班和4班)	材料3 (音频版本)	材料1 (视频无字幕版本)	材料2 (视频带字幕版本)
C组 (5班和6班)	材料2 (音频版本)	材料3 (视频无字幕版本)	材料1 (视频带字幕版本)

2. 问卷调查

笔者根据研究目的设计了一份调查问卷。调查问卷共有20道题,以
客观题为主。它主要由3部分组成:第1部分调查受访者听力学习的现状;
第2部分调查受访者有关多模态输入对听力理解影响的主观认知,包括视
频标题、图像和字幕对听力理解的影响;第3部分探讨参与者对英语听力课
程的期望。问卷调查在学生听力测试结束后,以电子问卷的形式进行。

3. 有声思维

为了进一步探讨不同呈现形式对英语听力理解的影响,并了解学生
对多模态听力材料的看法,笔者从每个班随机抽取2名学生,共6名学生
进行有声思维活动。在这个阶段,学生观看听力测试中第1份材料的视频
无字幕版本和第2份材料的视频带字幕版本,边听边口述自己的心理活
动。例如,A组的学生在听力测验中面对的是材料1的音频版本和材料2
的视频无字幕版本,而在有声思维环节中,分别观看材料1的视频无字幕
版本和材料3的视频带字幕版本。研究人员用录音笔全程录音,并将录音
转换为文本。

4. 访谈

有声思维之后,我们对该6名学生进行了访谈。访谈主要围绕本研究
的3个问题展开,并鼓励学生自由发言。访谈全程录音,最后转换为文字。

三、数据分析与讨论

(一)听力测试结果

笔者分别对不同模态听力材料的总平均分和单一听力材料不同模态的平均分进行了统计。表2显示了3种不同模态听力材料的平均分。可以看到,总体而言,音频的平均分最高,视频无字幕的平均分次之,视频带字幕的平均分最低。但是,经过SPSS显著性分析,三者的分数并不存在显著差异。测试结果显示,多模态呈现方式并没有显著提高学生的听力成绩;相反,学生在纯音频模态下,听力测试的平均分最高。这一研究发现与笔者实验前的设想相反。

表2　不同模态听力材料的练习正确率

模态	组别	听力材料	正确率	平均正确率
音频	A	1	65.16%	64.72%
	B	3	62.67%	
	C	2	66.33%	
视频无字幕	A	2	68.71%	64.02%
	B	1	63.67%	
	C	3	59.67%	
视频带字幕	A	3	59.68%	63.66%
	B	2	70.00%	
	C	1	61.31%	

对单一听力材料不同模态的平均分进行分析,可以发现,不同材料的情况有所不同,材料1和材料3的纯音频平均分最高,而材料2的视频带字幕平均分最高(如表3所示)。其中,材料1"左脑vs右脑神话"不同模态的平均分与上述总平均分的情况吻合,音频模式下的正确率达到65.16%,而

视频无字幕和视频带字幕的模式下正确率分别为63.67%和61.31%。然而,材料2的平均分呈现出完全相反的结果,即视频带字幕的平均分最高,视频无字幕的次之,纯音频的最低。而材料3的测试结果显示,纯音频的平均分最高,而视频无字幕和视频带字幕的平均分几乎没有区别。

表3 同一材料不同模态下相关练习的正确率

听力材料	组别	模态	正确率
左脑 vs 右脑神话	A	音频	65.16%
	B	视频无字幕	63.67%
	C	视频带字幕	61.31%
如何每天省钱	A	视频无字幕	68.71%
	B	视频带字幕	70.00%
	C	音频	66.33%
总统在美国的权力	A	视频带字幕	59.68%
	B	音频	62.67%
	C	视频无字幕	59.67%

(二)问卷调查结果

问卷的第一部分主要调查了学习者的听力学习现状。调研结果显示,随着多媒体技术的发展,英语听力学习者有机会接触到各种不同形式的听力材料。虽然传统的音频听力仍然是最重要的训练方式(78.89%),但与此同时,学习者也逐渐习惯于利用各种视频材料提高他们的听力水平:13.89%的受访者选择视频作为听力材料来练习听力,37.78%的受访者选择带有英文字幕的视频,18.33%的受访者选择带有中文字幕的视频,67.22%的受访者选择中英文字幕的视频。这反映了他们对字幕的依赖程度。较多的受访者(38.89%)认为,纯音频的模式更有助于听力水平的提高,这或许与目前的听力考试模式以纯音频为主而导致的应试效应有关。

问卷的第二部分调查了各种模态对听力理解的影响,包括视频中的标题、图像以及字幕等等。超过90%的受访者认为标题确实有助于听力理解。约半数受访者认同标题对提高听力兴趣和缓解焦虑的积极作用。75.55%的受访者非常认同或者认同视频中的图片有助于听力理解。56.56%的受访者认为图片能够提高听力兴趣。超过44%的受访者认为图片可以缓解焦虑,但有22.78%的受访者认为图片不能缓解焦虑。就字幕的作用而言,与视频中的标题和图片相比,字幕的积极影响更为明显,包括帮助理解材料、提高听力兴趣和缓解焦虑。

此外,标题、图片、字幕的干扰也不容忽视。最为明显的是,近一半的受访者认为视频中的图片和影像分散了他们的注意力,从而无法集中精力应对听力测试。

(三)有声思维和访谈结果

研究者对有声思维和访谈的录音进行了转写和分析。主要有如下发现:

视频中与内容相关并且较为生动的影像、图片在一定程度上有助于听力理解,且有助于减轻和缓解学习者的压力和焦虑情绪。受访者认为视频有助于提供多种信息媒介,当音频难以理解时,一些生动活泼而又与主题相关的影像可以帮助他们推导出部分内容。但是如果影像、图片过于抽象、模糊时,反而会造成一定的干扰,这种情况下他们更喜欢通过听音频来寻找信息。另外,视频中的背景音乐也有很强的节奏感,在一定程度上缓解了压力和疲惫感。

有受访者表示(K学生):“视频中人物与事物的关系清晰地展现出来,这对逻辑非常有帮助。一般来说,视频中的影像和图片比字幕更容易理解。这是因为在字幕中,当观看者把每一个单词都放进一个句子后,不能很快理解整个句子的意思,但是视频以影像和图片的形式给出的提示非常直接、清晰。更重要的是,生动的影像和图片可以让我们的思维活跃起来。”

受访者们也谈到了视频的缺点。比如,在播放视频时,视觉和听觉同时被调动,导致一些学习者无法集中注意力。当视频中的图片和图像吸引视觉注意力时,听觉注意力可能会被分散,从而导致听觉的敏感度降低。此外,视频中的图片容易引发听者产生联想,从而导致注意力分散,错过一些重要信息。

而字幕的出现可以帮助理解并减轻焦虑。听力理解过程中,听者很容易忽略一些微小而重要的细节信息;在字幕的帮助下,他们可以注意到并记住细节信息。因此,字幕可以起到帮助理解的作用。

同时,字幕的出现也容易导致听者注意力的分散。因为观众常常会情不自禁地陷入以下两种状态:一是试图逐字翻译字幕,理解整个句子的意思;二是努力猜测生词的意思和一些复杂句子的意思。这两种情况都会导致观看者错过后续的重要信息,从而无法保证对听力材料的全局理解。更糟糕的是,一些观看者会完全把注意力放在字幕上,甚至把它等同于阅读理解,从而把做练习的初衷——听力理解训练抛在脑后。

好几名受访者提到,如果要求他们边听边练习或做测试,在观看视频时很难兼顾任务和字幕或影像。受访者称,听音频比看视频更容易收集信息,因此他们在进行听力任务时倾向于选择音频形式。

四、结论

本文通过听力测试、问卷调查、有声思维和访谈,探讨了多模态输入教学模式对英语听力理解的影响,并探讨了不同输入方式的优缺点。主要研究结论如下:

首先,与传统的纯音频输入相比,多模态听力输入更接近真实的日常交际活动,更能有效地提高学习者的听力水平。通过结合声音、图像、字幕等多种信息呈现方式,多模态听力输入模式增加了英语学习的趣味性,并通过调动学习者视觉、听觉等多种模态,提高学生学习英语的积极性,降低听力过程中的疲劳和焦虑感。

其次,不同模态之间的协同情况会影响听力理解的效果。视频中与听力内容相关并且较为生动的视觉画面、标题、字幕等视觉模态可以弥补听觉模态中语言的模糊性,从而提高听力理解的效率。但是,标题、图像和字幕等也可能会分散学习者的注意力,由于视觉和听觉同时被调动,一些学习者无法集中注意力。尤其在听力测试中,应试者往往无法合理地分配视觉注意力和听觉注意力,在这种情况下,视觉模态反而会给学习者造成困扰。

　　结合以上研究,笔者认为,教师和学生应该根据学习目的来选择不同模态的听力材料。在英语课堂中,运用多模态听力材料进行教学是必要的。多模态听力教学可以更好地吸引学生的注意力,增加课堂教学的趣味性,调动学生参与课堂学习的积极性。而对于那些以应试为目的的学习者,纯音频材料是一种更为有效地提高听力测试成绩的方法。

参考文献

黄伟,2016.多模态环境下大学英语听力教学实证研究[J].外国语文(6):150-156.

张德禄,2009.多模态话语分析综合理论框架探索[J].中国外语(1):24-30.

超越原型的英语语法范畴构建[*]

刘翼斌[①]   裘　晶[②]   励坤杉[③]

一、中国英语语法教学:语法知识 vs 英语交际能力

英语语法教学,经过近 40 年来国内外外语教学界拥护派和反对派的激烈辩论,终究回归二语课堂。一方面,自 20 世纪 80 年代以来,Greg(1984)、Thornbury(1990)、Spada(1997)、Fotos & Ellis(1991)和 Yim(1998)等学者主张以形式为导向教授元语言,即对离散点(discrete-point)语言规则做明示的解释,以语法规则的学习来促进高效准确的语言学习。以语言形式为中心的语言学家认为,语法的学习和学习者在语言形式错误方面的修改,有助于提高学习者对语言知识的长期记忆,便于学习者自觉修正语言错误,提高语言使用的准确率。持相反态度的语言学家认为,自然环境下的意义学习对学习者有益。Carroll(1967)、Saegert(1974)、Dulay(1983)等,尤其是 Krashen 等(1982,1985,1998)极力反对对语法做明示性的教学,认为语法是语言的边缘成分,语法形式的学习对语言习得来说是不可靠的;并坚持认为语法内容不能出现在语言课堂,而应为潜意识语言习得,这对二语学习起重要作用。Mucia(1991)和 Scott(1989)认为,以意

* 基金项目:本文系 2020—2021 年度浙江工商大学自主教学研究项目"以英语语法为范畴原型的创新输出课堂构建"(编号:202112)和浙江工商大学 2019 年度校高等教育研究课题"基于英语词组复杂性的一流学科专业输出能力发展研究"(编号:xgy19011)的研究成果。

① 刘翼斌,博士,浙江工商大学外国语学院教授。主要研究方向为翻译学、认知语言学、莎士比亚戏剧研究。
② 裘晶,硕士,浙江工商大学外国语学院讲师,研究方向为语料库语言学、二语习得。
③ 励坤杉,浙江工商大学外国语学院研究生,研究方向为认知语言学、二语习得。

义为中心的语法无用论派的课堂带给学习者的是支离破碎的、语法洋泾浜式的英语,甚至主张语法明示教学的Ellis(2016,et al.)也提倡在使用中学习语法,语法教学应以意义产出为导向。他们折中上述两派的不同观点,主张学生应经历一个充满语法结构练习的学习阶段,之后,过渡到开放式的创造性地使用语言的阶段。

国内从20世纪末进行了以意义为中心的外语教学改革,实行交际课堂、沉浸式教学及语音、词汇和语法的暗示法教学。确实,这些改革对中国学习者的"哑巴英语"和"沉默课堂"起了比较重要的作用。例如,浙江工商大学开展了新时代"Hello计划英语教学改革"活动,这一活动使浙江工商大学学生的英语口语在流利度和准确度上取得了进步。然而,要达到"一带一路"倡议全球化的高端跨语言文化交流的要求,我们的学生还是有相当大的差距的。

黄慧(2002),徐畅贤(2003),肖哲英(2006),陈金红(2006)、崔俊霞(2010),欧颖、李红梅、陈鸿霖(2015)从建构主义、语言认知、交际法、实证研究等多角度出发,用不同的方法研究了大学英语语法教学与交际能力的关系。他们认为,当前对语法形式的学习的弱化,对后续语言学习的知识积累造成一定困难,这使得二语学习者表达语义的能力有所欠缺,造成其语言表达不地道、不准确,并且不能恰当地进行复杂的或各种专业的表达。

鉴于此,中国二语学习者交际能力培养的研究,不仅要关注语法教学本身,更要关注如何超越主谓关系(NP+VP),即句子单位,实现语篇或话语的产出,即如何使中国二语学习者获得交际能力提升的语法路径研究。

二、语法的原型范畴

要探究语法的原型地位,我们还是从原型范畴这一概念入手。随着现代科学的发展,亚里士多德提出的范畴边界清晰的、二元的、成员地位平等的经典范畴被颠覆。罗施等(Roschet al.,1965)提出的原型范畴观认为,同一范畴中各成员地位不平等,原型是范畴中隶属度最高的、最典型的成员,原型范畴的典型性使其具有易辨认、易记忆和为主体普遍认知的特征;从中心成员到边缘成员隶属度递减,同一范畴内各成员的属性相互重叠,通过家族相似性(维特根斯坦,2000)享有部分共同属性。值得注意的是,范畴原型是可以改变的,范畴的边界是模糊的。

自原型范畴理论问世以来,不少学者意识到,该理论为我们提供了审视二语习得的新视角,对二语习得研究以及教学实践具有重要启示和借鉴意义。近年来,越来越多的研究者进行了这方面的有益探索(Achard & Niemeier,2004)。目前,国内把原型范畴理论与外语教学相结合的研究主要集中在词汇方面。但作为语言范畴中的一个重要分支,语法范畴(李艳平、朱玉山,2011)也是原型范畴,其研究越来越深入语法本身的范畴域(裴晶,2017)。

亚里士多德在《名理探》里提出"主"(subject)、"谓"(predicate)之后,主谓结构一直是西方语言、西方思想和文化的基石。在语法范畴中,句子范畴即"主语+谓语",词汇范畴即"名词+动词(NP+VP)";与语法同根同源的西方逻辑,在表达命题时离不开"主语+谓语"或"名词+动词"。因而,主谓关系不仅是语法的原型,也是西方逻辑的原型。西方哲学里,没有主谓结构就没有命题,没有命题就没有演绎推理,"主语+谓语"结构可以说是西方文化、思想的奠基石(徐长福,2017;沈家煊,2019)。换言之,句子,也就是"主语+谓语"结构,是英语乃至西方语言使用者语言活动和逻辑推理的出发点,即这一结构在语言域、逻辑域中具有主体普遍认知、记忆最深刻等特征,因而其在英语这一语言域中具有原型特征。

三、英语语法原型的教学范畴构建与超越

以主谓关系为核心的语法教学范畴,在知识范畴层次与词汇、语篇等不同层级的范畴构成以语义为核心的教学基本层次范畴;在方法范畴层次中,构成以交际为核心的教学基本层次范畴。语法知识本身我们称为陈述性知识(Richards,2002),也就是"能记住的知识"(memorized knowledge),与听、说、读、写、译等相关的运用技能我们称为程序性知识,也就是"已内化的知识"(internalized knowledge),后者为上位层次范畴。

在以交际能力为目标的语法教学中,如何实现陈述性知识到程序性知识的转化?

(一)确立原型,培养根本

Hymes(1972)提出了交际能力理论,认为人的潜能(capacity)包括语言知识(knowledge)和使用语言的能力(ability for use of language),有语法性、适合性、得体性、现实性四个特征。Gleason(1982)则认为交际能力是一种适应(adaptation)能力,造句规则和根据情景按规则组合表达式不表征学习者的交际能力。在 Gleason 的句式(pattern)和惯用语框架(formulaic framework)的基础上,Cummins(1981)把交际能力划分为语境依赖(context-reduced)交际和语境嵌入(context-embedded)交际两种能力。Swain 和 Canale 进一步推动了这一理论的发展,Canale(1980,1981)提出了交际能力理论的构建模式,由四个部分组成:(1)语法能力;(2)语篇能力;(3)社会语言能力;(4)策略能力。Bachman(1990)提出了交际意图模式,把交际能力改称为语言能力(language competence),称语言能力由两大类能力组成:(1)语言组织能力,包括语法能力和语篇能力;(2)语用能力,包括言外行为能力和社会语言能力。

从这些理论我们不难看出,掌握语言知识或规则,也就是对造句方法或者说对"NP＋VP"结构的把握,是交际能力的基础。

因而在交际能力的范畴中,其核心成员是语法能力,语法这一原型的学习是根本。学习者在熟练把握、牢记语法离散知识,才能将其内化,把知识运用到交际场景中去。基本的词汇语法知识是准确理解和表达话语字面意义,以及运用这些知识理解和造出正确句子的基础。毫无疑问,起码的语法能力,是言语交际得以发生的最低限度条件;显然,交际所能达到的深度和广度都在一定程度上取决于学习者(交际者)语法能力。因而主谓结构及其诸多规则的了解、记忆和内化,即对陈述性知识的把握是语法教学的最重要的一步。

(二)超越原型,提高能力

在语法教学中,根据以句法主谓关系为基本单位的语法,在不同的语境中,相同的语义可以表征为句子,也可以表征为词汇或语篇。在这个教学范畴层次中,学习者学习如何把语法知识转为表达语义的恰当形式,也就是把范畴成员句子(句法)与词汇、语篇等进行层阶转化(王寅,2007)。确切地说,就是语篇层级化为句子,句子层级化为词汇;反之亦然。在语法教学中,以陈述性知识为基本单位的语法,应该通过课堂的演绎为学习者所用,这样学习者才有可能在其他实际交际中将陈述性的语法知识转化成程序性的语言交际知识。语法课中交际能力培养的具体模式如图1所示。

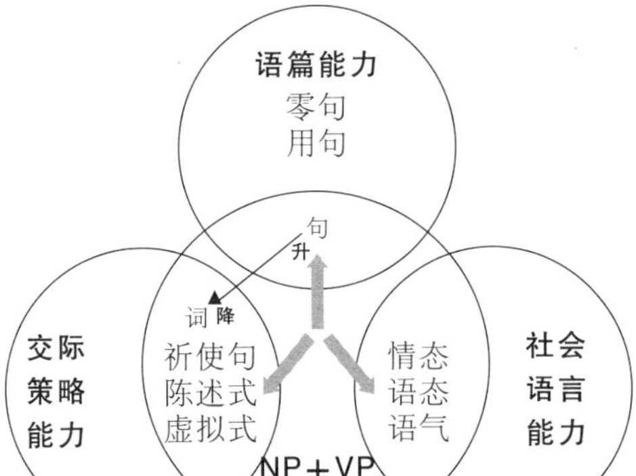

图1　超越原型的语法教学模式

在语法教学范畴,首先,进行主谓关系即句子的知识阐释,以明示的方法清楚展示语法规则。以简单训练语言的形式或者说离散知识点的形式来强化学习者的记忆,可以在线即时用元语言对这些语法项或例子以口头方式清晰地表达出来,也可以在教学课堂上让学习者使用元语言梳理语法规则前先做补充讲解,以加深学习者对语法知识的记忆。

其次,逐步超越语法原型,使语法能力逐渐延伸到语篇能力,并且能以得体和顺畅的方式,成功实现英语跨文化交际。

英语语法能力转换为语篇能力是交际能力培养的最关键的一步。教学过程中,英语句子之主谓关系,特别是主位(theme)的单一性与恒定性,决定了英语句子的"NP＋VP"。中国学习者受到汉语语篇中所谓"用句"(交际话语中的句子)的影响,被汉语无主句、流水句、话题句(非名词、代词作主语)、零句(四字格、成语等词成文)迷惑,容易对英语语篇中的语义理解不到位、不正确,所产出的语篇在衔接上不连贯。主谓关系是西方人辩证思维的起点,其主谓关系具有唯一性,中国学习者在产出语篇时要牢记这一点,并且要牢记二语主位特征,对汉语思维中的"用句"和"零句"进行正确表达(沈家煊,2019)。一方面,英语语篇中的句子跟语法中的单句有差异;另一方面,中国学习者思维中的句子,特别是语篇中的句子跟英语语法中的单句差异更大,中国英语学习者要在英语语篇中进行句子的转化,减少母语负迁移。总之,句子的语境转换和主位(NP)的英汉语转换是语法能力提升为语篇能力的关键。

与此同时,交际能力体现的是人际关系。在学习者的语法能力发展为社会语言能力(即在人际交往中运用适合群体理解和使用的语言的能力)的过程中,交际语言的得体性是其中的重要因素。这种情境下,话题的选择,以及交际者情感、意愿表达的得体与否都将影响社会交往中交际的成功与否,并在交际的深度和广度上产生影响。这时英语语法之述位中的语气、语态和情态等VP特性能较好地体现交际者的主观意愿、情感偏好。语法能力强的学习者,具备熟练的关于情感、情态的语言表达知识,能迅速认知、判断交际语境,进而精准地从记忆库中快速提取语气、语态和情态等VP语法表。

学习者(交际者)有了一定的语篇能力和社会语言能力,就意味着有很强的英语交际能力吗? 答案否定的。交际的达成有时还要靠交际策略的成功应用。我们知道,策略能力是指交际者在遇到交际困难时运用的一套系统化的技巧,用以补救交际中因缺乏应有的能力而导致的交际中断情况。从以上对交际能力的分析,我们不难看出,语法能力是交际能力的一个至关重要的组成部分。只有具备了正确理解和造出正确句子的能力,才能产出连贯的语篇,语言表达才适合语境;但是,当二语学习者出现沈家煊,2019.超越主谓结构[M].北京:商务印书馆.

朱晓农,2015.语言限制逻辑再限制科学:为什么中国产生不了科学?[J].华东师范大学学报(哲学社会科学版),47(6):10-28.

ACHARD M, NIEMEIER S, 2004. Cognitive linguistics [M]//Second Language acquisition, and foreign language teaching. Berlin, New York: Mouton de Gruyter.

CANALE M, SWAIN M, 1980. Theoretical bases of communicative approaches to second language teaching and testing[J]. Applied linguistics(1) :1-47.

CANALE M, 1983. From communicative competence to communicative language pedagogy[G]//RICHARDS J C, SCHMIDT R W. Language and communication. London: Longman.

CHOMSKY N, 1980. Rules and representations[M]. Oxford: Basil Blackwell.

CUMMINS J, 1979. Linguistic interdependence and the educational development of bilingual children[J]. Review of educational research(49): 222-251.

ELLIS N C, O'DONNELL M B, RÖMER U, 2012. Usage-based language: investigating the latent structures that underpin acquisition[J]. A journal of research in language studies, 1(63): 25-53.

ELLIS N C, RÖMER U, O'DONNELL M B, 2016. Usage-based approaches to language acquisition and processing: cognitive and corpus investigations of construction grammar[M]. New Jersey: Wiley-Blackwell.

GLEASON J B, 1982. Converging evidence for linguistic theory from the study of aphasia and child language[G]//OBLER L K, MENN L.Exceptional language and linguistics. New York: Academic Press.

HALLIDAY M A K, 1978. Language as social semiotic: the social interpretation of language and meaning[M]. London: Edward Arnold.

HYMES D, 1972. On communicative competence[G]//PRIDE J B, HOLMES J. Sociolinguistics. Harmondsworth: Penguin.

KRASHENS D, 1985. The input hypothesis: issues and implications[M]. London: Longman.

沈家煊,2019.超越主谓结构[M].北京:商务印书馆.

朱晓农,2015.语言限制逻辑再限制科学:为什么中国产生不了科学?[J].华东师范大学学报(哲学社会科学版),47(6):10-28.

ACHARD M, NIEMEIER S, 2004. Cognitive linguistics [M]//Second Language acquisition, and foreign language teaching. Berlin, New York: Mouton de Gruyter.

CANALE M, SWAIN M, 1980. Theoretical bases of communicative approaches to second language teaching and testing[J]. Applied linguistics(1):1-47.

CANALE M, 1983. From communicative competence to communicative language pedagogy[G]//RICHARDS J C, SCHMIDT R W. Language and communication. London: Longman.

CHOMSKY N, 1980. Rules and representations[M]. Oxford: Basil Blackwell.

CUMMINS J, 1979. Linguistic interdependence and the educational development of bilingual children[J]. Review of educational research(49): 222-251.

ELLIS N C, O'DONNELL M B, RÖMER U, 2012. Usage-based language: investigating the latent structures that underpin acquisition[J]. A journal of research in language studies, 1(63): 25-53.

ELLIS N C, RÖMER U, O'DONNELL M B, 2016. Usage-based approaches to language acquisition and processing: cognitive and corpus investigations of construction grammar[M]. New Jersey: Wiley-Blackwell.

GLEASON J B, 1982. Converging evidence for linguistic theory from the study of aphasia and child language[G]//OBLER L K, MENN L.Exceptional language and linguistics. New York: Academic Press.

HALLIDAY M A K, 1978. Language as social semiotic: the social interpretation of language and meaning[M]. London: Edward Arnold.

HYMES D, 1972. On communicative competence[G]//PRIDE J B, HOLMES J. Sociolinguistics. Harmondsworth: Penguin.

KRASHENS D, 1985. The input hypothesis: issues and implications[M]. London: Longman.

RICHARDS J C L, 2002. Reflective teaching in second language classrooms
[M]. Cambridge: Cambridge University Press.

ROSCH E, 1975. Cognitive representations of semantic categories [J].
Journal of experimental psychology: general, 104(3): 192-233.

课程思政

大学英语教学中学生中国文化传播力的培养策略与意义*

李　玲①

随着中国经济的迅猛发展以及改革开放力度的加强,进入 21 世纪,中国从世界边缘走向世界舞台中央,参与共建世界秩序。在这个大背景下,作为高等教育重要一环的大学英语教学也面临着新的机遇和挑战。大学英语课程对中国参与全球治理、成为有担当的大国和未来发展具有重要意义。基于这样的背景,我国外语学习的目的也发生了转变,从改革开放初期的学习国外先进科学技术,到今天的学会用外语传播中国思想、学术和文化,提升软实力。因此,最新的《大学英语教学指南》从国家战略需求层面强调英语的重要性:通过学习和使用英语,可以直接了解国外前沿的科技进展、管理经验和思想理念,学习和了解世界优秀的文化和文明,也可以增强国家语言实力,传播中华文化,促进与各国人民的广泛交往,提升国家软实力。

一、目前大学英语教学加强中国文化传播能力培养的重要性

新时代中国文化"走出去"战略布局的实施以及"一带一路"建设的加速发展,给大学英语教学带来了前所未有的机遇与挑战。当今世界,文化与经济、政治相互交融,文化越来越成为民族凝聚力和创造力的重要源

*　基金项目:本文系浙江工商大学外国语学院 2020 年度校级教学项目"新时代大学英语教学学生中国文化传播能力培养策略研究"(编号:1070XJ0520111)的研究成果。

①　李玲,博士,浙江工商大学外国语学院副教授,研究方向为外语教育、课程与教学、教师教育。

泉,越来越成为综合国力竞争的重要因素。习近平总书记在全国宣传思想工作会议上的讲话中提出:"要推进国际传播能力建设,讲好中国故事、传播好中国声音,向世界展现真实、立体、全面的中国,提高国家文化软实力和中华文化影响力。"

大学英语是一门面向高校所有非英语专业学生的必修课,受众面广,并且由于语言与文化天然的纽带关系以及英语作为一门国际通用的交际性工具,对培养大学生跨文化交际能力,尤其是文化传播能力具有重要的作用。首先,在全球化背景下,培养具有国际视野、文化自信,能讲好中国故事、传播好中国声音、增强中国文化软实力的人才,应成为大学英语教育和教学的目标之一。学习和使用英语对建设社会主义现代化强国,推动中华文化走出去,参与全球治理,构建人类命运共同体至关重要。其次,外语能力是国际公认的一项国民关键能力,是国家综合实力的重要组成部分,更是国家社会经济发展的重要资源。面对新时代、新要求,如何有效提高大学生的英语综合应用能力,尤其是中国文化传播能力,建立并加强大学生民族文化身份认同感和自豪感,抵制英语文化的同化和霸权,是摆在我们面前的新的重要课题。

非英语专业大学生是否能够担当起历史赋予他们的使命和责任,发挥英语作为对外交流和文化传播的最主要媒介,讲好中国故事,传播好中国声音?长期以来,大学英语教学在很大程度上囿于语言能力、语言技能的培养,过于重视目的语文化输入的单向交流,大学英语教学普遍存在"母语文化失语症"现象。在这个大背景下,高质量的外语教育,尤其是大学英语教学中对学生中国文化传播能力的培养显得极为重要。

二、大学英语教学中中国文化传播能力的培养

(一)中国文化传播能力的构成

综合已有的研究并结合外语教育的专业特性,笔者认为,中国文化传播能力的核心构成可以界定如下:能对与中国有关的不同文化现象、素材、事件进行合理的阐释和评价;能够得体、有效地进行有关本土文化的

沟通与传播,并能够帮助不同语言背景的人达成对他者文化的理解和认知;尊重世界各国文化的多样性,具有跨文化的同理心和批判性的文化意识;理解中外文化的基本特点和差异。本文提出的增强大学生的中国文化传播能力并非要完全忽视西方文化的阐释和理解,而是强调文化的传播是双向的,而不是过去仅仅重视目的语文化的认知和理解。

(二)教学策略

在大学英语课堂教学中,要培养学生的中国文化传播能力,必须不断改革课堂教学方法,努力将培养非英语专业大学生的中国文化传播能力有机融入英语教学。例如,可以通过线上线下结合,有效利用"互联网＋技术";通过"以评促学"以及产出式导向法,引入中国文化主题探究项目,帮助学生开展自主学习和合作学习,最终实现学生的中国文化对外传播能力,促进国际理解水平的提高。为培养"既能出入各种文化,又能坚持中国立场;既能用英语学习国外的先进文化思想,又能够用英语将中国的文化传统与当代的中国特色介绍给世界"(文秋芳,2012)的新时代大学生做出贡献。具体而言,大学英语课堂教学方法的改革可以从以下几个方面入手:第一,为学生创造中国文化传播机会和体验,促成学生文化传播能力的内化,从"做中学"。这是一种体验式学习,根据大卫·库伯(David Kolb,2015)提出的体验式学习(experiential learning)的理论模型,这个过程包括直接体验、反思观察、抽象概念化和主动试验四个循环步骤。学生首先承担并完成一项学习任务,形成一种新的体验;其次反思自己完成该任务的具体过程,对已有的体验加以思考;接着把具体经验上升为概念或者理论,理解所观察的内容并吸收它们使之成为合乎逻辑的抽象概念;最后把获得的新知投入进一步的实践中,也就是去验证这些概念并将其运用到制定策略、解决问题当中去的方式。库伯认为,体验式学习是一种动态的学习观,学习是通过经验转化而创造新知的过程,知识是掌握经验和改造经验相结合的产物。体验式学习包括两个维度:一是掌握经验模式,包括两个相互对立的维度——具体经验(CE)和抽象概念化(AC);二是改造经验模式,包括反思观察(RO)和主动试验(AE)两个对立的维度(如图1所示)。

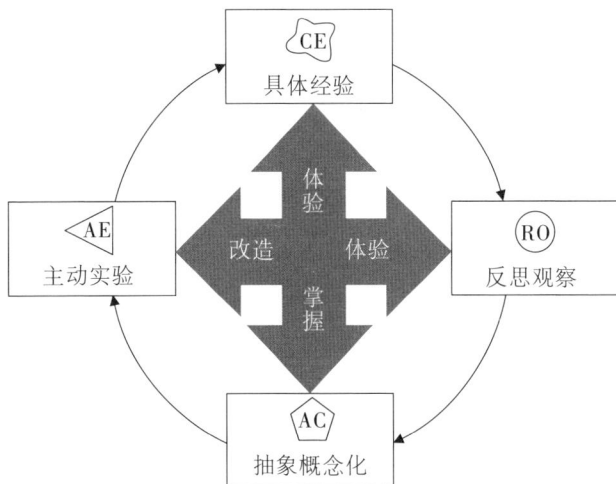

图1 体验式学习的理论模型

学生在这个学习过程的循环中,通过行动(AE)/反思(RO)和经验(CE)/抽象(AC)的双重维度驱动的学习周期,学习源于这四种学习模式之间创造性张力的消解。体验式学习的过程就是不断地领悟经验和改造经验的过程。这个理论模型和学习原则可以引入中国文化传播能力培养的教学,以促进学生传播能力的有效内化。在课堂上开展体验式文化传播能力教学,可以要求学生扮演体现中国文化的角色、欣赏相关的影视剧或者阅读有关中国文化的报道和作品等,体验文化传播场景(如做新闻报道、角色扮演、向外国友人介绍中国等),然后通过讨论或者展示等进行反思,将概念抽象化并进行归纳,最后把分析的结论投入新的实践中进行检验。当然,中国文化传播能力的培养教学还需要在课堂外的第二课堂开展,随着"互联网+"时代的到来,课堂外的活动变得日益丰富和有效。比如,通过在线会议、直播、微信公众号、短视频等手段,可以组织线上、线下、混合式的英语演讲、文化知识竞赛、海报展示、辩论、志愿者服务等丰富多彩的课外活动。

(三)培养路径

采取"输入—导引—生成—评价"模式开展学生中国文化传播能力的

培养路径。第一,输入板块。加强学生对中国优秀文化、特色文化以及当今社会文化的了解,采用挖掘现有教材中隐含的中国文化,调动学生的积极性,通过阅读书籍,观看影像,浏览相关网站、App、微信公众号、微博,阅读《中国日报》《人民日报》双语新闻等方式让学生获得大量有关中国文化的有效输入。第二,导引板块。采取教师引导和同伴互助模式,引导学生发现中西文化差异,培养学生的单元文化意识和平等的文化交流意识,增进国际理解能力。第三,生成板块。采取项目小组合作方式,通过移动和传统相结合的模式(如视频拍摄、微信推送、建立公众号等移动方式,阅读、写作、演讲、角色扮演、话剧等传统方式)、课上课下结合、线上线下并举,多渠道、多模式创新中国文化传播途径和教学方式。第四,评价板块。构建以形成性评价为主的学习质量测评体系,发挥测试的反拨效应,增强学生的中国文化素养。

需要注意的是,在培养学生中国文化传播能力教学设计时应遵循一些基本原则。比如,要重视学生的经验、先验知识及专业背景等,关注学生跨文化观念形成的阶段性特点,满足学生在跨文化学习中的内隐性需求,协调语言能力、交际能力和社会文化能力三者之间的关系。当然,首要原则是必须以促进学生的发展为中心,遵循平衡社会、学生、知识三者之间的关系的课程设计规律。在促进学生对异质文化理解与尊重的同时,通过加强对母语文化的认识、理解和传播,促使学生人格成长及清晰明确的自我概念的建立。在组织学生进行讨论时,教师可以通过搭建脚手架的方式给学生进行一定的拓展和有效输入:对活动方式进行合理的设计,摸清学生的需求和水平,有针对性地设计交际氛围融洽、学生感兴趣的活动;组织学生对某些问题进行深入讨论,让学生能够深入不同的文化场景,深刻理解并掌握各种语言技能,培养他们的语用能力;让学生与教师、学生与学生之间形成良好的对话互动模式。同时,教师要引导学生进行中外文化的比较和反思。引导学生调整文化思维,改变认知习惯,这方面的培养在初期可以通过词汇教学中的文化比较入手,再逐步提升到句子和语篇层面,同时融入听、说、读、写、译技能的训练,培养学生的文化意识。

三、大学英语教学中培养学生中国文化传播能力的意义

(一)有助于实现高等教育智力探究的教育使命

21世纪,一些发达国家已经不像过去那样通过武力和殖民等显性手段实现扩张,而是凭借其在当代国际社会中的经济、政治地位,利用各种手段,自觉或不自觉地将其文化思想、文化制品和价值观念输入其他经济发展较落后的国家,在这些国家内繁荣兴旺,替代并泯灭这些国家的文化自主意识,最终实现事实上的文化霸权。我国在新时代提出的中国文化"走出去"战略目的在于使中国文化、中国模式、中国故事走进他国人民的内心,抵制新型的"殖文主义"。大学英语教学作为高校外语教育的重要组成,在中国国际地位不断提高的今天,理应担负起传播、发扬中国文化,提高中国文化影响力的历史使命,实现真正意义上的"跨文化交际",提高学生的文化领导力。培养非英语专业大学生的中国文化传播能力这一使命,要放到中国文化"走出去"的大背景下,要放到提升国家软实力的战略高度。大学英语教学中渗透中国文化,让大学生学习用英语表达中国文化,这是跨文化交际的需要,更是时代发展的需要,必将有利于中国文化走向世界。外语教育的一个重要目标是要培养善于思考的、讲外语的人,在语言运用的智力探究基础之上的交际能力培养应该是外语教育改革的方向,这既符合21世纪全球化社会对外语交际能力的需求,同时也满足高等教育智力探究的教育使命。将中国文化融入英语教学,是我国大学外语教学的一种现实选择和现实需要,这既是当代多元文化社会发展的必然要求,也是我国高等教育培养外语类复合型人才的使命体现,更是实现中华民族伟大复兴梦的时代要求。

(二)对大学生树立民族文化自信具有重要意义

学习一种语言绝不应该是学习超验层面上的知识体系,也不应该是操作层面上的单纯的技能操练,而是通过语言获得语言本身及其背后深刻的文化意蕴。大学生在大学时代正值世界观和价值观形成的关键时期,他们容易接受新事物,但缺乏相应的区分辨别能力。在大学英语教学

中引入中国文化,培养他们的中国文化传播能力,有助于提高学生的文化鉴别力。通过比较和借鉴,既能做到公正客观、避免片面盲目地认同西方文化,又能继承和弘扬中华民族优秀的传统文化,准确表达优秀的文化。外语教学中对外国文化的理解必须把该文化放在与本国文化的对比中进行,语言教学中的文化切入包含对目的语以及母语的再认识。毋庸置疑,一个对本民族文化缺乏深厚感情和高度认同的人,对他者文化很难有真正意义上的理解、尊重和包容。学习目的语文化的同时传承母语文化,有助于学习者形成正确、平等的文化价值观,增强自己的本土文化自信心。

(三)有助于大学英语教师的专业发展

培养大学生的中国文化传播能力,对大学英语教师提出了一定的挑战。这就需要大学英语教师提升自己的中国文化素养以及教学能力,思考如何在大学英语教学中有机融入中国文化元素,开展有效的教育教学活动,切实提高学生的社会文化能力,践行"文化自觉行动",在课内和课外两个领域不断探索灵活多样的教学方式,实现目的语文化与母语文化的良好互动、兼容并举,培养学生的人文精神和全球视野,以适应我国文化发展和国际交流的需要。

参考文献

KOLB D,2015. Experiential learning: experience as the source of learning and development[M]. 2nd ed. New York: Pearson Education, Inc.

何莲珍,林晓,2015.高等教育环境下外语交际能力的培养——现实困顿和解决途径[J].现代外语,38(1):83-92,146.

文秋芳,2012.大学英语面临的挑战与对策:课程论视角[J].外语教学与研究(2):283-292.

习近平,2018.举旗帜聚民心育新人兴文化展形象,更好完成新形势下宣传思想工作使命任务——在全国宣传思想工作会议上的讲话[N/OL].(2018-08-23)[2020-10-23]. https://www.ccps.gov.cn/zl/xxzyjhjszl/201812/t20181209_114782.shtml.

文化自信视角下中国文化融入大学英语教学的策略研究*

余　美① 　赵永健②

一、引言

文化是一个国家、一个民族的灵魂。当代中国人的文化自信源自中华优秀传统文化所蕴含的强大文化基因,熔铸于中国特色社会主义先进文化。而文化与语言相互依赖,相互影响。从这个意义上说,语言教学本质上就是文化教学。大学英语属于通识性课程,教学内容几乎无所不包,涉及政治、历史、地理、经济、文学等内容,是思想教育的绝佳载体。然而,在国内大学英语教学中,长期存在以学习和介绍西方文化为主、弱化和忽视中国文化的现象。这不仅使我们的大学英语教学"不接地气",而且导致学生文化知识结构上"营养不良"而患上"文化失语症",最终影响学生跨文化交际能力。

进入新时期,国家对大学英语教育提出新的要求,这门课程承担了立德树人的重要使命。大学英语教师应充分利用课堂内外的教学机会,在传授学生语言知识的同时,融入中国文化教育,增强大学生的文化自信,培养学生自觉的文化主体性和文化操守。这有助于学生未来充满自信地向世界展现真实、立体、全面的中国,有助于中国文化软实力的提升。

*　基金项目:本文系浙江省哲学社会科学规划课题"当代美国华裔儿童文学的文化叙事研究"(编号:19NDJC204YB)、院级教学项目"文化自信视角下大学英语课堂中国文化输出能力培养研究"的研究成果。
①　余美,硕士,浙江工商大学外国语学院讲师,研究方向为英语语言教育。
②　赵永健,博士,浙江工商大学外国语学院副教授,研究方向为英美文学。

二、大学英语教学融入中国文化的意义

在大学英语课堂上巧妙融入中国文化,突出学生对中国文化理解和表达能力的培养,有着重要的教学价值和社会意义。

第一,融入中国文化有助于提高英语学习效果。语言是用于交流的符号系统,其本身也是一种文化现象。中国学生是站在中国文化的背景下去接纳、吸收英语语言文化的,中国文化背景必然影响中国学生对英语语言文化知识的理解、辨识与接受能力。所以,一方面,了解中西文化之间的共性有助于学生更直观地理解英美国家的相关文化;另一方面,了解中西文化之间的差异则有助于学生提高自身的文化主体性和文化操守,有助于强化学生的比较和思辨意识。同时,适时地融入中国文化的真实素材,还可以活跃课堂气氛,增强英语学习的实用性和趣味性。

第二,融入中国文化有助于提高跨文化交际能力。在当今日益频繁的国际互动过程中,两种语言的交流实质是两种文化的交际。跨文化交际能力的培养必然受到双向文化的影响。交际双方都应本着促进文化和谐、尊重文化差异的原则来进行跨文化交际,才能顺利达到文化输出的目的。因此,做到中西文化并重,既注重对西方文化的学习与借鉴,又强调对中国文化的传承与发展,帮助学生理解中国人的精神价值、生活方式和民族特征,是培养学生对文化差异的敏感性和宽容性,加强学生跨文化输出能力的有效路径。

第三,融入中国文化是落实课程思政的有效举措。大学英语课程融入中国文化有助于学生用辩证唯物主义哲学观和方法论审视西方文化及其思维范式,树立并夯实社会主义核心价值观,增强文化自信;也有助于增强学生的爱国主义情感、民族自尊心和自信心,最终承担起"讲好中国故事,传播中国声音"的历史使命。

三、大学英语教学融入中国文化的实施路径

(一)坚守中国立场,培养中西比较意识

第二语言习得的过程少不了文化方面的碰撞与比较。文化对比的视角与教学方式是对学生的一种思想启蒙教育,因为这可以丰富思考的角度,帮助学生跳出原有思维模式,增加广度和深度,更具包容性和反思精神,从而变成更独立、更明智的思考者。需要指出的是,大学英语教学融入中国文化元素并不是要否定西方文化,不同文化之间可以是同向同行、相互补充的关系。

文化对比的话题方方面面,俯拾即是,包括语言、教育、宗教、风俗、政治等等。在开展大学英语教学的过程中,教师应结合每个单元的具体内容,认真挖掘每篇文章的文化内涵,找准切入点,从中西比较视角思考教材中的话题,分析中西文化差异的原因及历史背景,让学生洞察中西思维方式、文化理念和价值体系的异同,培养学生的跨文化交际意识。根据实际教学经验,笔者发现:培养学生比较意识的教学可以增加教学内容的难度,避免满堂灌式的课堂教学,能够有效地提升课堂吸引力,有效地让学生"忙"起来,"忙"得有意义;更重要的是能够培养学生的中国文化认同感和民族认同感,培养学生对文化差异的包容态度和在跨文化交际中的平等意识。

教师还可以选取《中国日报》和西方媒体(如《纽约时报》《经济学人》等主流报刊)对同一个热点话题的报道和评论文章,与学生进行集体研讨,例如摘录中西方媒体对"一带一路"倡议、"人类命运共同体"等重要概念和相关事件的不同报道,进行话语分析,探究不同报道背后的价值取向和真实意图。比较分析可以让同学们明白一个道理:同一事件,由于政治立场和思维方式的不同,便会有不同的政治和文化解读。更重要的是,如此解读有助于学生客观看待某些西方媒体对中国的报道,不为其所误导,坚守自己的文化立场和价值标准,坚定社会主义理想信念,使自己成为一个有"灵魂"的学习者。

（二）回归民族经典和本土文化，培养文化自觉意识

习近平总书记指出："中华优秀传统文化是中华民族的根和魂，是中国特色社会主义植根的文化沃土……继承和弘扬中华优秀传统文化，努力用中华民族创造的一切精神财富来以文化人、以文育人。"诚如此言，对大学英语教学而言，悠久的中国历史和文化传统无疑是一笔丰富的教学资源库，应该充分加以利用。

大学英语教师可以结合具体单元内容，从中国文化典籍中选取相关的经典段落，通过经典阐释、汉英翻译等形式，帮助学生更深入地理解经典中国文化思想，建构完整的知识体系，帮助学生培养基于文本和事实的民族文化自信。还可以安排学生选取中国古代、近现代的名人以及这些人物对中国或者世界做出的贡献，用英文撰写名人简介，在课堂上做口语展示。同时，大学英语教学应该保持一定弹性和灵活性。在教学中遇到重大节日、历史事件纪念日、著名人物纪念日、热点新闻事件时，可以向学生推荐相关阅读材料，利用网络和多媒体资源，引导学生关注家事、国事、天下事。在翻译教学环节上，教师应有意识地提供"习近平治国理政金句""中国特色文化""优秀中华儿女"等材料给学生做翻译练习，使学生在提高翻译技能的同时学习中国的文化，培养社会主义核心价值观。

除优秀传统文化之外，优秀的本土文化也应该成为教学内容的一部分。中国学生学了多年的西方语言文化，但最终是要服务于中国自身的发展。或许可以说，新时代的中国人才应该是"全球本地化"（glocal）人才，即具有"全球"（global）的视野，了解西方文化、历史，也关注"本土"（local）的社会和文化，做到关心社会、心系家乡，进而能够融通中西文化，帮助中国更好地融入世界，世界更好地理解中国。因此，浙江高校英语教师可以在教学中融入文化浙江、美丽浙江、浙商精神等浙江本土元素，引导学生用英文讲好浙江故事。还可以安排学生对所在城市（如杭州）的文化遗产、优秀风俗和著名景点等文化标志进行文献阅读和社会调研，完成英文调研报告，在课堂上做口语展示。

(三)激活第二课堂,进一步提升文化素养

中国文化融入英语教学是一个系统性工程,应该将"第二课堂"与"第一课堂"结合起来,实现课内激活,课外拓展。第一和第二课堂的有效联动有助于锻炼学生的思维和创新能力,增加语言输入,提升学生的语言技能和文化素养。

要培养有质量的文化输出能力,首先需要大量的文化输入。教师应精心设计课后作业,引导学生在课后学习语言的同时,自觉关注有关中国文化的内容,引导学生课下关注中国传统文化习俗和中国文学艺术。大学英语教师可以结合学生实际,推荐有关中国文化的英语或双语读物,督促学生进行课外阅读,在美文熏陶中感受中国文化的底蕴,并通过课堂演讲、读书报告或翻译测验等形式进行输出练习。

此外,课下还可以组织丰富多元的语言交际活动。教师可以就传统文化某个话题组织演讲比赛,既锻炼学生的语言表达,又促使学生在准备过程中更深入地了解中国文化;可以组织跨文化内容为辩题的辩论比赛,引导学生从不同文化角度思考同一个话题;还可以给学生提供文化交际情境,让学生扮演情境中的角色,完成所布置的具体交际任务。学生通过模拟情境实践,切身体会中国文化的魅力所在,感知中国文化的精髓,提高中国文化的英语表达能力和输出能力。

(四)基于教学目标,选取最佳教学方法和手段

教材是固定的,但教学内容、教学方式和教学主体则是活的。要想有效融入中国文化元素,大学英语教师应该不拘一格,突破传统的课程教学模式,在教学方法上"因事而化,因时而进,因势而新",创新教学手段和教学载体,广泛借鉴项目教学法、案例教学法、情景教学法等的优势;通过读书交流会、答辩会、辩论会、演讲比赛、视听材料制作等形式,巧妙地寓优秀的中国文化和社会主义核心价值观的精髓要义于多样化课堂教学之中,将政治思想教育、语言应用能力提升、人文素养培养巧妙融合,使学生在"学中用,用中学"。而产出活动的完成过程,又是灵活使用信息、建构

新的知识体系的过程。

　　大学英语教师还应建立师与生、生与生之间的学习共同体,形成一个良性学习系统。通过"有形、有质、有效"的课堂教学形式改革,教学方式从传统的单向知识的传授向"影响式"和"互动式"教育转变,把思想价值引领贯穿教育教学全过程和各环节,做到寓专于教、寓德于教、寓道于教,切实提升教育教学质量,最终形成教师所在高校大学英语教学的文化特色。

四、结语

　　如何让非英语专业学生在了解西方语言文化的同时坚定社会主义理想信念,坚定文化自信,实现大学英语课程全程育人、全方位育人是值得探索的新命题。简单说,大学英语教师应该运用马克思主义哲学方法论更新教学方法,紧密联系中国现实、历史和文化,打破西方中心主义;在思考问题的方式和方法上给学生以正确的引导,注重结合中国案例讲解,从学理角度把中国故事讲好;通过经典阅读帮助学生树立远大理想,并且不失时机地明确我们的世界观、价值观和政治立场,把对中国价值观的认同放到西方历史、文化和社会研究的框架中去,用外语"讲好中国故事,传播中国声音"。

参考文献

王秋莲,2012.高校育人过程中文化自觉和文化自信的培养[J].东华大学学报:社会科学版,12(1):44-47.

中共中央宣传部,2019.习近平新时代中国特色社会主义思想学习纲要[M].北京:人民出版社:146-147.

高燕,2017.课程思政建设的关键问题与解决路径[J].中国高等教育,(C3):11-14.

当"多尔蒂先生遇到李子柒":大学生核心素养探索[*]

项丹凤[①]

一、引言

2014年教育部印发《关于全面深化课程改革落实立德树人根本任务的意见》,提出"教育部将组织研究提出各学段学生发展核心素养体系,明确学生应具备的适应终身发展和社会发展需要的必备品格和关键能力"。2016年9月,《中国学生发展核心素养》在北京发布。学生核心素养是指学生应具备的,能够适应终身发展和社会发展需要的必备品格和关键能力,是关于学生知识、技能、情感、态度、价值观等多方面要求的综合表现。一个全面发展的人需具备的核心要素有:文化基础(人文底蕴、科学精神)、自主发展(学会学习、健康生活)、社会参与(责任担当、实践创新)。如图1所示。

从林崇德教授(2017)所阐述的"核心素养概念的内涵"可知,核心素养的概念是对"教育应培养什么样的人"这一问题的回答,核心素养作用的发挥具有整合性。对于教育教学的启示是,每个核心素养都具有独特的重要价值,不存在孰轻孰重的问题,需要基于情境进行整合性的作用发挥,不能单独地进行价值比较。

---

* 基金项目:本文系省级平台校级教学项目"'SPOC+直播'在线课程与在地课堂循环模式研究"(编号:1070XJ0520111-14)及2019年校级线上线下混合式教学改革项目"大学英语"(编号:1070XJ2919139)的阶段性成果。
① 项丹凤,硕士,浙江工商大学外国语学院讲师,研究方向为英语语言教学。

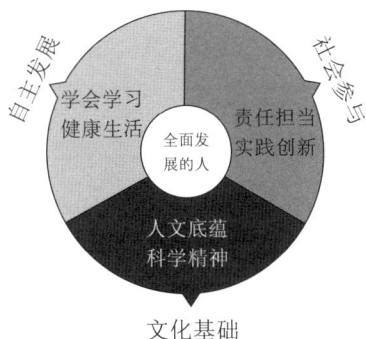

图1　中国学生发展核心素养

　　因此,落实"教育应培养什么样的人"以及在课堂教学设计或课程设计中融入学生核心素养的启发与推动成了教学中自然而然的一件事。那么,大学英语教学又该如何通过课文主题来启发大学生对核心素养的探索呢?本次教学案例选取的是《全新版大学英语 综合教程3》第1单元,该单元的主题是"我们生活方式的改变"(Changes in the Way We Live)。课文为《多尔蒂先生创建自己的理想生活》,讲了多尔蒂先生一直怀有既能当作家,又能在乡村生活的梦想。在城市生活屡屡受挫后,他改变生活方式,带全家来到乡村生活,最终在乡村获得了心灵上的满足的故事。然而,作者并未在文中一味渲染乡村生活的美好,并未隐瞒乡村生活的艰辛、生活品质的相对降低等情况,而是通过季节变换中全家的踏实劳作、忙碌、学习与工作来传递生活在乡村的个人所需的品质和素养。案例同时选取了因为分享乡村生活爆红全球的李子柒①的相关素材。李子柒想照顾年迈的奶奶,从城市回到乡村生活,同时也开始了她崭新的职业。本次案例通过提出"当多尔蒂先生遇到李子柒"这一引言引发学生对两者的讨论,最终达到探索核心素养的目的。

---

① 李子柒,本名李佳佳,1990年出生于四川省绵阳市,中国美食短视频创作者。

二、教学目标设定

此次教学对象是2019级大学本科一年级学生(国际会计专业3班、商务类专业3班、经济统计专业2班、机械工程专业2班、计算机科学与技术专业1班)。2020年上半年因疫情状况暂时改变了教学及学习环境,此教学案例由原定的线上与线下结合的翻转授课模式转为完全线上混合的教学模式(钉钉视频会议+SPOC学习通平台+小程序辅助)。此案例完成时间为4个课时,跨度两周。此次教学目标以探索核心素养为目的,教学过程设定主线与次线,交织进行。主线设定的目标根据"当多尔蒂先生遇到李子柒"的设定进行话题导入、话题推进、话题深入、话题比较及关联思考。次线的目标以获取语言能力为主,通过语言技能层次的练习使学生能够运用"compare and contrast(比较)"技能,能够对课文的比较句式、排比句式有清晰的把握,能够识别文章中大量运用的定语从句。此案例主要呈现的是主线部分,采用产出导向法(production-oriented approach, POA)(文秋芳,2017),通过解决课文难点、学习相关语言技能、赏析课文优美文字、分析作者传递的真正意图、拓展"李子柒乡村生活"实例来驱动学生进行层层深入地学习与思考,最终产生对生活在乡村的多尔蒂先生及李子柒具备何种核心素养的启发与探索。

三、教学案例描述

(一)课前准备

正式上课前做好学习铺垫,因课文《多尔蒂先生创建自己的理想生活》写于1984年,尽管文字优美,但相对传统。因此,通过融入"李子柒的乡村生活",提出此次的学习主题——"当多尔蒂先生遇到李子柒",以引发学生的兴趣。线上教学的便利在于课前可启用各种辅助性方式帮助学生进行课前学习准备,并进行相应的学习路径跟踪。为了实现高效的线上教学,正式上课前会做如下安排:(1)课文朗读打卡(喜马拉雅听和小打卡应用程序)。小打卡是微信小程序,可以设置班级圈子,发布朗读主题,并设置相应的打卡期限。这种方式可鼓励部分平常不愿意朗读的学生参与其中。打卡前通过喜马拉雅听应用程序分享相关课文音频。先听课文,再朗读课文,有助于学生对新词汇发音的把握,以及对整篇课文的理解。(2)比较写作方式的复习(大一第一学期已学)。(3)李子柒相关素材发放及提前预习。(4)学习通平台上的课文学习(每周1个课时共45分钟)。在学习通平台上预习课文是获取学分的过程,大多数学生都能认真学习、跟进。一般笔者和课代表配合进行每周完成量的统计并发布结果,可督促学生及时完成相关学习,从而提高课内学习的效率。

(二)课内

1. 难点清除

开始正式话题导入前,对课文进行了难点排除。对同学们在"小打卡"小程序上传的课文朗读音频中发音出错频率较高的单词进行汇总,并进行发音的练习与纠正。比如ballet(['bæleɪ])和mortgage(['mɔːɡɪdʒ])中的t都不发音,Lake Champlain(尚普兰湖)中的ch发音为[ʃ],而不是champion中ch的发音[tʃ]。在此次朗读中,很多同学都没有注意这些发音的特别之处。再比如同一单词词性转变后发音也会发生相应转变,digest作名词时,发音为['daɪdʒest];作动词时,发音为[daɪ'dʒest]。类似的还有content、contrast、perfect等,在词性转变后,发音会发生相应变化。通过强调与再次练习,同学们对发音都有了一定的把握。

同时,花较少的时间给出课文中用到的比较方式的实例,以促使学生能在线上课堂再次学习课文时进一步加深感受。比如在以下句子中,"not in ... class"与"not in ... league"都有"不在……的级别或档次"的意思。

I am ***not in*** E. B. White's ***class*** as a writer or ***in*** my neighbors' ***league*** as a farmer, but I'm getting by.

作为作家,我和E. B. 怀特不属于同一等级;而作为农场主,我和乡邻也不属于同一规模(级别),不过我应付得还可以。

其他涉及比较的词如 make up the difference(弥补差距)、lower(降低)、instead of(而不是；代替)、more(更多的)、less(更少)、cheaper(更便宜)等。

2. 话题导入

笔者开始导入话题。多尔蒂先生和李子柒都经历了从城市生活到乡村生活的转变,那要在乡村成功地生活将会面临何种挑战,需具备何种能力呢？他们在乡村实现自己的梦想了吗？笔者在视频直播分享屏幕先展示以下问题：

(1)What does Mr. Doherty do? What does Li Ziqi do?

(2)When Mr. Doherty met Li Ziqi, what would he say?

同学们纷纷开麦或在钉钉群留言,根据课文内容,多尔蒂先生是作家,而李子柒是"全球网络红人"(Global Internet Celebrity 或 Global Internet Influencer)以及 Vlogger(视频博主)。他们对"多尔蒂先生遇到李子柒"的回答有：

(1)Mr. Doherty said："Hi, nice to meet you."

(2)Mr. Doherty said："Hi, Li Ziqi, you are amazing."

(3)Mr. Doherty said："Li Ziqi, I am **not in** your **league** living in the country."

(4)Mr. Doherty said："Li Ziqi, you've earned so much money living in the country."

(5)Mr. Doherty said："Li Ziqi, how to make that food?"

......

同学们不乏幽默,在他们心中,论乡村生活的能力,李子柒比多尔蒂先生技高一筹,也比多尔蒂先生更会赚钱。那多尔蒂先生的乡村生活是怎样的？而李子柒的又是怎样的呢？

3. 话题推进

笔者开始推进话题。屏幕上显示以下问题：

（1）How about Mr. Doherty's country life? And how did Mr. Doherty describe his life?

（2）How about Li Ziqi's country life? And how did Li Ziqi show her life?

话题推进的同时,笔者建议同学们对作者的文字进行细读。除了大量的比较手法的运用,课文中还有大量的排比句和叠句的使用。反复朗读时关注动词的变化以及作者饱含的情感,这不仅可增加语感,还能领会作者对乡村生活描述的细节和态度。比如作者对乡村生活的满足感的描述:

> It's a *satisfying* life too. In the summer we *canoe* on the river, *go picnicking* in the woods and *take long bicycle rides*. In the winter we *ski* and *skate*. We *get excited* about sunsets. We *love* the smell of the earth warming and the sound of cattle lowing. We *watch for* hawks in the sky and deer in the cornfields.

比如通过一系列叠加的动词,作者对他的妻子在乡村生活的琐碎和艰辛进行了描述,强调了乡村生活中无休止的劳作:

> Besides the usual household routine, she *oversees* the garden and beehives, *bakes* bread, *cans* and *freezes*, *drives* the kids to their music lessons, *practices* with them, *takes* organ lessons on her own, *does* research and typing for me, *writes* an article herself now and then, *tends* the flower beds, *stacks* a little wood and *delivers* the eggs.

比如作者为了补贴乡村生活的开支,描述他为了写一篇报道的艰苦和危险:爬进黑熊窝,给狗套雪橇,调查尚普兰湖水怪及乘独木舟穿越边界。

There have been a few anxious moments since then, but on balance things have gone much better than we had any right to expect. For various stories of mine, I've ***crawled into*** black-bear dens for Sports Illustrated, ***hitched up*** dogsled racing teams for Smithsonian magazine, ***checked out*** the Lake Champlain "monster" for Science Digest, and ***canoed through*** the Boundary Waters wilderness area of Minnesota for Destinations.

同学们通过阅读课文细节,整合小组间的讨论信息,发现多尔蒂先生在乡村找到了心灵的满足,但也承受了诸多艰辛(如表1所示)。

表1　多尔蒂先生的乡村生活比较

Mr. Doherty's Countryside Life	
Contentment(心灵的满足)	Hardships(艰辛)
Self-reliant: growing nearly all fruits and vegetables	Working hard both in winter and in summer
A satisfying life: canoeing, picnicking, long bicycle riding, skiing and skating, feeling the beauty of the nature	Harsh environment and weather condition
Happy-moment: keeping warm inside the house in winter and eating their own apples	Anxious moments after quitting his job
Freelance(自由作家)	Cutting back on daily expenses
Tight budget but happy family life	Solitude

而关于李子柒的乡村生活,大家认为与多尔蒂先生的乡村生活恰恰相反。李子柒通过拍摄视频,呈现了世人所向往的乡村生活。拍摄乡村生活的点点滴滴,特别是如何制作传统食物,从季节变化到作物生长,从种子发芽、成长到成熟,长长的过程凝聚在短短的视频中。观看李子柒的视频能给生活在都市的忙碌的人带来内心的宁静和美好的向往。视频中

的李子柒干脆利落,驾轻就熟,搬砖拉石头无压力。学生对李子柒的看法比较成熟,他们认为李子柒在短视频中展示的春去秋来的背后所付出的努力和艰辛是常人无法体会的。

4. 话题深入

笔者开始深入话题。多尔蒂先生最后在文中提出:在乡村生活需要具备什么特殊的品质呢? 从李子柒的视频中,你又能看到她的什么品质呢?

(1)What special qualities did Mr. Doherty think people should have if they want to live in the country?

(2)What qualities can you find from Li Ziqi?

同学们很快找到了多尔蒂先生提到的特殊品质:(1)耐得住寂寞(a tolerance for solitude)。作者全家来到乡村后经济较为紧张,因此全家一直忙于劳作,娱乐与社交大大减少。(2)无穷的精力(a lot of energy)。在乡村意味着不断的耕种、养护与收获,特别在收获季节会非常忙。大家一致认为,多尔蒂先生一家还是得到了在城市无法得到的幸福,虽然忙碌艰辛,但充实而快乐。但也有同学提到从多尔蒂先生的文字中让人觉得乡村的生活并没有让人向往,有种梦想破灭的感觉。辛苦程度完全不亚于城市生活,而多尔蒂先生具备的品质虽然让他们在乡村成功地生存下来,但有点心酸。

而关于李子柒,"耐得住寂寞"和"无穷的精力"肯定是李子柒所具备的。当笔者提出能否用一些词来描述李子柒,收集到的关键词如表2所示。

表2　李子柒素养关键词

英语表达	对应汉语表达
Filial piety	有孝心
A good learner	擅长学习者
Brave	勇敢的
Patient	耐心的
Determined	有决心的

续 表

英语表达	对应汉语表达
Concentrated	专注的
Persistent	坚持不懈的
Creative	有创意的
Down-to-earth	务实的

从收集到的关键词可以看出,学生对"李子柒的乡村生活"产生了一定兴趣,并对她做了一些了解,给出了他们认为符合"李子柒"相关品质的关键词。

5. 话题比较:多尔蒂先生与李子柒的共性和区别

在这个部分继续训练比较手法的运用,比较多尔蒂先生和李子柒的共性和区别(compare the similarities and contrast the differences)。这一板块的内容因具有一定深度,在课堂上通过启发的方式鼓励学生积极使用比较手法,进行口头表达;在口头表达的同时,其他同学通过"晒圈"的方式"晒"出自己的发现。整合学生的发现,可列出以下多尔蒂先生和李子柒的共性:

(1)都具备坚韧的品质。

(2)都为了改善生活而努力。

(3)都非常爱家人,有责任感。

(4)都能追求梦想,并去实施。

(5)都在乡村创建了理想生活。

(6)都在乡村获得了心灵的满足。

多尔蒂先生和李子柒的区别在于:

(1)他们到乡村生活的目的不一样。多尔蒂先生因为在城市屡屡受挫,想到乡村创建自己梦想的生活,却发现也是异常艰苦。而李子柒回乡村是为了照顾生命中最重要的人。

(2)他们分享"乡村生活"的方式不一样。多尔蒂先生通过文字描述分享自己的经历,而李子柒通过视频分享自己的点滴。

(3)他们生活的年代不一样,在职业上有很大的区别。李子柒的职业在多尔蒂先生的年代不存在,虽然她的生活方式很传统,但通过发布视频,增加收入,大大改善和提升了她和奶奶的生活。

(4)他们所传递的对生活的态度不一样。多尔蒂先生尽管表达出在乡村找到了内心的满足,但扑面而来的动词描述让人觉得乡村生活非常艰辛,能感受到多尔蒂先生的生活环境改变后,内心的落差及适应的疲惫感。而李子柒的视频之所以能吸引海量粉丝,是因为她把乡村生活的平静真正传递到了观众的内心里,让人心怀希望与向往,给工作疲惫的人们带去一丝丝力量。同时,李子柒把艰辛藏了起来,人们看不到。

(5)他们的经历对社会的影响不一样。多尔蒂先生强调个人在乡村生活的幸福感,而李子柒通过分享视频把幸福分享给全球,甚至推动了国家文化输出,宣扬了中国文化。

6. 关联思考

最后通过小组口头报告(presentation)的形式,我们对"当多尔蒂先生遇到李子柒"问题的比较结果与核心素养进行了思考。无论生活在乡村还是城市,人都将面临各种挑战。对多尔蒂先生来说,城市生活充满挑战,而李子柒在城市打拼时也一样。尽管他们生活在不同时代,但他们回到乡村都面临很多问题。多尔蒂先生给人以避世的感觉,李子柒虽回到乡村生活,却顺应了这个时代,这是多尔蒂先生与李子柒的根本区别。结合多尔蒂先生和李子柒的故事,我们能发现以下核心素养:学会学习、健康生活、责任担当、实践创新、人文底蕴、科学精神。

和多尔蒂先生相比,李子柒是具备这些核心素养的典范,是值得大学生研究的范本。她分享的乡村生活更具中国传统文化特色,把中国文化推向世界,打开了中国文化输出之门。学生还提出,在多尔蒂先生的年代媒体没那么发达,如果那时候有视频分享平台,说不定多尔蒂一家也能像李子柒一样分享自己的生活。

每个核心素养都有其独特的价值,都有其重要的作用。对于大学生来说,无论以后生活在哪里都将面临挑战。只有在每个阶段逐步提升自身的核心素养,才能增强自己的学习能力,提高竞争力,才能把握自己的人生。

(三)课外巩固

完成线上课程后,为了进一步加强学生对自身核心素养的思考以及对于他们本身在社会即将面临的挑战,笔者在批改网布置了写作任务"The Challenges of Living in a Big City"(范例如图2),设定大学英语四级考核标准,设置截止日期。笔者鼓励学生运用课内词汇和表达,并尽可能尝试运用比较手法。

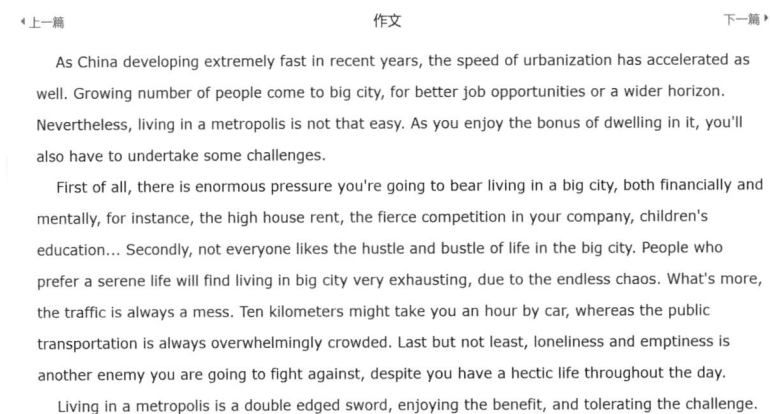

◀上一篇　　　　　　　　　　　作文　　　　　　　　　　　下一篇▶

　　As China developing extremely fast in recent years, the speed of urbanization has accelerated as well. Growing number of people come to big city, for better job opportunities or a wider horizon. Nevertheless, living in a metropolis is not that easy. As you enjoy the bonus of dwelling in it, you'll also have to undertake some challenges.

　　First of all, there is enormous pressure you're going to bear living in a big city, both financially and mentally, for instance, the high house rent, the fierce competition in your company, children's education... Secondly, not everyone likes the hustle and bustle of life in the big city. People who prefer a serene life will find living in big city very exhausting, due to the endless chaos. What's more, the traffic is always a mess. Ten kilometers might take you an hour by car, whereas the public transportation is always overwhelmingly crowded. Last but not least, loneliness and emptiness is another enemy you are going to fight against, despite you have a hectic life throughout the day.

　　Living in a metropolis is a double edged sword, enjoying the benefit, and tolerating the challenge.

图2　学生作文范例

同时我在微信公众号(JERI英语自习室)整合课堂内由于时间限制无法展开的知识点或者语法点,比如对课文中频繁出现的定语从句或关系从句进行复习和新知识点的拓展,并结合课文中的实例与相关素材实例。在公众号文章设置相应练习题,通过后台回复获取练习答案,从而跟踪学生实际学习路径(如图3所示)。

图 3　公众号文章范例

鼓励学生尝试使用排比句式来描述"抗击新型冠状病毒肺炎疫情期间在家的生活",以及表达自己需具备何种素养才能在家建立时间管理及跟进线上课程(如图 4 所示)。

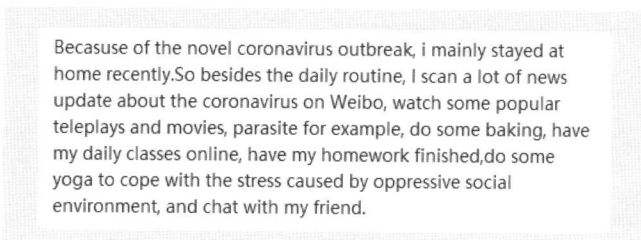

图 4　钉钉群晒圈范例

最后,引导学生对李子柒进行进一步的了解与学习,通过建立各种角度,寻找各种素材,研究核心素养所起到的作用。

四、教学案例反思

在教学过程中,核心素养并没有被刻意强调。随着对课文的学习,以及对多尔蒂先生和李子柒乡村生活的比较与问题的提出和深入,学生慢慢体会到:无论在哪里生活,具备一定的能力才能找到生存与发展之路。

作为大学生,学会学习,学会生活,具备科学精神和文化底蕴,有责任、有担当,在生活和学习中创新实践,这都是最基本的能力体现。特别是很多学生四年后即将走入社会,更应具备提升核心素养的意识,并在学习与生活中不断努力。

此次教学案例在不同的班级呈现的结果有较大差异。国际会计、经济统计专业的学生对"多尔蒂先生遇到李子柒"这样的话题显示出极大兴趣,能较自主地运用语言技能、新词汇和表达,层层跟进课程,并积极发表看法。而英语水平较弱及自主能力较差的班级对此次线上课程的跟进存在一定的困难。线上课程要求学生高度自觉,如果自觉程度较弱,必然影响整个课程的效果。对学生来说,学到的知识点仍可能停留在基本的记忆及尝试应用阶段,而没法把语言技能真正有效地与课文和课外素材相结合,从而进行各种实际的学习活动。因此,此次案例如果出现以下情况必然会影响教学效果:

(1)学生在课外如没有自主学习课文及与李子柒相关的素材,对线上课程的深入与跟进就会遇到障碍。

(2)学生在课外如果对词汇及表达的学习力度不够,开展讨论及发表观点就无法顺利进行。

(3)班级之间的层次差异及学生自主学习程度的差异影响问题的深入与最终的思考。

线上课程的授课实效性是教师们值得探讨的问题。如何基于班级的学习氛围和学生的实际水平帮助学生制订有效的学习计划、跟进轨迹、进行过程评估和反馈,是线上线下教学中需持续关注的问题。而对于全面开展线上课程的教师们来说,设计一堂能让学生产生兴趣,从而能自主跟进学习并进行深思的大学英语课至关重要。

参考文献

林崇德,2017.核心素养概念的内涵[J].今日教育(2):13-14.

文秋芳,2017."产出导向法"的中国特色[J].现代外语(3):348-358,438.

从学生到社会人：如何鼓励学生以主人翁身份进行创新性思考*

卢彩虹①

一、引言

在中小学阶段培养孩子的创造性思维能力非常重要，在大学教育中更甚。在"中国制造"走向"中国智造"的背景下，我们的大学生，势必肩负起更多的科技创新重任。因此在大学英语基础课程中，如何鼓励学生以主人翁身份，积极进行创新性思考，成为"中国智造"的主力军，这是一个值得探讨的课题。

二、教学目标设定

本次教学案例选取的是《新编大学英语 综合教程4》(第3版)第4单元，主题为"Creativity"。in-class reading 文章"The Case for Creativity——Encouraging Children to Think"，讲述美国的学校和家长如何鼓励孩子们开发创造性思维；after-class reading 文章"A Long March to Creativity"，讲述的是一对美籍外教夫妇在南京学习逗留期间，观察到中国人和美国人在教育孩子的言行上存在普遍性差异。

课程教学目标分显性教学目标和隐性教学目标两个层面。显性教学目标主要在语言内容层面：(1)掌握两篇课文中的重点词汇和短语、句式

*　基金项目：本文系浙江工商大学高等教育研究重点课题"大学英语中小组合作学习质量评价研究"(编号：XGY18042)的阶段性成果。

①　卢彩虹，硕士，浙江工商大学外国语学院副教授，研究方向为英语教学、翻译理论。

结构与语法,欣赏好词、好句以及精彩的动作描写、心理描写,分析写作技巧。(2)读懂和理解两篇文章,了解creativity的定义,从两篇课文中了解美国人和中国人在培养孩子创新性思维上的不同。

隐性教学目标是将思想政治教育融入大学英语课程设计和课堂教学的各个环节。2017年12月,中共教育部党组印发了《高校思想政治工作质量提升工程实施纲要》,提出要"大力推动以'课程思政'为目标的课堂教学改革,优化课程设置,修订专业教材,完善教学设计,加强教学管理,梳理各门专业课程所蕴含的思想政治教育元素和所承载的思想政治教育功能,融入课堂教学各环节,实现思想政治教育与知识体系教育的有机统一"。在此背景下,大学英语教学面临着一个新的问题,即如何将外语语言知识的传授、外语技能的培养与思想政治教育结合起来,充分发挥该课程的思想政治作用和育人功能,实现"课程思政"的目标。在努力提升学生的外语核心素养的同时,如何引领学生立足本土文化,增强文化自信,杜绝西化和崇洋媚外,树立社会主义建设者和接班人的主人翁意识,正是我们"课程思政"的价值所在。

在本次教学案例中,我们将鼓励学生对课文知识进行批判性分析。教材中的两篇文章实际上撰写于20世纪90年代,文中所描述的一些教育现状以及实际情况都发生了很大的变化,学生需要跳出课文,反思自身成长经历,结合国内创造性思维培养现状进行辩证性思考。鼓励学生把课文内容尤其是抽象的创造性思维和意识与学生的实际生活相结合,进而鼓励学生在面对社会热点问题时,可以冷静、全面分析,通过表象探寻本质,以祖国年轻主人翁身份进行创新性思考。从我做起、从小事做起,增强创新意识,不断提高创造力。

三、教学案例描述(总课时120分钟)

(一)课前导入(25分钟)

1. 生活大发现(I Spy):从几何图形想象生活中的具体实物(10分钟)

以口语小组为单位,限时3分钟,对一个几何图形进行发散式思维,联想生活中的具体实物。每个小组在问卷星上填写相关实物,以数量多少定胜负。有些例子非常精彩,比如键盘、巧克力块、老式电视机后部、方形灯罩等。笔者汇总答案之后点题:一个简单的几何图形,从上、下、前、后不同视角进行观察,可以与生活中形式各异的实物相关联。

2. 头脑风暴(Brainstorm):列举历史上造福人类的发明创造(10分钟)

关于历史上造福人类的发明创造,学生的答案丰富多彩:雨伞、锯齿、雷达、飞机、直升机、电风扇等。接着,笔者提问:这些发明创造的灵感来源于大自然中的何物? 原理是什么? 一番思索之后,学生尝试着用英语回答:"雨伞源于荷叶,水珠会从中心流向叶子边缘。""锯齿源于某种非常锋利的茅草,可以用来切割。""直升机来源于蜻蜓,瞬间起飞。"为了激发学生的民族自豪感,笔者又问:你们知道中国古代四大发明的英文表达吗? 马上有学生打趣——"Si Da Fa Ming",其他同学随后欢快地答出大部分英文表达:

Four Great Inventions—Gunpowder, Compass, Papermaking, Printing.

3. 教师小结(5分钟)

创造性通常涉及原创性和想象。人们往往从大自然观察到某种现象,并希望把这种现象或功能应用到实际生活中。这就需要我们的细心观察以及丰富的想象力。古代中国人做到了这一点。现代中国人也正在努力地从"中国制造"走向"中国智造",比如中国高铁、华为芯片、北斗导航系统等。

(二)课文讲解(65分钟)

我们把in-class reading和after-class reading的两篇文章结合在一起讲解,这可以让学生进行对比学习,总结中国人和美国人在创造力培养方面的差异。

1. 什么是创造性(10分钟)

笔者问:

What is creativity?

学生积极回答:

It means create something/It means to make things/It means to do something new.

还有学生很快在文中找到相关解释,如:

Creativity is not something one is just born with, nor is it necessarily a characteristic of high intelligence.

Creativity is the matter of using the resources one has to produce original ideas that are good for something.

但是大家遗漏了重要的一点:

Successful students and adults are the ones who discover a number of ways to approach problems.

于是,笔者进一步归纳:创造性是指可以找到一系列的方法来解决问题,或者利用已有的资源想出新点子,这些点子有助于解决某方面的问题。假如你的点子不能帮助别人解决某个问题,即使成功了,也没有用。之前有人自己造飞机,这只会造成社会资源的浪费。反之,小如回形针,创意虽小,却解决了很多人的烦恼。

2. 美国人和中国人如何培养孩子的创造力(40分钟)

班级被分成两组,分别在2篇课文中找答案。规定时间结束后,第一组学生成功在in-class reading中找到了美国人在学校和家里鼓励孩子大胆摸索、进行创新性思考的内容(Para. 7, L4; Para. 8-10),但是第二组学生没有在after-class reading中找到明确的答案。在继续解答这个问题之前,我们先对after-class reading中的文章进行深入学习。

(1)"找找乐"(Scavenger Hunt)。以口语小组为单位,快速搜索相关内容,选一名成员进行记录并做口头汇报,任务如下:

①找出描写Benjamin试图把钥匙放进钥匙孔的动作的动词,如drop、insert、fit into、carry、shaking、place into、push in、orient、bang、find its way into等;

②找出中国阿姨手把手教Benjamin把钥匙放进去的干练动作,如hold onto his hand、guide it directly、toward the slot、reorient it as necessary、help Benjamin to insert the key。

③找出描写中国阿姨心理活动的词语,如gently but firmly、expectantly。
④找出中国成人逗弄婴幼儿的片段:

Time and again, adults would approach Benjamin ... Sometimes adults would tease Benjamin, pretending to give or to show him something, but then withdrawing the promised reward. More often, these adults would aid Benjamin with some task—retrieving a ball with which he was playing, helping him to sit straight in his seat, fixing his shirttail or his shoes, directing him away from a dangerous spot, or guiding the stroller he was awkwardly pushing around.(Para.5)

⑤找出词组并讨论,如a comfortable modern hotel、just so、exploratory behavior、preferred behavior、fair game、shared beliefs、long march。

(2)说说看(Discussion)。作为"过来人",你觉得作者描述的中国成人对待孩子的情况是否属实? 这种做法是否有利于培养孩子的创造性思维? 你觉得你是一个具有创造力的人吗? 几乎所有的学生都认为自己缺乏创造力。他们同意作者的观点,中国人在创造性思维的培养与开发方面虽然有进步,但依然任重而道远。

3. 语法、句型分析(10—15分钟)

这两篇文章难度不大,句式结构并不复杂。笔者重点选取了几句进行讲解分析,更多的是让学生提问,教师答疑。

(1) Creativity is not something one is just born with, nor is it necessarily a characteristic of high intelligence.(Para. 5,L1)

(2) With strong emphasis on test scores and the development of reading, writing and mathematical skills, many educators sacrifice creativity for correct answers.(Para. 6,L2)

(3) Experts say that it is important to create an atmosphere in which there is no risk in being creative—a place where wild ideas are honored and

valued, never scorned or dismissed.(Para. 7,L24)

(三)课外拓展(30分钟)

课外扩展主要分两步。第一步,笔者会在课堂教学过程中引出相关话题,提供相关资料,比如视频、文章等,同时鼓励学生在课后利用互联网查阅资料,小组成员相互合作,准备下一次课堂展示。第二步,学生就所选话题进行课堂展示。一般情况下,会有4—5组学生进行限时展示。笔者要求学生认真听讲,做笔记,成员展示时台下学生需要进行点评。然后笔者打分,并给出修改意见。本次提供的话题有:

(1)你是一个有创造力的人吗? 如何提升你的创造性思维?

(2)学校教育是否在扼杀孩子的创造性?

(3)学校和父母该如何鼓励和发展孩子的创造性?

(4)从"四大发明"到"钱学森之问",从"中国制造"到"中国智造",说说你的看法。

四、教学案例反思

本单元的教学设计主要运用产出导向法、任务教学法,鼓励学生自主预习和学习,要求学生以英语为工具,搜集整合资料,完成相关任务。在设计、导入各项任务的过程中,笔者始终坚持对学生思辨能力、创新能力的培养,同时融入爱国精神、主人翁意识的培养与渗透,培养学生的合作精神、公众演讲能力,较好地实现了教学目标。

在显性教学层面,笔者把课文中的重点词汇和短语、句式结构、语法难点、写作技巧及好词好句融入课文内容的贯通讲解中,加强学生对课文的理解和整体把握。通过两篇文章的对比学习与讨论,学生较为全面地了解到中美两国在创造性的培养上存在的差异。两种文化背景不同,导致了中西方教育体制的目标和定位不同。美国人认为,教育要培养孩子的自立精神,要教会孩子:人可以靠自己解决问题。而大多数中国人认为,大人有义务和责任进行示范教学,这样孩子可以更快地学会如何完成任务,完成更复杂的任务。通过对比,我们总结:孩子需要把生活看作一系列境遇,而在这些境遇中,一个人才能独立思考、独立解决问题,甚至去发现新问题,并且用新的方法解决这些问题。

通过跨单元串讲,辨析相似的句式结构(强调句、定语从句、主语从句),强化了学生对难点句式的理解,厘清了晦涩难懂的语法概念。比如masking tape 一词,联想到书中第三单元第二篇文章中的悲情故事:任课教师用masking tape 粘封了课堂上喋喋不休的淘气孩子 Mark 的嘴巴,几年后 Mark 在战争中丧生,该教师悔不当初。这里我们引导学生使用虚拟语气:

> If Dick had listened to his boss in 1925, we might not have a product that we now think of as practically essential: masking tape. And then the teacher would not have taped Mark's mouth shut and we might not enjoy that sad but wonderful story in Unit 3.

这样,通过对各个单元的词汇、语法、句式等进行串联,我们对所学内容进行了有效的复习和巩固,同时学生把所学与所知有效连接起来,完成了对课堂知识的整理与内化。整个教学过程中,我们通过自上而下、自下而上或者左右连接等方式,完成了课文的有效讲解,基本完成了教学任务,课堂效果良好。

在隐性教学层面,我们试图把社会主义核心价值观等思政内容融入教学当中。after-class reading 中的文章发表于 20 世纪 90 年代,里面出现的现代化旅店带着浓厚的历史感:系在塑料牌上的钥匙、窄孔盒子。而现在,随着我们经济建设所取得的巨大成就,将之取代的是薄薄的一张磁条卡乃至芯片卡。随着我国综合国力和经济生活水平的提高,我们的教育文化事业已经取得了很大的进步。文章中提到的大人权威式粗暴干预孩子的现象也逐渐减少,更多的是和谐平等、互相尊重的亲子关系。素质教育尤其是创造性思维的培养日益受到关注,社会在各层面做着各种尝试和变革。不少专家认为,要培养创造性思维,必须要改变现有的教育目标和体制。针对"钱学森之问",时任总理温家宝认为大学改革要为学生创造独立思考、勇于创新的环境。2009年,由教育部联合中组部、财政部启动实施了"基础学科拔尖学生培养实验计划",其目的就是培养拔尖创新人才。因此,引导学生对教育现状尤其是创新性思维教育现状的总结与分析,可以让学生切身体会到祖国的日益强大和祖国在教育文化上所取得的进步,增强民族自豪感和爱国情怀。

此次教学也存在许多不足。首先,课程活动设计上不够新颖,缺乏创新性,任务评价形式单一。由于教学时间有限,考虑到课堂效率,各项任务的评价还是以教师评价为主。教师可以考虑让学生把成果展示录制成视频,提交到网络教学平台上,这样既能让所有同学都有展示机会,也方便学生互相观摩和评价。其次,由于学生英语水平参差不齐,有些话题讨论难以充分展开,小组之间、班级之间的教学效果也存在明显差异。再次,思政内容与语言教学内容的融合需进一步研究,教师还需要进一步探索和学习。最后,在"课程育人"的第一环节,大学英语教师要意识到自己所承担的思想政治教育任务,有意识地在课堂上引导学生充分理解中国特色社会主义理论体系,激发学生的爱国之情,激励学生为实现中华民族伟大复兴而不断开拓和奋进。大学英语教师要立德为范,加强自身的品德修养,努力成为社会主义核心价值观的践行者和先进文化的传播者,通过言传身教来引导学生。考虑到英语教材大多是不同主题内容的万花筒式集合,我们可以选取一些恰当的单元进行课程思政。例如,第二册第五单元的主题是"Dreams",教师可以有意识地让学生思考他们个人的梦想,以及个人的梦想和"中国梦"之间的关系。教师还可以组织学生讨论"中国梦"的内涵。这种循循善诱的教学方法使英语学习和思想政治教育充分结合,一方面使学生学到了相关的英语词汇、语法知识和篇章结构,另一方面在潜移默化中使学生接受了生动的思想教育,使他们深刻认识到走中国特色社会主义道路,实现民族复兴、国家富强和人民幸福的意义。第三册第三单元的主题是"Social Problems"。教师可以引导学生去探讨目前中国存在的社会问题,希望学生通过探索这些问题存在的历史原因及解决方案,培养他们作为社会主义接班人和建设者的主人翁意识及社会责任感。当然,这些都有待进一步深化研究。

参考文献

从丛,2000."中国文化失语":我国英语教学的缺陷[N].光明日报,2000-10-19(教育周刊).

陈冰玲,2016.母语传承文化与大学英语教学的有效融合——基于大学生母语文化身份构建的视角[J].广东外语外贸大学学报(6):20-24.

刘晓阳,2018.大学英语课程思政的实施路径研究[J].吉林工商学院学报,34(5):126-128.

应慧兰,方富民,傅政,2012.新编大学英语 综合教程4[M].3版.北京:外语教学与研究出版社.

从"游戏机"到"知识库"再到"导向旗"
——从"淡化'无手机课堂'"看课程思政的教学革命

蒲松龄[①]

一、新时期教育背景

习近平总书记在全国教育大会上发表的重要讲话指出,教育的根本任务是立德树人,工作目标是凝聚人心、完善人格、开发人力、培育人才、造福人民。而课堂是立德树人的主渠道,是人才培养的主战场,是教育创新的主阵地。为此,教育部颁发了《关于加快建设高水平本科教育全面提高人才培养能力的意见》,意见指出:要推动课堂教学革命,以学生发展为中心,通过教学改革促进学习革命,积极推广小班化教学、混合式教学、翻转课堂,大力推进智慧教室建设,构建线上线下相结合的教学模式。

原浙江工商大学党委副书记李金昌提道:"无手机课堂"已经在慢慢淡化,老师要在自己的课堂上做主,可以控制学生对手机的具体使用情况,引导从"游戏机"到"学习机"的转变。教育信息化的快速发展,教师的教研活动逐渐向信息化、网络化延伸。我们不妨将网络精品课程看成名师工作室,以此为依托,努力探索,开拓适合本人、本班及个体学生的本土化的网络教研之路(曹永国,刘江岳,2016)。结合当前的时代和政策背景,围绕淡化"无手机课堂",围绕手机教学及其思政导向功能的深刻变化和延展,对大学英语课堂改革推进做以下思考。

---

① 蒲松龄,硕士,浙江工商大学外国语学院讲师,研究方向为应用语言学。

二、教学设计理念与教学目标

2019—2020学年,笔者担任艺术类(视觉传播和数字媒体)专业新生的大学英语教学工作。不出意外笔者将一直教授该专业的大学英语课程。教材为"十二五"普通高等教育本科国家级规划教材《新世纪大学英语系列教材 综合教程3》(第2版),主编为秦秀白、张凤春,副主编为黄冬芳、杨春丽。

新时期的政策背景和专业特色,特别是视觉传播和数字媒体这两个紧跟时代脚步的专业,使得重新整合设计综合教程的听、说、读、写模式势在必行。笔者认为,建构主义的深刻思想渊源迥异于传统的学习理论和教学思想,建构主义的同化与顺应是当前情况下较优的处理方法。而建构主义关于知识和学习的理论(强调学习者的主动性,认为学习是学习者基于原有的知识经验生成意义、建构理解的过程,而这一过程常常是在社会文化互动中完成的)(高文等,2008),可以与视觉传播和数字媒体的专业特色,即手机媒介有机结合起来。

艺术专业学生的总体特征明显:整体英语基础薄弱,语法不牢固,词汇量不达标。英语往往是大部分学生高中时期的噩梦。但是他们极强的专业性和技能性表明:不能过高地估计所教学科的价值,也不能仅把学科价值定位在本学科上,学科的价值应定位在人的发展上。

手机作为更为亲近的教学手段可以充分在课堂教学中发光发热,只要引领得当,手机的角色就会从传统的"游戏机"演变为英语学习的"知识库",再到新时期思政教学的"导向旗"。国庆大阅兵盛典的网络传播和点赞峰值就是一次极好的爱国主义教育。

三、教学设计理念的实际操作

(一)课内活动

1. 短信抢答

与课文主题相关或者与视觉传播、数字媒体专业相关的小知识(成语、习语、名人名言、广告语、商标、电影名等)。

以《新世纪大学英语系列教材 综合教程3》(第2版)第2单元"A Language Teacher's Personal Opinion"一文为例。文中观点之一:如果你认为英语中的每一个词在另一语言中都有完全对等的词,那就错了;反之亦然。通过翻译法给学生讲解口语是不可能的,更不要说地道的语音、语调的教学了(It is wrong to assume that each word in English has a precise equivalent in another language and vice versa, and it is impossible for any translation method to provide students with the natural forms of a language in speech, let alone produce good pronunciation and intonation)。

热身或拓展活动:短信抢答成语翻译,通常一次展示10—15个成语,英译汉,难度适宜,简单的成语可尝试汉译英。通常不同学生会随机挑选成语,通过短信把答案发送到教师的手机上,回答最快且答案正确的得分。短信形式利于独立思考,学生之间不会互相影响,共性错误和问题也显而易见。最后根据手机尾号加分,同时共享答案、纠错并强化。

2. 通过班级群进行长难句翻译

长难句翻译常常是精读课堂上师生的噩梦,枯燥、耗时,但长难句翻译往往是学习者英语综合能力的体现。教师在班级群中扮演的是一场大型"Gap Filling"活动的组织者。教师出题,学生在群中同时作答。与短信抢答不同的是,班级群中,学生的答案可互为参考,互为提示,且孰优孰劣有据可查,适合不同层次的学生实时在线共同学习和分享。这一方法有效避免单人提问而其他人走神的情况。

形式上,相对于举手回答问题,学生通过短信抢答安全感强、热情高,思考过程互不干扰;通过班级群翻译长难句,可以使问题显性化,有依据可查,效率高(往往2分钟内所有问题就被解决了),各答案间可互相参考和补充。新知识在精神高度集中又无压力的状态下,高效地被同化了。正如皮亚杰(J. Piaget)提出的认知结构数量的扩充(图式扩充)(高文等,2008),即把外部环境中的有关信息吸收进来并结合到已有的认知结构(也称"图式")中,个体把外界刺激所提供的信息整合到自己原有认知结构内。

　　内容上,目的性与思政导向性并举。譬如,"不忘初心、方得始终(Never forget why you started, and your mission can be accomplished)""中国梦(Chinese dream)"的英文官方说法的普及和其他社会热点和热词的补充积累。再譬如汉译英:

　　(1)冬天,能穿多少穿多少;夏天,能穿多少穿多少。
　　(2)GF对BF:如果你先到了,我没到,你就等着吧;如果我先到了,你没到,你就等着吧。

　　中文翻译成英文的困难众所周知,是认知结构性质的改变(图式改变)。外部环境发生变化,而原有认知结构无法同化新环境提供的信息时所引起的认知结构发生重组与改造,个体的认知结构需外部刺激而发生相应改变。二语学习的这一共性难题,一方面缓解了英语学习者的个体焦虑;另一方面,在展示汉语同质现象的同时,使学生体会到在英语课堂上仍需培养母语自豪感。语言是文化的载体,也是思政教育的载体之一。

(二)课外活动

　　新世纪大学英语系列教材由上海外语教育出版社出版,附有网络学习光盘和二维码,提供配套词汇助记移动应用App——"爱背单词",支持iOS和Android系统。如果尚未安装"爱背单词",学生可以使用支持二维码扫描功能的App(微信、新浪微博等)扫描教材首页的二维码,即可下载并安装该程序。启动移动应用程序,使用"添加图书"功能扫描教材配套的二维码,学生还可以获取本教材配套的词汇学习资源包,将其作为课外拓展材料。

相比较之前使用过的教材,如新编大学英语系列,笔者认为该教材各方面都适用于学生,也更方便教师。最重要的是教材在内容编排上相对合理,材料紧跟时代,贴近学生的学习和生活,而不是空泛的概念和理念。教学是一门科学,而教学设计是建立在教学科学这一坚实基础上的技术,因而教学设计也可以被认为是科学型的技术。教学设计师系统计划或规划教学的过程,是运用系统方法分析教学问题和确定教学目标,建立解决教学问题的策略方案、实行解决方案、评价试行结果和对方案进行修改的过程。教学设计的目的是创设和开发促进学生掌握知识和技能的学习经验、学习环境。这些对教学的认识集中体现了笔者将专业特质、手机和网络媒体与思政相结合的初衷及理论契合点,还有从事教学活动所持有的基本态度和信念。

(三)课文内外

起点:回到课文本身,学生通过精读文章,学到的不只是一篇文章,不只是某位英语教师的某个观点,而是从更宏观的视角认识到中文主要由意义完全不同的单音节单位组成,与英语相比,汉语各主题句之间多为并列关系,而非按句法关系排列。对译者来说,唯有完全意义上的语言和文化语境,才能确定语义。认知个体就是通过这种比较使用现有图式去同化新信息,以达到一种平衡的认知状态;而当部分学生现有图式不能同化新信息时,平衡即被破坏,而修改或创造新图式(即顺应)的过程就是寻找新的平衡的过程。学生的认知结构通过同化与顺应过程逐步建构起来,并在"平衡—不平衡—新的平衡"的循环中得到不断的丰富、发展和提高。

起跑:笔者深刻认识到,在教学设计和评估中,教师应注意对学生思维能力的考察。考试不是目的,使学生掌握理论、方法,并运用理论方法思考现实问题,进而提升学生的思维和实践能力才是人才培养的关键。注重学生思维能力的培养,注意导向性教学,到课率、"抬头率"不是关键,能否真正入脑、入心,能否真正使专业知识融入思维习惯和思维能力中才是关键。

四、反馈与反思

课堂是大学师生教学活动的主要场所,也是人才培养的落脚点。目前浙江工商大学所有课堂都配备了先进的智慧教室、较好的教学网络和学习平台。基于学生反馈,围绕课堂上手机角色的转变,笔者有以下几点反思和体会。

(一)"对象"意识

教学不是唱独角戏。在教学中,学生是主体,教师也是主体,树立双主体意识,树立"一切为了学生的发展"的思想(钟毅平,叶茂林,2010),就一定要站在所教授专业学生的角度,根据学生水平进行教学设计,融合专业学生的专业特点,将学生的反馈作为最珍贵的教辅和教学经验。

(二)"全人"概念

学生发展是全面的发展,而不是某一方面或某一学科的发展。教师不能过高地估计自己所教学科的价值,也不能把学科价值定位在本学科上,而应定位在对一个完整的人的发展上。因此,关注学生的进步和发展,关注各自的专业,英语仅仅是某种谋生手段或机会。笔者并不要求班级里每一个同学的英语都要优秀,人生有无数次机会,生活也不仅仅是谋生。

(三)关注教学效益

教师要有时间与效益的观念。教学既不能跟着感觉走,又不能简单地把"效益"理解为"花最少的时间教最多的内容"(吴文春,2018)。教学效益不是取决于教师教多少,而是取决于单位时间内学生的学习结果及其对学习过程综合考虑的结果(what matters is not what you learn, but how you learn it)。教师要反思学生今天学到了什么,学好了吗,有无反思。

（四）可测性和量化

教学目标尽可能明确、具体，以便检测教师的工作效率。但是并不能简单地说量化就是好的、科学的。应该科学地对待定量与定性、过程与结果的结合，全面地反映学生的学业成就与教师的工作表现（高文等，2018）。因此，有效教学既要反对拒绝量化，又要反对过于量化。手机为媒介的课堂活动，能较好地量化学生的学习效果和平时成绩；学生在抵触情绪低的状态下，学习效率和热情会有改观。

（五）反思意识

我们还需反省吾身："我的教学有效吗？""什么样的教学才是有效的？""还有没有更有效的教学？"有效教学需要策略，掌握和相互借鉴策略性知识，才能具体问题具体分析，具体情况具体决策，但这并不意味着每位教师必须掌握每项技能。

在我国高等教育改革的大背景下，浙江工商大学提出了"在建设高水平大学的征程上展现新作为"和"把握战略机遇期，全力推进高水平大学建设"的号召，相信以课堂革命为突破口，借助一系列大学课堂改革，必将助推我校人才培养能力，必将助力我校向"双一流"、高水平大学的迈进。

参考文献

曹永国,刘江岳,2016.何谓教育理论联系实践——一个现象学的考察[J].
　　安徽师范大学学报(人文社会科学版)(3):25-26.
高文,徐斌艳,吴刚,2008.建构主义教育研究[M].北京:教育科学出版社.
钟毅平,叶茂林,2010.认知心理学高级教程[M].合肥:安徽人民出版社.
吴文春,2018.建构主义学习理论对现代教学改革的启示[J].当代教育论
　　坛(3):39-40.
张霞,2012.中国高级英语学习者词块使用研究[M].北京:教育科学出版社.

"中国梦·劳动美":引领学生探索货币的本质

刘菁蓉[1]

一、引言

1992年,党的第十四大明确提出建立社会主义市场经济体制的目标模式。之后,我国的社会主义市场经济建设如火如荼。人们在积极参与社会主义市场经济建设的同时,对市场经济的关键要素之一——钱,也有了不同的认识。钱,在人们的日常生活中,从衣食住行到教育、医疗、养老等方方面面,显得至关重要。因而,在社会中,难免会"一切向钱看",关心"钱景""钱途"胜于事业和人生意义;也难免会滋生"不劳而获"的错误思想。而这些错误的观念对当代青少年的价值观和人生观产生了不良的影响。

那么,作为市场经济运行的基石——货币,也就是"钱"在本质上是什么呢? 本文将依托《金融英语》第一单元"The Nature and Significance of Money",探讨货币的定义、作用、属性及其演变,引导学生发现货币的本质,从而树立正确的劳动观。只有正确认识货币的本质,学生才能在市场经济的大潮中确立正确的价值观和人生观,才能理解习近平总书记提出的社会主义核心价值观;只有正确认识货币的本质,才能在社会主义经济建设中自觉培养"爱岗敬业、争创一流,艰苦奋斗、勇于创新,淡泊名利、甘于奉献"的劳模精神,才可能"树立辛勤劳动、诚实劳动、创造性劳动的理念",才能"让劳动光荣、创造伟大成为铿锵的时代强音,让劳动最光荣、劳动最崇高、劳动最伟大、劳动最美丽蔚然成风"(习近平,2015)。

---

① 刘菁蓉,硕士,浙江工商大学外国语学院副教授,研究方向为商务英语教学。

　　本文涉及的教学案例来自浙江工商大学外国语学院商务英语系开设的专业核心课程——"国际金融英语",选修对象为商务英语系大三的学生和英语系大四的学生。

二、教学目标

　　根据课文内容,笔者设定了以下几个教学目标:掌握课文中有关金融的常用词汇、专业术语、句式特点和文章结构;掌握货币的定义、货币的作用、货币属性及历史上使用过的货币种类,理解货币演变的原因;领悟千变万化的货币载体后面的货币本质,从根本上摒弃"不劳而获"的错误观念,培养劳动观和奋斗观,从而积极投身于"中国梦"的建设。

三、教学案例描述(总课时90分钟)

(一)教学导入阶段(10分钟)
　　货币是学生再熟悉不过的事物,如果直接从货币的定义出发,按部就班地讲货币,势必会枯燥无味,也无法激发学生的学习兴趣。因而,在学习课文内容之前,笔者设计了热身活动,要求学生两两展开。

　　Warm-up activity: Choose two products from the product-list. One is taken as your own product, and the other is a target product which you want to get from others. Find a partner and try to use your own product to exchange for the target product.

　　(Product-list: iPhone 11/bread/pork/lipstick/apple/bike/jacket)

五分钟后,笔者向学生提出以下问题:

Have you done your business successfully?

What are the difficulties you face when you do the barter?

面对笔者的提问,会出现两种情况:个别学生汇报他们的交易很成功,没有遇到任何困难。这种情况确实存在,但是概率极低,有时,其实是学生之间的"合谋",是没有认真做活动的借口。大多数学生还是会积极配合,会发现没有货币的交易困难重重,比如很难找到一个愿意交易的人,很难确定产品的价值,等等。

在讨论完这两个问题后,学生感觉到他们自认为"理所当然"的货币的存在如此重要,兴趣油然而生。这时,就需要趁热打铁,提出第三个问题:

Which product is well-accepted and can help you do the barter easily?

部分学生会很快找出产品列表中的bread——生活必需品,这类产品较其他产品容易交换。这个答案是学生在对物物交换活动的体会上,思考得出的。而这恰恰是货币的第一个定义:

Anything that is widely used and freely accepted as payment for goods, services and debt obligations.

这样,学生在活动中就理解和掌握了货币的第一个定义。

(二)课文内容的深入学习阶段(60分钟)

如上所述,学生对货币非常熟悉,不仅因为每个人每天都需要接触货币,还因为每个大学生在高中阶段都上了政治这门课。而在这门课上,他们接触了关于货币的最基本的知识。因而,在学习这个单元时,如何激发学生的兴趣,又如何使他们真正理解货币的本质,是这堂课的难点。

为了解决以上两个问题,我采用了"剥洋葱"教学法——苏格拉底问答式教学法。根据课文内容的内在联系,结合学生日常经验,用一系列问题,逐步探讨货币的第二个定义、作用、演变和属性,最后抵达内核——货币本质。

主题一:货币的定义和作用。

Do you think "bread" is a good form of money?

What were the earliest forms of money?

What advantage does a person have if he/she holds such a product?

这三个问题的设计主要是为了引导学生理解货币的最初形式、特点和货币的第二个定义。在学生回答这三个问题的过程中,他们已经意识到作为货币的商品应该具有便于储存的特点;他们也能说出很多最初的货币形式,如tobacco、shell、stone等。他们会发现,如果拥有"大家都愿意接受,又便于储存的商品",就会产生交换。这其实就是货币的第二个定义:

Money may also be defined as evidence of a future claim on society's goods and services.

学生理解了货币的定义之后,笔者会继续提问题。通过思考和讨论,逐步加深学生对货币作用的理解。

What difficulties are solved by money since now we do business with money?

What are the functions of money in our daily lives?

通过前一个问题,将warm-up活动与货币的作用关联起来,学生马上会意识到货币的作用:to measure the value of products和to get what you want easily。追问后一个问题时,学生会用中文回答:价值尺度、交换媒介。这是他们高中阶段的知识储备,那么通过课文或PPT上的中英对照,他们就习得了英文的专业表达:standard of value及medium of exchange。

为了巩固学生的语言习得,确保学生理解这两个作用,笔者会接着提问题:

What convenience does the first function bring to us?

学生对这个问题的回答不够深入,他们只意识到了每样产品都有价格,而货币的这个功能给人类带来的好处远非如此。这就要依据课文中的相关内容从三个方面——价格体系、专业分工和记账进行学习和讨论,目的是进一步让学生了解今天商品经济高度发达及我们能享用如此丰富的产品,都是货币产生后的结果。

How do we benefit from the second function of money?

对这个问题,一些学生很快就能回答出来:

It's not necessary to find a right partner to exchange the goods.

而预习功课做得好的同学,会用课文中的专业术语来回答:

It solves the problem of coincidence of wants.

听到这样的答案,作为老师,自然感到非常欣慰,因为学生掌握了这个专业表达,也理解了表达的含义。

以这种方式,笔者还会引导学生学习另外两个他们并不熟悉的货币的作用——贮藏价值和延期支付,在此就不一一赘述了。

为了考查学生的掌握情况,讨论完定义和作用后,笔者设计了相应的语言翻译练习和寻找生活中货币发挥作用的例子的练习。学生能举出很多货币发挥作用的例子(如表1所示)。

表1　货币作用及其示例

Functions of money	Examples given by students
Standard of value	①The dress is worth 500 yuan. ②Every product in shops has a price tag. ③My salary for this month is 2000 yuan.
Medium of exchange	①I spent 30 yuan buying the book. ②I bring 500 yuan to do some shopping.
Store of value	①Yu'E Bao. ②Deposit. ③Gold. ④Financial product.
Standard of deferred payment	①Buy something with Ant Group's credit. ②Buy products with a credit card.

主题二:货币的演变和属性。

What has been money through history?

以这个问题开启对货币演变和每种货币属性的讨论。学生基本可以说出从古至今的货币:布匹、贝壳、金、银、纸币、电子货币。回答了这个问题后,笔者会引导学生将上述货币按出现的先后顺序归类,让他们了解货币的演变规律(如图1所示)。

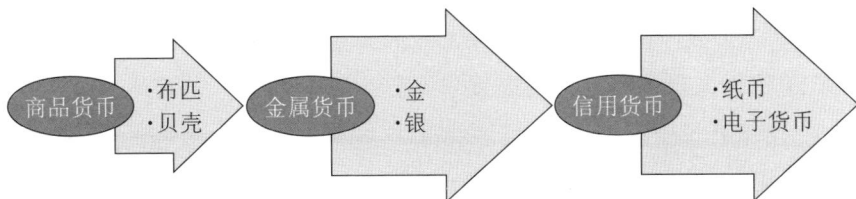

图1-1　货币分类

What are the advantages and disadvantages of each kind of money?

探讨这个问题,目的是让学生理解不同货币的属性及货币演变的原因;重点是要理解作为信用货币的纸币和以后的电子货币应该具有的最重要的属性——可接受性和稳定性,从而引出法定货币的概念。

Is Bitcoin a legal tender?

对这个问题的讨论,能够帮助学生理解货币的概念。根据课堂上已总结的货币定义和属性,学生对这个问题的讨论抓住了要点:Bitcoin不具有普遍可接受性,价值极其不稳定,生产Bitcoin需消耗大量的电力,成本高,而且没有国家信用背书,这决定其不能成为法定货币,也不是未来的电子货币。这个结论充分反映学生已经完全理解了货币的概念和信用货币的属性。

(三)课文内容的总结阶段(20分钟)

通过上述两个阶段,课文内容的学习已经完成。课文中并没有明确指出货币的本质是什么,这是需要学生在理解和掌握货币定义、作用、演变及其属性的基础上,认真思考的问题。因此笔者设计了两个总结性的问题:

What's the nature of money?

对于这个问题,学生有三种回答:货币的本质是交换媒介;货币的本质是一般等价物;货币的本质是商品。第一种回答混淆了货币的作用和货币的本质。第二种回答是对高中知识的提取,没有根据课文所学进行思考;第三种回答是真正领悟课文知识、经过深刻思考的答案。为什么说货币的本质是商品呢?从货币的第一个定义和货币最早的形式,我们可以看出,货币其实就是商品;后来,随着生产的发展,交易的扩大,为了便于携带,货币逐渐由某种具体的商品变成了金、银,变成了纸张,最终可能是电子代码。从另一个角度来说,如果一个现代社会,只是大量发行货币,但是没有足够的商品,这个社会的发展必然会退回到物物交换的时期。历史上不乏这样的例子,如"一战"后的德国、20世纪80年代末的俄罗斯,以及20世纪的津巴布韦和委内瑞拉。

How can we produce commodities or products?

对于这一个问题,学生会给出很多答案要点——自然资源、厂房、劳动力、资金、技术等,这些都是很好的思考,但是最本质的是劳动。没有劳动,就无法利用自然资源;没有劳动,就不可能建成厂房;没有劳动,就没有资金的积累;没有劳动,更谈不上技术的发展。因此,我们可以说货币的本质是商品,也是劳动。如果要满足人们生存所需,要满足人们对美好生活的追求,要实现"中国梦",靠的不是印刷货币,创建几个电子代码,而是劳动。只有劳动才能生产出商品。劳动创造一切。

在教学中开展以上三个阶段的教学时,不仅要注重理解金融知识,也要注重语言的习得,特别是专业术语、常用表达及句式。通过回答问题、讨论、翻译等练习将语言学习融入金融知识的学习中,增加对术语学习的兴趣。在完成上述三个阶段的教学后,用10分钟的时间进行术语测试,帮助学生回顾重点知识、关键术语,巩固学习的内容。

(四)课后任务布置

本课程的教学是基于建构主义教学理念设计的,课堂只是完成了结构性知识的建构,而非结构性知识和经验则需要学习者主动建构。因此,课后学生必须完成以"电子货币"为主题的学习,要求学生理解电子货币的概念、电子货币的利弊及日常生活中的电子货币形式。这项作业以小组展示的形式完成,展示时间为10分钟;在下次课中,笔者会抽一组同学向大家展示他们的学习成果。

从学生展示的成果来看,此次教学完全达到了笔者设计这个任务的目的:学生掌握了有关货币的基本知识,了解了电子货币的相关知识,理解了货币的演变和货币的本质;并能用流利的英语表达和探讨专业知识。

四、教学案例反思

在整个课堂教学过程中,大部分学生的专注度比较高,能积极参与教学设计的活动,回答教师提出的问题,并展开讨论,挑战长难句的翻译。

这充分说明了"剥洋葱"教学法是适合这个单元的教学方式,它有效避免了学习的枯燥,激发了学生的学习热情,实现了金融知识与专业语言的融合。

布置课后展示任务,为学生提供了拓展知识和建构知识的平台,提供了"学以致用"的"语言和知识输出"的机会;在巩固学习内容的基础上,使他们进一步加深了对货币本质的理解,培养了劳动观和奋斗观,坚定了"中国梦·劳动美"的信念。

作为一门专业核心课程,"国际金融英语"体现了专业知识与英语语言的融合。为了巩固课堂学习成果,需要布置相应的课后作业。对于这门课程,每个单元的作业都包括口头展示小组作业和个人的课后书面作业。口头展示虽然时长只要求10分钟,但是它的工作量非常大,需要小组同学查阅大量的资料,并学习和理解资料、整理资料,最后制作PPT,最后用英语做口头展示。这项作业是平时成绩的重要组成部分,占40%,因为它可以体现学生的学习能力、合作能力和表达能力。而课后书面作业是一项选择性作业,基本上靠学生自觉完成。课后书面作业包括术语练习、句子翻译、相关主题的阅读理解,这对学生巩固已学到的知识来说非常重要。如何监督和检查学生们的课后书面作业,如何平衡书面作业与口头展示作业的任务量,以及如何平衡该课程的作业量与其他课程的作业量,是今后要解决的重要问题。

参考文献

习近平,2015.2015"五一"国际劳动节讲话[EB/OL].(2015-04-28)[2020-11-20]. http://www. xinhuanet. com//politics/2015/04/28/c_1115120734. htm.

高文,1999.建构主义学习的特征[J].外国教育资料(1):35-39.

刘菁蓉,2019.金融英语[M].北京:清华大学出版社.

思政教育与第二课堂融合的创新实践*
——以一堂"英文党课"为例

赵永健①　余　美②

一、引言

　　思政教育的开展是一个系统工程,贯穿课上课下的各个环节。如何在课堂教学中有效地融入思政元素,已经成为学界热议的话题。相关教学活动在各地高校全面展开,相关论文数量也十分可观,但鲜有人深入探讨如何将思政元素融入第二课堂。第二课堂理应成为思政教育的一个重要阵地,因为学生课外时间相对充裕,思政元素可以以更灵活的方式融入,从而实现专业教育与思政教育的协同效应,使思政元素在课内激活,在课外巩固和拓展。

　　基于以上理念,2018年11月,笔者以"不忘初心、砥砺前行"为主题,在浙江某省属高校外国语学院为学生党员和入党积极分子上了一堂"英文党课",介绍了优秀中国共产党党员伊斯雷尔·爱泼斯坦(Israel Epstein, 1915—2005)的爱国事迹,为第二课堂的思政教育探索做出了有益的尝试。本文便以这堂"英文党课"为例,探究这次教学活动的创新价值,以及

* 基金项目:本文系2019浙江省哲学社会科学规划课题"英美后9/11戏剧的政治书写研究"(编号:19NDJC195YB)、浙江工商大学教学改革项目(编号:PX-1818425)、浙江工商大学高等教育研究课题(编号:XGY19045)、浙江工商大学学科建设管理项目资助(编号:XKJS2020009)、校级教学项目《英语类专业教学指南》指导下一流课程培育路径研究——以《基础英语》为例"(编号:1070XJ0520111)、外国语学院英语系教工支部"双带头人"教师党支部书记工作室建设项目的阶段性成果。
① 赵永健,博士,浙江工商大学外国语学院副教授,研究方向为英美文学。
② 余美,硕士,浙江工商大学外国语学院讲师,研究方向为英语语言教育。

对我们今后有效开展第二课堂的启示。

二、英文党课的设计与实践

(一)英文党课的缘起

"英文党课"的缘起涉及两个问题。第一个问题是：为何是"英文党课"？英语专业课程因其浓厚的人文性和思想性,对广大专业学生具有独特的思想政治教育价值,但"目前英语本科专业还是以培养语言人才为最终目的,因此几乎所有现有的知识教学课程都是以服务语言使用为基本思路",对学生理想信念、政治立场的引导力度不够,再加上如今全球化和网络资源的影响,学生比较容易产生思想西化、价值观混乱的倾向。解决这一问题有很多手段,党课无疑是最直接的一种。党课是党员学生和入党积极分子的"必修课",是对高校学生开展思想政治教育的重要抓手,但由于党课非专业课、内容较枯燥等,学生参与和学习的热情常常不是很高。如何帮助学生坚定社会主义理想信念,坚定文化自信,让高校党课入脑入心,就成为当下一个值得探索的新命题。基于英语专业特色和学生特点,"英文党课"的念头便由此产生。

第二个问题是：为何讲"爱泼斯坦"？回答这个问题先要了解爱泼斯坦。他是一位出生在波兰的犹太人,从小跟父母迁居中国,成人后目睹并积极报道抗日战争和中华人民共和国的建设,于1957年获得中国国籍,1964年加入中国共产党,1983年起担任全国政协委员。他的传奇一生有助于我们把握和理解中共党史及时代脉搏。他的特殊出身和经历使他具有了"双重身份"——既是局外人也是局内人,他观察中国的视角客观独特,比较有说服力。通过爱泼斯坦这一鲜活的优秀党员典型,我们可以帮助学生更深刻地感受如今美好生活的来之不易,激发学生的爱国情怀。

(二)英文党课的目标

结合英语专业特色,本次党课活动设置了如下三个目标：第一,通过讲述爱泼斯坦的个人经历和先进事迹,提高学生对党史和中国近代史的认知能力;第二,通过分析爱泼斯坦对于抗日战争、中华人民共和国建设等的看法,引导学生多角度地理解重大历史议题,帮助学生学会独立思考和独立判断,增强学生的辩证思维;第三,教授学生一些关于中国和中共党史的英文表达,锻炼学生的英文听力,启发学生学会用英文讲述中国故事。

(三)英文党课的内容①

1. 词汇导入

首先提问学生如何翻译"不忘初心、砥砺前行",然后对几种网上常见译文表达进行利弊分析,顺带介绍翻译政治文献时可以采用的一些策略,然后给出本次党课选用译文——remain true to our original aspiration and forge ahead。为了方便学生理解英文党课内容,还向学生介绍了一些中国历史和党史中常见的英文表达,如殖民和封建压迫(colonial and feudal oppression)、卢沟桥事变(Marco Polo Bridge Incident)、法西斯主义(Fascism)等;此外还包括一些约定俗成的历史名人的译名,如孙中山(Sun Yat-sen)等。在导入部分,笔者注意与学生的互动,先给学生中文表达,请在场同学翻译,让大家仔细聆听并给出评价。一问一答,既能吸引学生的注意力,又能为后续英文党课活动的顺利展开做好铺垫。

2. 主体内容

先向学生介绍为何要在此次党课上介绍爱泼斯坦,强调他在中国历史上发挥的重要作用;再按照时间顺序介绍爱泼斯坦一生中的几大重要事件,包括他在哈尔滨和天津的少年生活,战地记者的传奇经历,与中外记者一道访问延安,在美国受到麦卡锡运动的迫害,返回中国办英文杂志,四访西藏,多次参加政协会议,多次受到国家领导人接见和八宝山国葬,等等;接着,介绍爱泼斯坦如何借助手中如椽大笔记录自己的所见所闻,以翔实的史料和客观的视角展现中国波澜壮阔的历史,有力地批判了历史虚无主义,为中国外宣工作做出了重要贡献;之后,分析爱泼斯坦为何选择中国并在中国终老,为何拥护中国共产党,以此来强调共产党的先

---

① 课堂上师生对话均为英文交流,本文为了表述统一,均已翻译为中文。

进性和社会主义道路的正确性;然后,简单介绍中国政府和中国人民如何纪念爱泼斯坦;最后,鼓励同学应向爱泼斯坦学习,客观真实地向世界宣传中国。在整个过程中,授课人会根据具体内容适时地向学生提问,与学生积极互动,接受学生的提问。

三、英文党课的意义和启示

整体而言,此次英文党课还是比较成功的,主要表现在两个方面:一是报名参加党课的学生人数多。能容纳两百多人的阶梯教室可以说座无虚席,同学们的学习热情高涨,"抬头率"高,课后反响热烈;二是产生了一定的社会影响,新浪、搜狐和《浙江教育报》等大众媒体都对此次活动进行了相关报道。之所以能够受到学生欢迎,并广受媒体关注,主要原因在于两个字:创新。

首先是形式创新。传统党课都是用中文讲授,讲授的语言也大都是耳熟能详的政治话语,时间一长,学生较难集中注意力。与传统党课相比,本次党课全程用英语讲授,在形式上算是一大创新。由于是非母语讲解,学生在理解上必然有一定的困难,必须全神贯注才能听懂。换言之,语言形式上的创新,增加了一定难度,但同时产生了"陌生化效果",能抓住学生的眼球和耳朵。此外,用英文讲党课这一形式也产生了联动效应,即提高学生的专业技能和素养。从某种意义上说,英文党课是将"党课学习"与"专业学习"熔于一炉,这有助于提高学生的英文听力能力,同时与学生的积极互动,使党课由单向灌输变为双向交流;也有助于提高学生的思考能力和语言表达能力,间接地提高了学生的政治话语翻译能力。简言之,"英文党课"不仅提高了学生的政治觉悟,还激发了学生的专业学习兴趣,可谓一举多得。

其次是内容创新。传统党课通常是宏大叙事,宣讲国家大政方针,传达重要文件精神,这在帮助学生了解国家政策导向方面发挥了重要作用;但存在的局限是,容易泛泛而谈,常常艰深难懂,同学们往往提不起兴趣,很难引起学生个体深层次的共鸣。本次党课另辟蹊径,从微小的个体案例入手,通过爱泼斯坦这位身份特殊的中国共产党人的生平事迹,别开生面地阐述中国共产党在中国历史上发挥的积极作用。这种讲故事的模式,比较符合学生的心理特点和审美需求。整堂党课以时间为轴,以叙事为主,夹叙夹议,少有严肃难懂的"官场话",比较容易被学生接受。简言之,以具体人物和具体事例为主要内容的党课因为有血有肉,所以更有温度,更能激发学生的爱国心和归属感。

此外,这次英文党课也紧贴专业育人要求和时代发展要求。新时代的外语人才应兼具国际视野和家国情怀,会讲还能讲好中国故事。习近平总书记认为:"讲好中国故事是梳理当代中国良好形象、提升国家文化软实力的重要战略任务。"爱泼斯坦为中国外宣工作做出了重要贡献,他本人就发挥了极好的表率作用。对外语专业的学生而言,这也是他们应该肩负的一大历史使命。本次党课虽是英文讲授,但内容都与中国历史和中共党史有关,这有助于学生潜移默化地学会用英文讲述中国故事,学会从个体入手,以小见大,"以理服人,以情动人,以我为主,融通中外"。只有这样讲,才能真正做到"向世界展现一个真实的中国、立体的中国、全面的中国"。

综上所述,本堂英文党课符合新时代党课"创新教育方法,丰富教育内容,增强教育效果"的基本要求,对如何将思政元素融入第二课堂活动具有一定借鉴意义。在规划和开展第二课堂活动时,广大教师应该结合本学科和本专业特点,充分发挥创新精神,选择学生感兴趣的课题,在内容和形式上下功夫,使两者有机融合,坚持知识性与价值性相统一,"悉心点亮学生对专业课程学习的关注度,引发学生的知识共鸣、情感共鸣、价值共鸣",将理想信念教育与专业素养提高有效地结合起来。

第二课堂活动应充分考虑学生的学习兴趣和需求,以多种形式展开,将专业内容与时政热点、红色文化等思政元素相结合,巩固融合思政的教学效果。我们再以英语专业学生为例。可以组织"英语读书会",例如组织学生阅读并讨论国家领导人的英文版著作,如《毛泽东选集》和《习近平谈治国理政》,也可以读一些原版红色经典读物,如埃德加·斯诺的《西行漫记》;可以开展系列专题讲座,例如中国经典文学翻译及其海外传播;可以组织各种文化竞赛,例如中国文化知识翻译比赛和相关演讲比赛等。甚至在指导学生创新项目时,我们可以从思政角度出发,结合学生学术兴趣,引导学生选择具有思政价值,能够服务社会、服务国家发展的课题。笔者就曾指导学生成功申请了两个校级创新项目,分别为"美国华裔儿童小说家作品中的中国叙事"(该项目主要探究当代优秀的华裔儿童文学作家如何借用中国元素和形式讲好中国故事)和"上海犹太难民英语回忆录的历史书写研究"(该项目主要探究上海犹太难民如何在回忆录中叙述逃难到上海的历史,书中内容如何折射出"命运共同体"这一主题)。

四、结语

　　"课程思政"是中国高等院校构建"大思政"格局的内在要求,是从国家意识形态的战略高度考虑的一项重要决策。高校教师不仅应在课堂上积极践行"课程思政"的理念,还应围绕"为谁培养人,培养什么人,怎样培养人"这一教育核心问题,不失时机地将思政元素融入第二课堂;努力做到第二课堂在内容和形式上既符合专业学习要求,又符合大学生心理需求;将思想价值引领贯穿教育教学全过程和各个环节,真正实现全员育人、全程育人、全方位育人。

参考文献

曲卫国,陈流芳,2018.治疗英语本科专业"毛病"急需厘清的问题[J].当代外语研究(6):20-23.

中共中央宣传部,2019.习近平新时代中国特色社会主义思想学习纲要[M].北京:人民出版社.

李永华,2007.论高校党课教育艺术创新[J].深圳大学学报(人文社会科学版)(4):148-151.

高燕,2017.课程思政建设的关键问题与解决路径[J].中国高等教育(Z3):11-14.

大学英语课堂思政元素的融入及相关策略

章 瑜①

一、引言

大学英语作为"隐性思政"的课程存在,应将社会主义核心价值观融入教学中,同时注重课程的文化性诉求,恢复外语教学的文化本性,实现知识传授和价值引领相统一,发挥英语课程的育人功能(黄怡凡,2018)。在大学英语课堂上,教师可结合自身的教学经验、教学理念、人生感悟、生活阅历,选取适宜的思政视角,通过一定的教学手段将英语和思政适当贯通融合,引领学生在常规英语习得的基础上获取更多精神、认知等层面的感悟。笔者有幸参与了由浙江工商大学外国语学院组织,以思政英语课堂为主题的课题项目。该项目小组多次召开研讨会,组织相关教师围绕课程设计、思政切入点选择、课堂教学步骤落实等关键点展开充分讨论;教师们走到台前,分享自己的思考与想法;大家彼此借鉴,互通有无,收获良多。在该项目中,笔者共实施部署了三次相关课堂实践,前后跨三个学期。通过课堂内身体力行的体验与实践,通过与学生的互动交流,笔者对如何发挥英语课堂隐形的思政育人功能,如何使两种学科携手同行、互促共赢有了更多的感悟和体会。从最初的无章法、无底气,到后来对课堂相对娴熟自在的把控,一路走来,一路风景。

---

① 章瑜,硕士,浙江工商大学外国语学院讲师,研究方向为外语教学、批判话语分析。

二、大学英语课堂融入思政元素的可行性及实践意义

在大学英语课堂中融入思政元素具有可行性,原因主要来自以下两个方面。其一,教师只要选择适宜的素材及主题,设计相应的课堂步骤,完全可以将英语和思政两个板块在某一个点巧妙融合。目前,大学英语课堂所选用的大部分教材通俗易懂,晦涩深奥的不多,又专又生僻也是少数;只要善于发现,大学英语各系列教材中总有部分课文蕴含着思政的信息和视角,可以作为相应的教学素材。此外,大学英语本身会涉及一些深度文本分析,在原先的视角基础上再拓展一点,深挖几分,添一些思政的内涵,英语课堂只会更加饱满通透、趣味盎然。其二,英语课学生受众广,分配到的课时多,因而教师与学生接触机会多,传递思政理念也相对方便。目前,大学英语课程基本面向本校所有学院所有专业的大一、大二学生,学生与英语教师一周有一到两次的课上碰面机会,这些现实条件也使得大学英语教师能较为便捷地在课堂内融入一定的思政教育。

大学英语课堂融入思政元素具有可行性,同时,该教学实践在多层面具有积极的实践意义。其一,思政英语课堂完全契合了十八大后党中央向高校提出的"开展课程思政,落实学科育人,各类课程与思政课程形成协同效应"的号召,该教学实践的积极推广有助于培养学生的文化自信、文化自觉、家国情怀和民族自豪感,有助于培养学生的社会主义核心价值观(孔标,2020)。其二,教师在授课过程中呈现出来的"三观"、素养、理念无疑会对学生的价值体系产生影响。鉴于大学是个体思想成熟成长的重要阶段,如果高校的思政教育体系只依赖思政课,学生接收到的思政引导就会有很大的局限性;与传统思政课相比,英语课的教学素材在多样性、人文性、趣味性方面更具优势,不少文本经过教师的适当处理后,可以作为隐性的思政教材。其三,思政英语课堂作为师生互动交流的平台,可促使英语教师承担起大学辅导员的部分职责,更主动地去了解学生、关注学生,从而引导学生更积极乐观地看待生活和学习中的困惑,更全面理性地规划未来、规划人生。其四,思政教育不仅不会干扰专业课程自身的教学

活动,减弱教学效果,相反还会提升教学的思想性、人文性,深化教学内涵,提升教学效能(陆道坤,2018)。思政元素与英语课程知识的交融互补可以使原先维度相对单一的英语课程更具深度和广度。

三、教学流程及教学要素

(一)授课对象及使用教材

笔者前后共实施部署了三次思政英语课堂,第一次授课对象为6个平行班,分别是金融工程专业2016级1班、2班、3班,人文地理与城乡规划专业2016级1班、2班,以及资源与环境经济学专业2016级1班;第二次授课对象为4个平行班,分别是法学专业2018级5班、计算机专业2018级1班、新闻传播专业2班、公共管理专业2018级5班;第三次授课对象为4个平行班,分别是法学专业2018级5班、计算机专业2018级1班、新闻传播专业2班、环境工程专业2018级6班。三次思政英语课堂使用的教材分别为:《学术英语管理》[①]《新编大学英语 综合教程2》[②]《新编大学英语 综合教程3》[③]。

(二)教学目标

思政英语课堂的教学目标主要涵盖两个层面。其一,以所选文章为载体,通过各种教学手段培养学生听、说、读、写的能力,尤其是即兴口语表达能力;其二,在常规英语课堂内融入思政教育,促使学生对周围的人、事、物做出更多理性的思考,对所经历的各种学业、人际、情感等方面的困惑、疑难能更从容豁达地应对,对今后的职业、今后的人生能更主动、更积极地进行规划。以第一次思政英语课堂为例,笔者结合文本素材强调了"规划"的重要性:规划涉及不同的时间跨度,如长远规划、短期规划;规划涵盖人生的各个方面,如职业规划、学习规划、理财规划。合理的规划可

---

① 季佩英、吴晓真、张颖:《学术英语管理》,外语教学与研究出版社2012年版。
② 应惠兰:《新编大学英语 综合教程2》,外语教学与研究出版社2012年版。
③ 应惠兰:《新编大学英语 综合教程3》,外语教学与研究出版社2012年版。

以使人生更有条理,使目标更加清晰,使个体更有动力朝着既定方向脚踏实地地走好每一步。总之,在思政英语课堂内,笔者尽可能把英语技能的训练和思政教育结合起来,帮助学生在提升英语水平的同时有思政方面的感悟。

(三)教学步骤

关于思政英语课堂的教学步骤,笔者通常按以下顺序进行:第一,组织学生进行即兴英语对话,导入思政主线。这一步骤通常安排在每堂课的前10分钟,笔者给出思政主题,学生展开讨论,笔者再选择部分学生让其呈现之前两两互动的内容,最后笔者进行语言点及思想内容的点评。第二,以课文标题为切入点组织讨论,适时穿插思政教育。课文标题通常简洁明了,内涵丰富,适于提炼思政主题,也便于组织学生展开讨论。第三,根据背景知识,选取一定案例展开思政教育。生动的实例往往比枯燥的说理更具说服力,笔者会选取名人事迹或身边的真实案例展开评述,并与学生互动。第四,词汇教学与口语训练相结合,一问一答部署思政教育。词汇教学是英语教学的重要组成部分,对于每一次的思政英语课堂,笔者都会根据不同的思政主题,设计不同的问题,并将课文当中的主要单词嵌入这些问题。如此,学生不仅可以在口语输出过程中巩固单词,还可以感悟思政内涵。第五,讲解文章,层层推进,理出思政教育主线。英语习得离不开篇章的精读,将思政主题融入篇章分析中,不仅可以落实思政教育,还可使文章讲解更有层次感,使英语课堂更具人文情怀与实用性。

(四)任务布置与反馈

在完成相应的教学步骤后,笔者通常会根据主题布置相应任务,以帮助学生更好地理解感悟思政主题。以第一次思政英语课堂为例,笔者布置了一项课堂内的口语任务。按要求,学生在2分钟内对大学生活做一个近期和远期的规划,并用即兴陈述的方式将其呈现出来;学生们用手机录下自己所说的话并即时传到笔者邮箱;笔者逐一评分,并抽取表达流畅、内容具有借鉴意义的音频在课堂内播放并做点评。此外,笔者还布置了以"规划"为主题的作文,详细列出评分标准及需涵盖的要点;学生上交作文的纸质及电子版本,笔者给出分数并做相应点评。

此外,对于每一次的思政英语课堂,除给分的任务外,笔者还要求学生结合自身实际情况,对相关思政主题进行梳理总结,并将书面的总结文稿发给笔者。对于这部分内容笔者不给分,但会针对每个人的实际情况一一反馈,给予一定的建议或进行一定的心理疏导。

四、课堂设计部署的策略要点

(一)大小适中、兼顾实用——选择适宜的思政切入点

思政切入点的选择是思政英语课堂的一个重要方面,恰当的切入点有助于整个教学流程自然推进,一气呵成;反之,则磕磕碰碰,生硬牵强。教师在选择切入点时要注意选题的大小,大小适宜的思政主题便于展开、延伸、推进。选题过大,课程设计易松散,思政内容会相对宽泛,难以聚焦某一方面,凸显亮点或挖掘内涵;选题过小,讨论素材就会相对贫乏,也难以进行视角的拓展。此外,切入点的"实用性"也不能忽视,教师宜选择与学生生活、学习、择业较为相关的点切入思政教育。如笔者在第一次、第三次的思政英语课堂中都围绕"职业"这一主题,虽然两次课堂实践选取的文本不同,选题侧重点也有差异,但由于职业选择、职业规划等话题与学生现阶段的学习安排以及今后的择业、就业休戚相关,所以大部分学生都积极参与了思政英语课堂的各项教学安排,并认真及时地完成了相关任务。

(二)认真聆听、适当引导——营造共情畅通的互动模式

教师在部署思政英语课堂时,应尽可能着眼于学生的思维模式、心态理念,找准适宜的共情点,再将思政教育意图有节奏地贯彻下去。在这一过程中,把握好合理的互动模式很重要,良好的互动始于教师耐心的倾听,教师应先搞清楚学生在想什么,想要什么,不想要什么,先听明白了,教师才能有的放矢地进行引导;除了善于倾听,在互动过程中教师还应多

给予学生鼓励、认可、支持、理解等正向的情感引导；否定、批评或带有类似倾向的暗示会使学生个体在互动初期就产生负面情绪，对教师产生抵触心理，进而使教师丧失进一步与学生沟通互动的机会。笔者在思政英语课堂内对每一个学生的发言都认真倾听，并按照"先鼓励后指正，先认可后疏导"的原则实施每一个教学环节，尽可能营造共情畅通的互动氛围。

(三)张弛有度、主次分明——实现语言技能提升与思政格局拓展的互补共赢

　　思政英语课堂无论采取什么样的教学创新手段，其课堂教学的设计、落实、铺展还应以培养学生的综合语言能力为目标和落脚点；其他的教学理念、教学意图只能在适宜的情境下见缝插针地融入，对教学主目标进行辅助及深化。因而教师在设计思政英语课堂教学活动时必须对主线和辅线的排布、糅合、穿插有一定的主次把控，不可本末倒置。在笔者所实施部署的三次思政英语课堂中，相关教学步骤、教学手段都紧紧围绕语言技能提升这一目标；无论是学生两两互动、师生互动，还是个人上台陈述、个人即兴回答，各种任务模式都必须与语言技能的培养相契合。此外，合理的思政切入点、巧妙的思政观点也能拓展学生的英语思维，并促使学生产生较强的求知欲去提升语言技能，以期能更顺畅地用英语表述思政观点，参与相关讨论。

(四)及时反馈、差异对待——培养个体的梳理、反思能力

　　英语学习需要复习巩固，思政观点的领悟及内化也需要教师通过任务布置等手段进一步夯实。在这一过程中，教师应关注两个要点：其一，教师可以选择适当的方式让学生完成某项任务。比如针对第二次思政英语课堂的思政主题，笔者让学生完成一份职业规划的PPT，并详细列出相关要点，如个人性格分析、个人优缺点分析、大学期间的学习目标、人际交往定位、未来职业畅想等等。在完成任务的过程中，学生会很自然地进入自省反思状态，自觉地评估盘点自己的优点、缺点，并设定自己的近期、远

期目标;部分学生通过完成这一任务,感悟到反思梳理的重要性,开始有意识地敦促自己培养这方面的能力和习惯。其二,教师可根据学生的任务完成情况,根据学生与教师互动时呈现出来的思想状态,及时给予学生有针对性的反馈意见,尽己所能帮助学生看清方向、剖析自我。在三次思政英语课堂的实践中,笔者对大部分学生进行了一对一的反馈,每一次发出去的反馈文字稿都超过100份;对于个别学生,笔者还给予了多次心理疏导。

五、结语

回顾三次思政英语课堂的部署实施,笔者有很多的启发和感悟。由于经验的缺乏,笔者认为自己在许多方面还做得不够细致与完善,比如选择的课文契合度不够,个别提问设计不够巧妙,部分思政教育的导入有些牵强。虽有不少遗憾,但总体而言,整个教学实践推进有序、互动畅通、立意饱满,教与学的双方都因此有了不少收获和启发。

英语思政课堂能促使英语教师从一个全新的视角审视课堂的结构和内容,审视自己与学生的关系,从而更清楚地意识到自身的不足及努力的方向。毋庸置疑,深入研究思政价值内涵在英语专业课程教学中的融入路径,促进学习者语言能力、文化意识、思维品质和学习能力等英语学科核心素养的发展,是探索新时代背景下中国英语教育理论和实践路径的必由之路。如何充分挖掘英语专业中蕴含的思政资源,增加专业课程育德能力,完善课程思政评价体系也将是大学英语思政课程今后致力的方向(陈丽霞,2019)。作为一线的英语教师应在课堂内进行大胆探索,积极实践,沉浸其中,为思政英语课堂的"全方位育人"做好扎实的基础工作。

参考文献

陈丽霞,2019.高校英语专业课程的思政价值内涵与实现路径——以"综合英语"课程改革为例[J].江西中医药大学学报(3):104-107.

黄怡凡,2018.课程思政体系下的大学英语教学[J].文教资料,779(5):
  209-211.

孔标,2020."大思政"格局下大学英语"思政课程"的落实研究[J].长春师
  范大学学报(3):179-182.

陆道坤,2018.课程思政推行中若干核心问题及解决思路——基于专业课
  程思政的探讨[J].思想理论教育(3):64-69.

基于应用型人才培养的大学英语教学与课程思政的融合路径初探

——以"大学英语"课程为例

李　娟①

一、引言

2019年3月,习近平总书记在思想政治理论课教师座谈会中明确指出:"思政课是落实立德树人根本任务的关键课程,思政课作用不可替代,思政课教师队伍责任重大。"可见,新时代背景下,将积极的思想观念、政治观点、道德规范等内容根据专业特点融入课堂中具有必要性。此外,根据创新型人才培养的要求,以应用型人才培养为导向的大学英语教学,更需要将这一思想信念融入一线教学中去,在落实立德树人的任务,增强学生的实际应用能力的同时,提高学生的文化自信,培养其爱国情怀,从而成为复合型、应用型人才。

笔者在上学期已将思政与大学英语教学初步结合,取得的效果尚可。本学期在大学英语课程的教学实践中,笔者以整个学期为单位,以实际教学计划为基础,将目标教学单元的5个主题与思政融合,初步尝试搭建系统的大学英语思政课程体系,在锻炼学生的语言操作能力的同时,引导学生建立积极向上的价值观,培养新时代背景下的爱国爱家情怀。

---

① 李娟,硕士,浙江工商大学外国语学院讲师,研究方向为英语教学、语言学。

二、教学案例分析

(一)教学设计

本学期教学内容为《全新版大学英语 综合阅读3》第一至第五单元。每个单元主题不同,但均关于欧美国家方方面面的境况。笔者以单元主题为基础,将这5个主题延伸落地至学校所在的城市——杭州,让学生以杭州为范围,去探索发现杭州城市对应的主题情况,发掘城市魅力,增强文化自信。

本学期第一单元的教学主题为:生活方式的变迁。两篇主题文章主要描述了美国大众的生活方式以及人们相处模式的改变。鉴于此,笔者将讨论目标转向杭州,请学生去探索发现近年来杭州普通老百姓生活方式的变化,包括但不限于休闲娱乐、饮食文化、衣食住行等方面的改变,并总结变化趋势、背后原因以及内涵意义等。

第二单元的教学主题为:民权运动英雄。课内文章介绍了美国黑奴逃亡的地下铁路及民权运动先驱——罗萨帕克的事迹。无论是特殊时期还是和平年代,英雄一直在我们身边。鉴于此,笔者引导学生关注杭州的英雄人物与事迹。去探索他们都做了些什么? 为什么被称为英雄? 对于当代文化建设有什么意义?

第三单元的教学主题为:安全问题。主题文章讲述了美国从自由之国沦落为锁之国的转变以及普通家庭为了保障自身安全采取的必要措施。观人思己,笔者引导学生多关注自身安全问题,如校园安全、网络安全等。

第四单元的教学主题为:想象力与创新。单元文章介绍了科学家爱因斯坦,以及他在人生路上展现的惊人的想象力与创造力。笔者引导学生关注杭州城市中出现的创造力。作为新一线城市,杭州一直以来迸发出惊人的创造力。学生可以就这一方面的内容进行深挖。

第五单元的教学主题为:感恩。课内文章讲述了向自己熟悉的人表示感谢以及感恩的力量。笔者借机鼓励学生表达感恩,向一直帮助和支持自己的家人、朋友等说出心里话,表达感谢之情,感受温情的流淌。

本学期笔者教授4个班级,每个班级约40名学生。笔者将每个班级的学生分成3—5人的小组,各班级以小组为单位来完成活动任务。此次思政任务中,学生可自由选择单元延伸主题;然后就主题进行小组讨论,确定合适的范围和话题;之后分头收集素材,处理好材料;最后以PPT或视频的形式在课堂上进行展示。教师引导班级同学进行讨论,并给予评价。

(二)实例分析

本文以第一单元为例,4个班级横向比较,分析说明思政与大学英语教学融合的具体路径及实施情况。第一单元的第一课"Mr. Doherty Builds His Dream Life"的教学目标与要求:掌握文章大意,学习写作技巧(比较与对比)、主要语言点,包括词汇、短语、句型及文章文化背景,并能就相关话题进行自由讨论。

1. 课前热身

由经典歌曲"Take Me Home, Country Road"导入,引导学生自由讨论问题:

What is the song mainly about?

第一个问题的目的是考查学生对歌曲内容的理解,并通过对一些细节的短暂回顾引出下一个问题:

Does the song remind you of anything? What is it?

第二个话题则有两个目的:其一,通过歌曲中展现的乡村美景及浓厚的思乡之情,导入单元主题,即美国当代人生活方式的变迁。其二,通过歌曲关键词country和home将目光拉向当下中国人的生活,引导学生关注现在城市生活节奏的加快导致的原有生活方式的改变。向学生提问:他们印象中的生活是什么? 新节奏又是什么? 借此,同步预热思政活动任务。

2. 整体理解

此环节是以文章结构为单位、听课文录音的形式进行的。首先播放

录音,请同学听读文章的第一部分(包括3个自然段)。听完提问:

What is the main idea of this part?

并通过讨论得出大意:

The writer describes his countryside life to us.

然后进一步提出针对性的问题:

How does the writer feel about his country life?

What words or expressions does he use to define the new life?

学生很容易锁定这两个词语——self-reliant 和 satisfying——奠定了文章的基调。后三部分亦是如此。通过对段落大意及相关问题的讨论,学生对课文内容、篇章结构及知识要点有了初步认识,方便展开下一步的学习。

3. 仔细阅读

此环节里包含两个教学重点:语言点和文章写作手法、思政内容的融入。

在通读文章的过程中,对碰到的重点、难点词汇一一指出并示例,或请同学使用,如 oversee(监管)与 overlook(忽视)、suspect(肯定怀疑)和 doubt(否定怀疑)。对于一些重点句型突出强调,如 attend the opera and ballet。attend 有"倾听""观看"的意思,所以可以译成"听歌剧"或者"看芭蕾"。

在仔细阅读课文的小组活动中,笔者给了学生10分钟时间,请他们讨论并找出文章中关于作者对乡村生活的感受(satisfying 和 happy)的描述。文中对此有大量的描写,学生从中不难发现:

(1) grow nearly all their fruits & vegetables

(2) canoeing, picnicking, long bicycle

(3) keeping warming inside the house in winter

(4) writing freelance articles

(5) earning enough money while maintaining a happy family life

紧接着,再请他们合作找出文章中对乡村生活中hardship(艰辛)的描写。经过上轮对文章信息地毯式的搜索,学生很快找到如下线索:

(1) working hard both in winter & summer

(2) harsh environment and weather condition

(3) anxious moments after quitting the job

(4) cutting back on daily expenses

(5) solitude

(6) crawling into black bear dens, hitching up dogsled racing team, etc.

在发现作者所表述的satisfying life和hardship后,引导学生结合自身进一步思考:这些充满人情味的乡土生活的描写,是否仅仅适用于美国乡村生活? 当今中国的乡村生活是什么样的? 能否借助文中的词汇、短语、句型描述自己印象中的乡村生活。

笔者在各个班级随机邀请了3名学生利用文中的表达进行课堂汇报,效果比较明显:学生会有意识或无意识地使用文中的表达去描述自己印象中的乡村生活,如plant the garden、grow our own vegetables and fruits、stacks a little wood、enjoy a picnic等等。学生的表达因为课文中的词汇短语而变得生动、丰富。同时,通过讨论发现,乡村生活的方式虽有不同,但是乐趣是相似的,如广阔的空间、清新的环境,以及"自己动手,丰衣足食"的生活方式。同时,乡村生活也逐步走向现代化,有了新的变化。

4. 任务布置

基于对文章的充分理解和对国内乡村生活的粗略回顾,笔者结合思政内容布置了如下作业:立足杭州,关注近年来本地生活方式积极的变化,如饮食方式、出行方式、旅行文化、娱乐休闲的变化等等。积极探讨生活之"变"及其背后的成因,如:目前杭州哪些方面存在哪些正向的变化? 是什么原因促成的? 意味着什么? 以及你如何看待这些改变? 材料收集完毕后,小组讨论,整理分析所得信息,最终以口头展示的形式,在下一次课堂上向班级做汇报。

5. 任务反馈

在第二周的教学中,4个班级一共有11个小组完成了活动汇报,如表1所示。

表1　第一单元思政活动小组汇报表

班级	组别	话题名称
新闻传播专业 2019级2班	第2组	My Trip to the West Lake
	第3组	弄堂里
国际会计专业 2019级1班	第2组	Taste of Hangzhou
	第3组	A Bite of Hangzhou
	第10组	Hangzhou Leisure Culture in the Past and Present
日语专业 2019级2班	第1组	Leisure and Recreation Tea House
	第6组	Theatre：A Window into Hangzhou Cultural Life
	第8组	临安一梦
	第9组	Visiting Hangzhou Cuisine—The Fusion of the Old and New
食品工程专业 2019级3班	第3组	The Past and Present Life of the West Lake
	第4组	The Leisure Culture in Hangzhou—Take West Lake Longjing as an Example

在各个班级的课堂教学中,每个小组大约用了5分钟,向大家展示了他们的活动。如新闻传播专业第3组,从"弄堂里"独特的内饰外观引入话题,介绍其创建故事、菜品来源、发展及变革,并指出这个变革的原因:随着当代生活节奏的加快,人们从纯粹的休闲时间到工作时间与休闲时间相结合,以及休闲文化更加注重个性化,关注消费者个人感受等的转变。再如,国际会计专业第10组,报告主线非常明确,对比了杭州今昔休闲文化。他们提到,以前老杭州人的休闲生活多是读读诗、写写字与喝喝茶。而现在,人们更多围绕美食、旅游,参与相关文化活动。归根结底,这是社会变革带来的变化,而杭州,正是一座体现传统与新潮融合的城市。

在最后的讨论中,学生们挖掘出了更多的杭州故事,那些美食、美景、茶馆、剧院的背后,都是一个个奋斗的故事。有学生总结:这是个人的成长与社会的发展同步进行的成果,可以说个体联合在一起创造了新时代,也正是新时代、新社会成就了个人。在交流中,学生们对于当今杭州的新气象信手拈来,都为当今社会发展变革带来的进步感到十分自豪。笔者充分肯定了学生的活动报告:学生们的展示是比较丰富的,覆盖面广,内容丰富有趣、有深度,体现了对本土文化的熟悉度,以及强烈的文化自信。

6. 教学反思

第一,从各个班级所呈现的话题来看,学生的选题范围较广,从针对西湖风景区近来变化思考,如"My Trip to the West Lake""临安一梦""The Past and Present Life of the West Lake",到杭州美食的变革,如"Taste of Hangzhou""弄堂里""A Bite of Hangzhou"等,再到杭州休闲生活的变迁,如"Hangzhou Leisure Culture in the Past and Present""Leisure and Recreation Tea House"等。这一方面说明了学生的研究范围比较丰富,另一方面也说明杭州生活充满了活力。

第二,从汇报内容来看,各班任务的完成度都较高。无论是文字质量、PPT外观,还是内容深度,大多数小组能够出色地完成,并且都积极地探讨了改变的原因,指向新时代新生活的正能量。虽然汇报偶有小错误,但整体质量相当不错。但是也有个别小组,英语基础薄弱,PPT中错误较多,汇报较为粗糙,只能基本完成任务。

第三,从教学效果来看,立足课本,结合本土生活的思政活动,充分调动了学生的积极性,学生们展现出了较高的参与热情。从话题选择到材料收集、PPT制作,再到课堂分享,学生们分工合作,总体参与程度高。在分享的过程中,基于对杭州本身的理解,分享的内容更容易引起学生们的情感共鸣,进而更加热爱和拥护本土文化,易激发爱国之情。

三、结语

本学期的思政实践是一个将大学英语与思政元素融合的初步尝试,在整个学期的教学过程中,各单元思政话题顺利进行的前提是:学生必须掌握书本中的基本表达。这要求学生一方面要对课本相当熟悉,另一方面要学以致用,将书中的表达运用到实际生活中去,增强学生自身的语言运用能力。唯有如此,方可达到培养复合型、应用型人才的教学目标。在实际操作中,各班级因为水平的不同,完成度存在些许差异。

对于思政话题的选择,笔者依据5个单元主题,引导学生从感兴趣的话题入手,用兴趣带动行动;引导学生去关注积极的、充满正能量的本土文化,将学生从被动接受欧美文化过渡到用英语介绍我们自己的生活、文化、风俗及历史。该方法效果不错,经过一学期的融合教学,学生能够更加全面地关注本土文化,这极大地增强了他们的文化自信,提升了人文素养与爱国情怀。

思政教育任重道远。大学英语与思政的结合有助于培养学生积极向上的价值观、强烈的社会责任感,使他们知道自己肩负的更多的责任。本文抛砖引玉,期待更多的同仁一起探讨大学英语教学与课程思政的有机融合。

参考文献

NUNAN D, 2011. Task-based language teaching[M]. Beijing: Foreign Language Teaching and Research Press.

RICHARDS J C, LOCKHART C, 2000. Reflective teaching in second language classrooms[M]. Beijing: Foreign Language Teaching and Research Press.

RICHARDS J C, NUNAN D, 2000. Second language teacher education [M]. Beijing: Foreign Language Teaching and Research Press.

WILLIAMS M, BURDEN R L, 2000. Psychology for language teachers[M]. Beijing: Foreign Language Teaching and Research Press.

线上线下混合式教学

线上线下混合式教学调查与建议
——以"英语教学法"课程为例*

贾爱武① 吴琳霞②

一. 引言

互联网的普及使教育领域出现了"互联网＋"模式,主要包括MOOC (Massive Open Online Course)、SPOC(Small Private Online Course)、翻转课堂、线上线下混合式教学等多种教学形式(王晨曦,2019),其中混合式教学,即将在线教学和面对面教学相结合的"线上＋线下"的教学方式,是信息化时代英语教学改革的必然产物(陈娟文等,2017)。美国新媒体联盟的《地平线报告》(2016高等教育版)指出,混合式学习设计的广泛应用是促进高等教育领域技术运用的关键趋势(金慧等,2016)。但是,如何在"互联网＋教育"背景下有效衔接线上线下教学并最大化优化教学效果,成为众多研究者需要思考的问题(张欢瑞等,2018)。

本研究以浙江工商大学外国语学院"英语教学法"课程为例,针对其首次采用的线上线下混合式教学方式的教学改革,通过访谈、亲身体验和自我反思等研究方法,对学生开展问卷调查,从中发现学生们普遍反映的问题,并基于对这些真实问题的思考和甄别,提出一些可行的改进建议,以期为该课程教学以及相关课程提供具有操作性和针对性的建议与对策。

* 基金项目:本文系2019年校级研究生教育改革项目及学科建设管理项目"'英语教学法'课程思政:职前教师专业素养与成长路径"、2020年研究生科研创新基金项目"线上线下混合式教学问题与建议——以'英语教学法'课程为例"的研究成果。

① 贾爱武,博士,浙江工商大学外国语学院教授,研究方向为英语教育。
② 吴琳霞,浙江工商大学外国语学院研究生,研究方向为英语教育。

二、"英语教学法"线上线下混合式教学设计

(一)课程目标

"英语教学法"是外国语言文学学科面向研究生开设的课程,是培养我国基础教育阶段英语教师综合素质和教育教学能力的重要专业课程。本课程系统讲授英语教学过程中所涉及的语言观和学习观以及在此基础上形成的教学模式和方法,让学生熟悉国家英语课程标准,指导学生如何备课和写教案及进行课堂管理,通过教学实践使学生掌握英语教学方法与技巧,为学生将来从事中小学英语教师工作做好职前准备。使用的教材是《英语教学法教程》(王蔷,2006),教学时长为16周,每周3学时,授课对象为浙江工商大学外国语学院2019级研究生,共25人(其中5名国际生)。

(二)教学内容及组织形式

围绕"英语教学法"课程目标、教学大纲,依据输入与输出、线上与线下、理论与实践相结合的三维立体模式展开教学设计。

该课程的教学内容及组织形式主要分为四个阶段:(1)理论知识输入。第1—5周,学生线上学习MOOC"中学英语教学设计",该课程围绕"教什么""如何教""教得怎样"三个问题,教学内容涵盖了英语学科核心素养、英语学习观与语言观、教学目标设计、教材分析与学情分析、教学重点和难点的确定、教学过程及教学效果评价、课堂互动模式及提问设计、听力教学、口语教学、阅读教学、写作教学、词汇教学、语法教学等13个主题。学生每学完一个章节,即可参与教师在超星泛雅网络教学平台上发起的共享问题的讨论。(2)集体研讨。第6周,师生以线上讨论的形式共同探讨教师职业的本质和语言教学的三大哲学理念及教学方法。(3)小组合作。第7—12周,教师在超星平台上传关于语言、学习理论、二语学习、语言教学方法、语言学习者和学习策略、外语教师、评估策略与语言技能教学、课程设计与ESP等8个主题的阅读资料,每周4—5名学生选取感兴趣的主

题,分工合作,查找相关文献,以PPT形式讲授,并组织全体学生进行讨论,就学生提出的问题给予线上回答。(4)个人说课输出。第13—16周,个人8分钟说课,不限课型、内容、教学对象,目的是将理论知识与教学实际相结合。教师要充分尊重和发挥学生的个性特征和创造性,并对每个教学案例进行评价。师生在 这个阶段共同建构和丰富各自的认知图式,体现合作性、研究性和体验性特征。如图1所示。

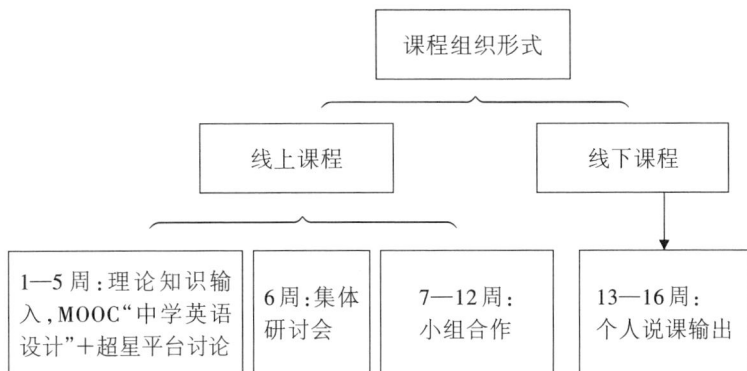

图1 "英语教学法"教学组织形式

三、调查设计与结果

为了解学生对该课程教学的感受,调查问卷提出三个问题:(1)您对本课程整体教学大纲和教学效果满意吗?(2)根据您的亲身体验,您认为线上和线下教学的优势和劣势分别是什么?(3)假如您教授本课程,您将如何对该课程进行教学设计? 之后,将学生反馈分别建成三个中英语料库,使用WordSmith Tool 6.0软件进行分析,以探究学生对于此课程的看法以及各自提出的问题和建议。

(一)课程教学满意度

教学效果的评判很大程度上基于学生对课程的反馈意见和看法,课程满意度能真实地反映学生体验课程采用混合式教学后的真实感受,对

评价和改进课程有重要作用(杨芳等,2017)。23份有效问卷对该课程的
满意度情况如表1所示。

表1　学生对该课程的满意度

满意度	人数	占比
总体满意	11	47.83%
非常满意	5	21.73%
比较满意	5	21.73%
部分满意	2	8.70%

表1显示,"英语教学法"课程的线上线下混合式教学效果受到了学生
的普遍认可,其中持"总体满意"观点的学生最多,占比47.83%;之后为"非
常满意"(21.73%)和"比较满意"(21.73%)。同时,根据检索结果发现,学
生对该课程混合式教学持满意态度的原因主要包括:适时调整课程安排,
尊重学生主体性,理论结合实践,学习环节设计合理,培养发散式思维,认
识问题更深刻,等等。尤其是在尊重学生主体性、发挥学生的主体作用等
方面认可度高。例如:

(1)每个人都根据自己喜欢的课型做了教学展示,老师也给
了每个同学一些建议和意见,这一部分是我最满意的。

(2)尤其是尊重学生的自主选择性,学生可以自由选择、自
己构思,然后结合班级提问改进的方式来加深对自己所选主题
的理解,总体比较满意。

另外,检索后也发现,大部分学生指出了影响满意度的原因,主要包
括:师生不能及时互动;因监督粗放无法保证教学效果;教师不能及时答
疑解惑;学生自主选择内容重复率高;讨论单一,问题浅显、重复;等等。
其中关于讨论环节的设置以及学生提问的内容浅显等问题较为突出。
例如:

（1）在第三阶段的理论讨论部分，有些同学并不能按时将自己的问题发表在讨论区，还有一些同学提出的问题质量不高，甚至有很多重复的问题，这样就会浪费时间。

（2）我认为在具体环节的实施中存在不足之处或是可以改进之处。比如第三部分学生选择主题后做展示，只是单纯将展示内容上传到超星泛雅网络教学平台上，在讨论区回答与讨论的效果也不够好，有时学生积极性不高。

（二）线上和线下教学的优势与劣势

调查对象依据亲身体验，各自充分表达了线上教学和线下教学的优势与劣势，具体原因按照占比从大到小依次排序，如图2、图3、图4、图5所示。

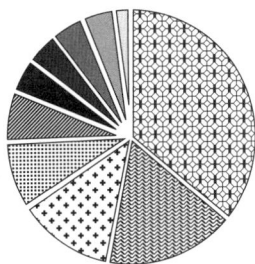

图例：
- 不受时间、空间限制
- 视频可保存、回放
- 缓解学生紧张情绪
- 资源丰富
- 更具灵活性
- 促进学生自我思考
- 满足不同学生的需求
- 培养自主学习能力，教育公平
- 教育方式新颖

图2　线上课程的优势

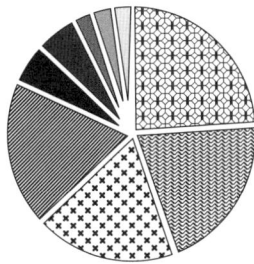

图例：
- 自觉性差的学生学习效果不佳
- 缺少交流和互动
- 易受网络状况影响
- 监督困难
- 软件操作熟练程度影响上课进度
- 易受电子设备影响
- 学生课堂反应不积极
- 合作项目难开展
- 影响视力

图3　线上课程的劣势

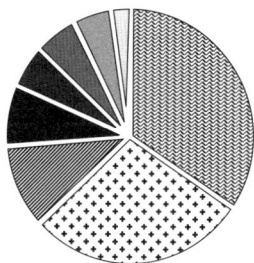

互动多且更有效
及时观察、监督学生
学习氛围浓厚
借助黑板展示要点
加强课堂合作
及时提出疑问
实践环节更易实施
反馈及时

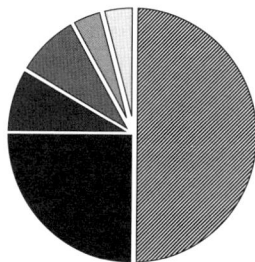

受时间、空间限制
个人展示时易紧张
资源受限
未考虑不同学生的水平
制约学生学习的主动性
教学形式单一

图4 线下课程的优势　　　**图5 线下课程的劣势**

可以看出,线上和线下教学各有利弊。学生普遍认为线上课程的优点大多集中在以下方面:不受时间、空间限制,视频可保存、回放,缓解学生紧张情绪,资源丰富,等等。其缺点大多集中在以下方面:缺少面对面交流和互动,易受网络状况影响,自觉性差的学生学习效果欠佳以及监督困难,等等。线下课程的优点大多集中在以下方面:互动多且更有效,及时观察、监督学生,借助黑板展示要点,学习氛围浓厚,等等。其缺点则体现在以下方面:受时间、空间限制,个人展示时易紧张,等等。

(三)对混合式教学的建议

根据对该课程的学习体验和线上线下教学特征,学生转换角色,大胆思考并提出自己对该课程的教学设计方案。建议可概括为以下几点。

1. 合理设置和安排课程

部分学生表示课程内容的选择应由浅入深,由理论向实践过渡,根据学生学习情况适时调整学习内容,给学生更强的学习体验。此外,学生表示完成线上学习之后,教师应当在线下课程中及时复习并答疑解惑,完善线上和线下教学的衔接;线下课程在及时复习旧知识的基础上,应注重对课程内容的后续补充以达到理解巩固的目的。线下课程应是线上课程的补充而非延续。

2. 提升课堂活动环节的参与感

大部分学生表明,这一课程的线上讨论环节大多围绕展示内容进行评价和提问,由于学生在线上以文字形式进行讨论,参与感不强,且缺乏后续专业的评价和回答,导致讨论不够深入。因此,在混合式教学中各环节的设置上要提高学生对活动的参与感,让学生体验不同的角色,从多个视角来思考问题,提出问题,解决问题。

3. 知识能力目标与课程思政相融合

立德树人是高校培养专业人才的重要使命,该课程的最终目的是培养具有专业知识和职业素养的英语教师。因此,师德培养也是该课程的重要组成部分。混合式教学同样要贯穿"立德树人"的教学理念,帮助学生解答思想困惑、价值困惑,明确自身价值和社会定位。

4. 综合考虑教学因素

成功的混合式学习,要根据具体的混合式学习情景有机地整合多种教学元素(康文霞,2011)。混合式教学涵盖了线上教学场景和传统课堂场景,为了充分整合这两种情景的优势,我们必须综合考虑教育者、学习者、教育目标、教学环境等多种教学元素。

5. 评价体系多样化

多样化的评价体系能为后续课程改革提供更多真实的反馈,并为教师设置教学活动提供更多参考意见,它还将教育与应试划分开来,重新回到教书育人的本质上(曾一轩等,2019)。混合式教学方式的评价体系不应将最终测试成绩作为评价的唯一指标,而应当包括学生探究学习能力、学习策略、合作能力等过程性评价体系。

四、结语

通过"英语教学法"课程教学实践和学生反馈调查,我们发现,混合式教学方式融合了线上教学与线下教学的优势,通过构建情境、交互、体验、反思为一体的深度学习场域,优化教学效果,有利于实现尊重学生主体性、培养学生自主学习意识、增强合作学习能力等目的。但是,混合式教学方式并非适用于所有课程和学生,要因课而异,因人而异,尤其对于偏重实践型的课程,线下教学非常重要。另外,调查发现,一些留学生表明自己不适合线上学习。因此,新型的线上线下混合式教学模式,对师生双方都提出了无法回避的新挑战,同时,又促使我们对线上线下教学的平衡与衔接、互动与监管、评价方式等方面展开深入而细致的研究与探讨。

参考文献

陈娟文,王娜,李金玉,2017.基于大学英语混合式教学模式的实践共同体探究[J].现代教育技术,27(9):79–84.

金慧,刘迪,高玲慧,等,2016.新媒体联盟《地平线报告》(2016高等教育版)解读与启示[J].远程教育杂志,35(2):3–10.

LAUNER R,康文霞,2011.混合式学习获得成功的重要因素:五种假设[J].现代远程教育研究,(1):57–60.

王晨曦,2019."互联网+教育"背景下,开展线上线下混合式教学的探讨[J].教育现代化,6(44):68–69.

王蔷,2006.英语教学法教程[M].北京:高等教育出版社.

杨芳,魏兴,张文霞,2017.大学英语混合式教学模式探析[J].外语电化教学,(1):21–28.

曾一轩,朱庆峰,2019.泛在网络时代英语混合式教学的局限及对策[J].教学与管理,(30):109–112.

张欢瑞,杨芳,张文霞,2018.基于MOOC的混合式教学设计与实践——以"基础英语听说"课程为例[J].现代教育技术,28(12):62–67.

SPOC混合式教学设计与实施
——以"英语教育心理学"课程SPOC教学实践为例[*]

杨　凡[①]　史秀彦[②]

一、研究背景

近年来,在信息技术发展的推动下,MOOC成为优化教育资源、提升高等教育教学质量和国民科学素养的重要战略举措。据教育部数据显示,截至2019年,全国共有12500门MOOC上线,超过2亿人次学习者,MOOC的数量和应用规模位居世界第一。MOOC具有低成本、高效率的优势,但MOOC缺乏面对面的交流互动,并不能完全替代传统的高等教育。在这种情况下,以小规模和限制性准入为特点的SPOC应运而生。自2013年以来,国内学者已经对SPOC开展了不少研究。康叶钦(2014)指出,SPOC具有MOOC无法比拟的四个优势,即提升校内教学质量,降低教学成本,重新定义教师的作用,赋予学生完整、深入的学习体验等。但目前国内对SPOC的研究还处于探索阶段,理论研究多于教学实践研究。在教学实践中,尤其是英语专业教学中,SPOC模式的应用并不多。本文以"英语教育心理学"为例,探讨SPOC在英语专业课程中的应用,以期对高校英语专业SPOC混合式教学的改革路径提供参考。

---

[*] 　基金项目:本文系2019年浙江工商大学校级线上线下混合式教学改革项目"英语教育心理学"的研究成果。
[①] 　杨凡,硕士,浙江工商大学外国语学院讲师,研究方向为英语教育。
[②] 　史秀彦,浙江工商大学外国语学院研究生,研究方向为英语教育。

二、SPOC混合式教学设计

高校SPOC混合式教学模式的基本流程是教师利用各类网络课程平台介入专业课程学习,利用线上MOOC的讲座、视频及在线评价系统辅助课堂教学,线下让学生参与课堂互动讨论,进行学习成果展示等实践活动,形成完整的学习体验。教师可以根据自己的要求和学生的需求选择、调控课程的章节、内容、节奏和评价体系。不同于MOOC,在SPOC模式中,教师对课程资源有很大的选择权和改编权,对课程各个环节的设计和实施也有极大的自主权。因此,SPOC课程的教学设计至关重要,具体流程如图1。

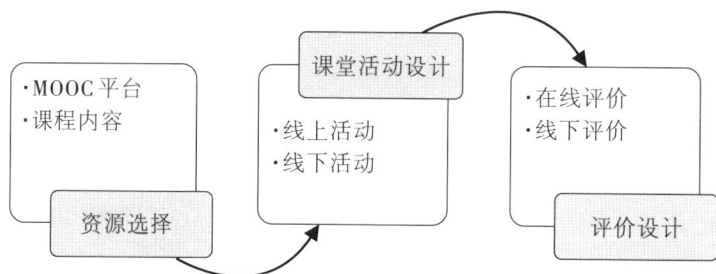

图1　SPOC教学设计流程

(一)资源选择

1. MOOC平台的选择

不同的MOOC平台提供的课程数量及种类差异较大,课程结构、课程内容、学习评价以及学习交互等界面设计也都有各自的特点。教师可以根据自己的偏好和课程需求,选择合适的优质平台进行课程建设。

2. 课程内容的选择

目前各MOOC平台提供的MOOC数量和种类还较为有限,质量也参差不齐。教师可以根据自己的需求遴选与自己课程教学内容及教学目标最为贴近的、最优质的MOOC,并在其中挑选所需的章节,必要时可以按自己的教学进度调整章节顺序等。

(二)课堂活动设计

课堂活动包括线上及线下两部分。这两部分环环相扣,相互影响,并与评价环节相呼应。线上活动主要以单元测试、讨论为主,教师可以利用MOOC自带的资源,也可以根据自己的需求进行增减及改编。线下活动主要指教师对学生在线上所学内容进行学习过程的指导,引导学生进行针对性的深入讨论,并鼓励学生进行学习成果展示及实践活动等。

(三)评价设计

SPOC教学模式下的评价体系是一种过程性评价,包括在线评价、线下评价和总结性评价。在线评价不仅是过程性评价的一部分,而且是对学生在线自主学习的一种督促和监控。在线评价成绩主要来自平台数据,如单元测试、线上讨论的数量和质量、学生自评及互评等。各大平台提供的评价系统和数据有较大差异,教师可以根据具体情况进行相应的设置及取舍。线下评价方式和传统课堂相似,但考查的内容要注意与线上课程相辅相成。

三、基于SPOC的"英语教育心理学"混合式教学实践

"英语教育心理学"是面向浙江工商大学外国语学院英语专业和商务英语专业本科生,在大三下学期开设的英语教育方向的主干课程。该课程主要探讨如何将当代教育学、心理学等学科的重要理论及新的思想观点和语言教与学理论相结合,并将之应用于语言教与学的过程中,以提高英语教学质量。该课程的理论性和跨学科的性质对于主要以语言技能训练为主的外语专业学生来说具有较大的难度。由于授课时数有限,在课堂教学安排中,教师侧重英语教与学理论部分的讲解和分析,而对教育心理学理论阐释的时数和内容相对较少,更没有时间展开教学实践活动。无论在对课堂内授课时数的有效利用方面,还是在对教学内容的有益补

充和对教学方法的丰富与拓展方面,该课程都亟须课内课外结合,并加大向课堂外开放延伸力度,采用线上线下混合式的教学改革。鉴于"英语教育心理学"课程的理论深度和跨学科性质,采用基于SPOC的混合式教学是最佳选择。一方面,通过MOOC我们可以把教育心理学专家请到身边,提升课堂的专业性,帮助学生们更好地理解、掌握教育心理学理论知识。另一方面,多媒体的教学方式可以将原本较为枯燥的理论教学变得更为生动、活泼、易于接受;而且,在线视频是一种高效的信息传递方式,可以随时暂停、回放,便于学生掌握难度较高的理论知识。MOOC教学也把有限的线下课堂时间释放出来,使学生们有更多的机会相互交流和探讨,将理论与英语教学实践相结合。

(一)资源选择

目前我国MOOC平台虽然较多,但课程的数量和种类较为有限。搜索各大MOOC平台,我们很难找到与"英语教育心理学"课程完全匹配的MOOC。我们的目的主要是让MOOC帮助学生们掌握教育心理学的理论知识,所以我们最终决定使用中国大学MOOC平台的"教育心理学"课程(洛阳师范学院)。该课程从2016年开始已多次开课,教学内容和我们的课程重合度较高,教学资源完整、丰富。我们在其中选择和我们的教学内容相匹配的6个教学单元,并按我们的教学进度进行了顺序调整。另外,由于剩下的部分教学内容未能在该MOOC中找到相应的教学视频,我们无法实现完全一一对应的线上线下教学,只能将这些内容回归到传统教学课堂。

(二)课堂活动设计

我们依据以学生为中心和以成果为导向(OBE)的教育理念,根据任务型教学法(TBA),将教学分为课前、课中和课后三阶段。

课前,教师在充分了解学生学情的基础上进行相应的教学设计。教师根据教学内容布置在线学习的章节及教学实践案例(教师自建资源)。该部分课堂活动主要由单元测试和在线讨论构成。我们保留了MOOC中单元测试的内容,旨在考查、督促学生对理论、概念的掌握,但对在线讨论的内容进行了改编,要求学生联系案例及学生英语学习的实际进行探讨。在自主学习过程中,学生可以就有疑问之处和同学们在线交流,或在线向老师提问。

课中,涉及大部分的线下活动,具体包括学习成果展示、翻译、讨论、案例讨论、辩论等多种活动方式和步骤,着眼于对线上课程的深入研究和拓展。教师首先就单元测试中常见的问题进行提问、解说和答疑,然后请学生进行学习成果展示汇报和讨论。由于我们课程选用的是外语教学与研究出版社出版的原版教材 *Principles of Foreign Language Learning and Teaching*,该教材无论在语言还是在内容方面的难度都比较大,师生在课堂上共同翻译和探讨课本上经典的部分,以文本解读的方式深入理解相关理论。我们还会请学生就课前所学案例进行讨论或辩论,分析其中的利弊,以提升学生的语言技能和批判性思维,使课前所学知识得到进一步内化。

课后,教师提供补充性的学习资源,请学生就相关话题写反思日记或开展相应的实践活动,让学生尝试将理论联系实际,更加透彻地掌握、应用所学知识。

(三)评价设计

课程最终以自愿分享、语音优美、书写美观、内容感人的过程性评价模式,来评估学生完成这一教学活动的效果。根据中国大学 MOOC 平台可以提供的服务和数据,并结合线上线下课堂活动设计,我们确定学生最终的课程成绩由平时成绩60%(在线学习30%＋线下课堂表现30%)与期末考试40%构成。其中,在线学习评价由单元测试、线上讨论构成,线下课堂表现评价由学生学习成果展示、课堂发言和讨论成绩构成。最后以期末卷面考试作为总结性评价。

四、讨论与建议

王济军(2018)指出,SPOC模式适用于事实性知识和概念性知识的传授。通过SPOC混合式教学模式的实施,我们发现,与传统课堂教学相比,对于理论性较强的课程,这种线上线下混合的SPOC模式具有一定的优势。学生可以通过MOOC的形式自主学习,吃透原本较为枯燥的专业理论知识,并用释放出来的课堂时间更深入地掌握教学内容,开展更多的实践活动,这有利于理论知识的深度学习,提升课堂的效率及质量,使该课程在知识、能力、素质三方面的教学目标得以实现。另一方面,学生在MOOC平台学习过程中产生的学习行为数据,为开展后续针对性学习、提升教学质量提供了丰富的资料。然而,在SPOC教学模式的实施过程中我们也发现了一些亟待改进的地方。

(一)MOOC平台及课程建设有待提升

MOOC平台是MOOC的主要载体,是广大学习者的重要学习阵地。SPOC的教学质量很大程度上受制于MOOC的质量。目前各MOOC平台涵盖的学科范围较为有限,质量也不尽如人意。在这次的MOOC选择过程中,我们发现可选的MOOC课程数量十分有限,其中国家精品课程更少,大部分课程的制作水平也有待提高。各平台上的MOOC大多授课形式单一,就是简单的照本宣读加PPT,教师镜头感不强,授课过于紧张,课程的补充材料不充分。另外,MOOC平台建设还有改进和提升的空间。MOOC平台虽然较多,但各平台在课程数量和质量、学科分布上十分不均衡。截至2018年,"爱课程"平台(中国大学MOOC)有916门国家精品在线开放课程,占总课程(1291门)的70.95%,比其他平台课程数量总和的2倍还多(张雷,王军,2019)。作为国内MOOC平台的"领头羊",中国大学MOOC平台仍有许多亟待改进的地方。例如,学生账号设置不包含班级及学号等信息,不便于限制性准入下的SPOC模式教学管理;线上讨论评价只考查数量,未将讨论质量纳入总体评价;平台未能提供学生视频学习时长等数据。如此种种,反映了国内MOOC平台的运营模式、管理水平等尚有较大提升空间。依据国家计划,到2020年我国将建设两个"一万门"精品课程(吴岩,2018)。我们希望各MOOC平台的建设者可以取长补短,提高MOOC平台的管理水平,把MOOC平台建设得更好。广大教师也应当积极参与到MOOC制作当中来,为广大学习者提供更多、更优质的学习资源。

(二)教师信息素养有待提高

SPOC混合式教学对教师的信息素养提出了更高的要求。教师不仅要学会熟练操作MOOC平台的后台管理、维护工作,还要掌握课程资源的建设方法,懂得如何剪辑、制作课程视频,编辑、整理教学资源,根据课程及学生的特点对MOOC资源进行补充,并及时更新。目前国内常见的MOOC平台多达20家,各家的系统不尽相同,差异较大,能熟练应用各家平台系统的教师较少,以至于混合式教学无法高效高质地进行。教师应当顺应信息技术发展的趋势,尽可能地参与各种混合式教学培训,熟练掌握各种多媒体教学及制作方法,提高信息化教学水平,实现信息技术与外语课堂的高度融合。

(三)学生自主学习能力尚有欠缺

学生在MOOC平台上的学习拥有较大的自由,在一定程度上可以按自己的节奏学习,同时学生在线上的学习踪迹以数据的方式被记录、被分析,有利于教师对学生学习过程的监督与评价。但部分学生长期习惯于被动学习,自主学习的能力不强,缺乏自我管理、自我约束的能力,无法按时完成线上学习或者利用MOOC平台的漏洞应付学习(如利用互联网抄袭测试题答案、刷视频时长)等。如何增强学生学习的自主性?如何完善评价系统,纠正学生在线上学习过程中的不良行为?这些是我们教师和MOOC平台要合力解决的问题。

参考文献

康叶钦,2014.在线教育的"后MOOC时代"——SPOC解析[J].清华大学教育研究,35(1):85-93.

王济军,2018.基于SPOC的翻转课堂教学模式及其效果研究——以"摄影基础"为例[J].现代远距离教育(1):44-49.

吴岩,2018.建好用好学好国家精品在线开放课程 努力写好高等教育"奋进之笔"[J].中国大学教学(1):7-9

张雷,王军,2019.慕课平台之国家精品在线开放课程数据分析[J].数字教育(5):36-41.

"学术英语"线上线下混合式教学改革研究

高春梅①

一、引言

"学术英语"是浙江工商大学为英语水平达到一般要求的非英语专业学生开设的专门用途英语(ESP)系列课程之一,是必修课程。

一直以来,"学术英语"课程采用传统的课堂授课方式。课程教学过程中教师、学生遇到了不少困惑和问题:学生认为课堂教学挑战度不够,缺乏学习主动性。传统课堂教学互动少,学生对课堂活动配合度较低。而教师教学内容多,教学任务繁重,课时不足,导致教师疲于完成各项教学任务,难以做到及时反馈。如何在有限的时间内提高教学效率,调动学生学习的主动性成为教师面临的一大难题。

混合式教学模式将在线教学和传统课堂教学的优势结合起来,是一种"线上+线下"的教学模式。通过两种教学形式的有机融合,结合具体的教学对象和目标,明确教学目标和途径,制订各项教学元素都得到科学合理优化的教学方案。混合式教学模式中,学生是具有自主能动性的学习主体,通过尊重学生个性化的发展,有针对性的培养,使学生能够有效地获得知识和技能。混合式教学模式通过充分实现学习环境的混合、学习资源的混合、学习方式的混合,从而实现有效的教学。

---

① 高春梅,硕士,浙江工商大学外国语学院讲师,研究方向为英语教育。

二、教学目标的设定

参加此次"学术英语"混合式教学的学生为浙江工商大学财务与会计专业6个班级的学生,共279人,其中女生214人,男生65人。与同年级学生相比,6个班级学生整体英语水平高,学习积极性、主动性强。基于学生的具体情况,作为大学英语后续课程,"学术英语"课程的目标是以专业学科为基础,以提高英语学术能力和专业英语应用能力为核心,将与学生所学专业相结合的学术英语系统化地提供给学生。与此同时,通过混合式教学的不断引导、回溯、互动和激励,激发学生通过阅读、分析、理解、口语、翻译、听力、案例研究报告等逐步掌握学术英语,获得用英语从事本专业工作、学术研究的能力,提高学生的学习兴趣,帮助学生构建知识体系,培养学生自主学习、探索和思辨的能力。

结合课程的性质,教师设定了以下教学目标:

(1)采取线上线下混合模式开展"学术英语"课程教学。充分发挥线上和线下两种模式的优点,使学生通过阅读、分析、理解、口语、听力、课堂小组报告等逐步掌握学术英语,培养学生获得用英语从事本专业工作、学术研究的能力。

(2)在基本语言技能培养的同时,采用任务教学法和项目教学法(project-based pedagogy)引导学生以小组为单位,完成学术专题汇报;搜集与主题相关的资料,理解、整理并发表自己的观点及小组对学术话题的看法。过程中启发学生思考如何搜集资料,小组内部如何分工合作完成汇报,汇报中如何做到思路清晰、观点明确、表达流畅。

三、教学案例描述

(一)课程准备

为了"学术英语"课程线上线下混合式教学模式改革的顺利进行,课程组开课前完成在中国大学慕课(MOOC)平台上的SPOC课程建设。异步

SPOC课程建设中教师可以选择优秀的中国大学慕课课程作为SPOC课程的补充资源。同时教师根据所授课程的教学目标以及学生的特点自主建设课程内容。本课程混合式教学模式正是将MOOC、SPOC以及传统课堂授课的优势结合起来,帮助教师和学习者充分利用在线资源,创建有指导、有反馈、互动多、效率高的小型线上线下混合的教学和学习模式。

同时,"学术英语"课程混合式教学改革从最初的设计、课程SPOC平台建设到教学的具体实施都以成果导向教育为指导理念,基于学生需求,确定教学目标,反向设计课程内容,并通过教师团队的协作建设,充分整合线上线下资源,为学生提供多层次、全方位的学习资源和机会,实现个性化学习,从而调动学生学习的积极性,实现教学目标。

(二)任务进行

1. 明确教学目标,反向设计课程内容

参加浙江工商大学"学术英语"课程的学生在完成"大学英语"课程的学习任务,参加大学英语六级考试之后,进入本课程的学习。因此,"学术英语"的教学目标设定为提高学生在学术英语语境中的学术阅读、学术听力、学术写作和学术口语的能力,以及批判性思维能力和创新思维能力,同时能够运用学术英语知识获取与本专业相关的前沿信息,掌握专业词汇,熟练专业语言的运用,为学生日后从事本专业相关工作打下坚实的语言基础和业务基础。在此目标指导下,课程组从学术阅读、学术听力、学术写作和学术口语四方面的语言技能着手设计教学内容和活动。

1)线上线下课时比例

本课程共32个学时,计划课堂教学22个课时,线上自主学习10个课时。

2)课堂教学组织形式

该课程课堂教学的组织形式丰富多样,以期充分调动学生的学习积极性、能动性以及自主学习能力。具体的形式有:

(1)教师课堂集体讲授。

教师在课堂上的主要任务有讲解知识难点,及时反馈、评价学生线上自主学习情况,关注学生学习中出现的问题并帮助学生解决问题,督促学生保质保量完成线上学习。

(2)学生小组协作学习。

除了教师的课堂授课,本课程中教师将学生分成小组,组成学习共同体,开展小组协作学习,共同完成指定项目。通过这一形式,学生之间互相鼓励、帮助,充分发挥各自优势,以达到共同进步的目标。

(3)个别教学。

线上线下混合式教学模式更有可能让教师在学生课前课后的线上自主学习中发现学生对知识点的掌握程度。对于个别基础相对薄弱的学生,教师可以在课堂授课过程中对他们进行单独指导。

3)教学流程

本课程计划完成5个单元的5个专题的学习。基本教学流程为:布置学习任务→课前自主线上学习→线下课堂知识内化＋教师反馈评价＋小组项目→线上课后检测。

教师布置学习任务后,学生可在线学习视频、音频材料了解专题背景;在线完成预习检测练习,准备小组讨论活动。同时教师在课堂授课之前跟踪学生的预习情况,收集学生遇到的问题,并调整课堂授课的相关内容。

课堂授课过程中教师需完成教学引导、实时指导、归纳总结、考核评价等一系列任务。学生可通过小组讨论、拓展训练、知识竞赛等方式实现知识内化,解决课前预习中遇到的困难和问题。课后检测主要在线上完成,学生通过测试发现学习中的薄弱点,有针对性地进行练习和复习。教师可跟踪班级整体掌握情况,为下一步教学提供依据。

2. 整合线上线下资源,量身定制学习资料

混合式教学模式下,"学术英语"课程将优秀的线上学习资源和线下教师面授活动有机融合。

1)线上资源

本课程的异步SPOC平台引用了国家精品课程——南京大学的"大学英语学术阅读"。通过此课程,学生能全面系统地了解学术阅读的基本理

论知识,同时能运用理论知识完成配套练习。此外,课程组教师针对教材制作了短小精悍的慕课专题视频,搜集了大量难度适中的学术听力、学术口语、学术写作材料,供学生根据自身能力和需求选择学习。

2)线下活动

在教师指导下的线上SPOC平台学习基础上,本课程线下的课堂教学设计了课堂教师讲解反馈、师生互动、学生互动等丰富的课堂活动。其中学生最为感兴趣的一项是单元主题研究调查项目。这是以小组为单位的协作研究调查和汇报活动。学生在小组协作活动过程中,搜集资料、全方位调研、交流观点;同时在班级汇报过程中,自信大方地展示研究成果和口语能力。这一项活动让学习者在学术层面的听、说、读、写各方面都能得到锻炼和提高。

3. 实时调整教学计划,以学习者为中心

混合式教学模式与传统教学模式最大的区别是混合式教学模式可以做到教学过程中真正以学生为中心。一方面,教师通过学生线上学习的实时数据了解教学效果,以及学生的学习状态。根据重点、难点掌握情况做出教学调整。同时也可发现每个同学的进度差异,及时做出反馈。教师反馈的途径扩大为线上线下两个层面,更好地促进了师生的沟通了解。另一方面,线下教学的小组汇报、讨论以及教师讲授又是另外一个师生双向反馈的空间。在这样多维度、多层次的师生沟通、交流和反馈中,学生作为学习的主体,其在教学中的中心地位得到充分重视。

4. 制订多元化评价方式,还原出立体的学习者

"学术英语"课程混合式教学模式下,对学习者的评价充分体现了多元化的特点。与传统课堂教学相对单一的评价体系不同的是,混合式教学模式下,过程性评价占有更加重要的位置。线上的学习活动为过程性评价提供更多真实的数据支持。例如,SPOC平台上本课程设计了前测、论坛讨论、视频学习、单元作业、单元测试等一系列教学活动,收集学习者的学习数据。这些是传统课堂无法实现的。同时混合式教学模式又保留了传统课堂上的评价方式,如随堂测试、期末测试、师生互动等。这些又是对线上学习数据的补充,让评价过程更加人性化,更加温暖。线上线下

结合的评价方式还原了学习过程中学习者的立体状态,能够更加真实地评价学习者。

(三)期末总结

"学术英语"课程学期任务结束后,教师整理学生过程性和终结性的评价数据,完成对学生全方位的考评,并通过问卷和访谈收集学生整个学期对混合式教学的感受、体会、意见和建议等。教师整理学生的问卷,分析问卷结果。

四、教学反思

(一)总结

"学术英语"课程混合式教学模式教学改革实施过程中,笔者(作为教学改革的设计者和执行者)总结出混合式教学改革需要关注以下几点:

(1)明确教学目标,有的放矢。

教学目标是课程教学的总体方向,一线教师从教学设计到教学实施再到教学评价以及总结过程中都应当将课程教学目标放在重要位置。教师需围绕教学目标,根据学生的实际情况,分析学情,了解学生需求,从而在教学各个环节实现教学目标。

(2)积极建设适合学生需求的在线资源,知己知彼。

线上线下混合式教学过程中,线上的资源建设是非常重要的一部分。适合学生的线上资源不仅能拓展学生的学习范围,而且能帮助学生保持学习的积极性,提高学习参与度。因此,教师在在线教学资源的准备过程中,需要基于学生需求,调动学生积极性。

(3)充分发挥线上线下教学模式各自优势,互补互助。

(4)依靠团队力量共同建设课程,抱团取暖。

教学中各个相关环节已不是一名教师单打独斗可以应付得了的系统工程,应顺应"互联网+"在教学领域的应用和发展。因此,相同课程教师可以组建课程团队,互帮互助才能走得更远,发展得更好。

(5)选择适合教师和学习者的线上线下混合模式,因地制宜。

线上线下混合教学模式是一个大的宽泛的框架。具体到某一门课程,教师应该根据学生的具体情况、教学环境等找到适合学习者的混合教学方式。不能"一刀切",更不能"一窝蜂",要因材施教。

(二)反思

第一,随着"互联网+"时代的到来,单一的传统教学模式已经跟不上新时代学习者进步的脚步,满足不了学习者的需求。这一点反过来促进教师从自身出发,不断提高自我素质,学习新的教学模式,实施教学改革。在此次教学改革过程中,课程组感到由于技术知识的缺乏,在教学设计和实施过程中还存有一些遗憾,因此在今后的教学过程中还需更加努力,不断学习理论和技术知识。

第二,混合式教学模式是线上线下的结合和互助,但实际操作过程中教无定式。教师需结合学习者、学习环境和教学条件等多方信息,做出合理的判断和设计,方能在混合式教学改革中游刃有余,乘风破浪。

参考文献

蔡基刚,2019.学术英语再认识:学术英语或通用英语?[J].西安外国语大学学报(1):7-11.

蔡基刚,2018.中国高校实施专门学术英语教学的学科依据及其意义[J].外语电化与教学(1):14.

季佩英,2017.基于《大学英语教学指南》框架的专门用途英语课程设置[J].外语界(3):16-21.

华尔天,高云,吴向明,2018.构建多元开放式本科教学质量保障体系的研究——基于产出导向教育理念的探索[J].中国高教研究(1):64-68.

李燕,2018.产出导向法在大学英语教学中的应用可行性分析[J].当代教育实践与教学研究(6):116-117.

基于SPOC的线上线下混合式教学设计[*]
——以"考研英语"课程为例

李先玉[①]

一、引言

教育信息化已然成为一种趋势。《教育信息化2.0行动计划》特别强调构建智慧学习支持环境,要"利用智能技术加快推动人才培养模式、教学方法改革,探索泛在、灵活、智能的教育教学新环境建设与应用模式"。在信息技术背景下,线上线下混合式教学应运而生。

浙江工商大学"考研英语"是为非英语专业大二学生开设的通识课程,也是为大四考研同学开设的选修课程。本课程的开设是为了让学生了解并熟悉考研英语考试题型、考试流程、应试技巧等,为高年级同学毕业求职或考研夯实基础。该课程强调学生在打好扎实的英语语言基本功的前提下,提高其考研英语应试能力,同时注重培养学生自主获取知识的能力、独立思考的能力及创新能力,提高其思想道德素质、文化素质及心理素质。

该课程以往主要采用传统课堂授课模式。我们在实施该课程教学过程中发现,通过该课程的学习,学生的英语综合能力确实能得到进一步的提高。但当前传统授课模式及网上考研英语慕课仍然存在如下问题:

* 基金项目:本文系2019浙江工商大学校级线上线下混合式教学改革项目"高级英语(考研)"(编号:1070XJ2919141)、浙江省高等教育"十三五"第一批教学改革研究项目"讲好中国故事 践行立德树人——大学英语课程思政教育教学改革实践"(编号:JG20180125)的阶段性成果。

① 李先玉,硕士,浙江工商大学外国语学院讲师,研究方向为英语教学、翻译理论与实践。

(1)仅仅依靠传统的课堂授课形式不能很好地解决课程内容多而难、授课时数少的问题。学生课下自学能力尚存在欠缺,到大四还不能很好地应对考研。

(2)由于班级人数多,课堂顾及面有限,课外学习监督困难,学习效果提升受限。

(3)网上考研资料铺天盖地,鱼龙混杂,学生要找到优质高效的学习资源费时、费力、费钱,学习效果不明显。

鉴于此,我们课程组认为,引进与打造该课程的线上线下混合式教学课程势在必行。

二、教学目标与设计理念

该课程强调学生在打好扎实的英语语言基本功的前提下,提高其考研英语应试能力,同时注重培养学生获取知识的能力、独立思考的能力和创新能力,提高学生思想道德素质、文化素质和心理素质,与当前国际上流行的通识教育基本理念保持一致。

(一)将线上与线下教学深度融合,解决传统授课方式中出现的问题与困难

(1)该课程内容多且难,授课时数少,将基础内容放到线上让学生自学,通过测试和任务打卡方式进行实时反馈,线下课堂教学可以集中解决重点、难点。

(2)通过题库测试、定时定点任务、打卡模式及练习中产生的问题,同学们可以在网上讨论区讨论,或在线和老师沟通,可解决班级人数多、大班授课、课外学习监督困难等问题。

(3)课程组通力协作,分块分工,将优质高效的考研学习资料进行筛选、精加工,进行短而精的视频讲解,可节省学生网上搜集资料的时间,提高学习效率。

(4)将线上与线下教学深度融合,能促使学生不断提升泛在自主学习能

力、终身学习能力,实现学习的可持续性,实现真正意义上的"赋能"教育。

(5)当前网络资源泛滥,但大多由辅导机构开发、提供,价格昂贵,给学生平添了较重的经济负担。我们课程团队不仅创新授课形式,而且通过引进与自建考研慕课惠及学生,减轻其经济负担,助其更轻松地迈上考研之路。

(二)将线上与线下教学深度融合,实现学生综合语言能力与跨文化交际能力方面的预期效果

通过本课程线上线下混合式教学模式的实施,学生的英语语言综合能力得到进一步提高:学生对英语词汇的使用更加娴熟、地道,能用英语进行得体的交流,能运用所学较连贯、自如地发表自己的见解;能较好地掌握句子、段落和语篇之间的衔接手段,如照应、省略、替代等,并能熟练地使用这些手段,连贯地表达思想;通过课堂教学和其他途径,能正确而熟练地使用5500个单词及其常用的搭配;能在10分钟内速读1600个单词左右的文章,掌握其主旨和大意,理解事实和细节;能独立使用各类工具书和参考书,并有效地通过计算机网络查阅资料,获取知识、信息,独立解决语言问题和部分知识方面的疑难问题。

三、线上线下混合式教学设计

关于"考研英语"课程的线上线下混合式教学设计如图1所示。

(一)线上教学

(1)线上让学生带着问题学习课件、资料、专题讲解视频,从而掌握基础性知识。

(2)通过线上题库与测验及话题讨论,从宏观上找出学生学习中的难点与不足。

(3)通过设置作业任务的方法,要求学生在规定时间内完成相关教学模块的练习。

（4）练习中产生的问题,学生可以在讨论区相互讨论,同时通过班级群在线和老师进行沟通。

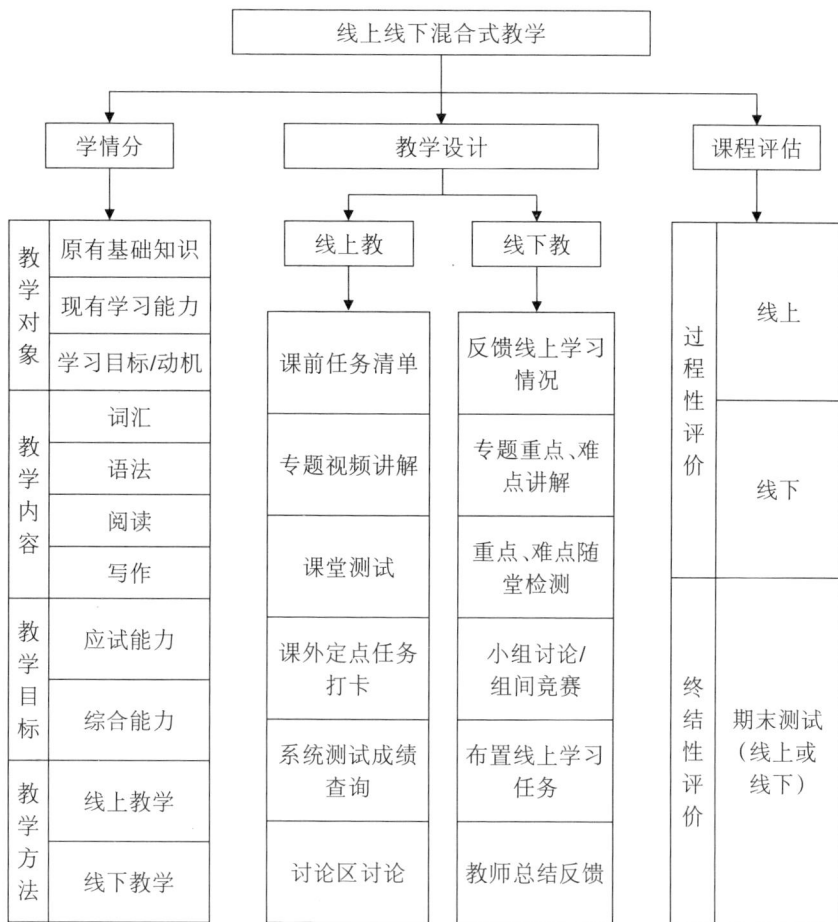

教学对象	原有基础知识					
	现有学习能力					
	学习目标/动机					
教学内容	词汇					
	语法					
	阅读					
	写作					
教学目标	应试能力					
	综合能力					
教学方法	线上教学					
	线下教学					

图1　线上线下混合式教学设计

（二）线下教学

1. 课堂集中讲授(师生互动)

（1）课堂集中讲授重点与难点,保证重点、难点知识在课堂得到解决。

（2）反馈线上学习情况,对线上学习中出现的问题进行现场解决。

（3）重点、难点随堂检测,弥补线上测试之不足。

（4）布置线上自主学习任务。

2. 小组讨论、协作与监督（生生互动）

通过小组间比赛、小组内协助与监督，让学生动起来，让课堂活起来。

教师将自己准备的练习材料，在课堂上发放，利用"纸质材料＋手机"的方式，模拟考研考场，控制时间，利用手机，让学生在课堂进行练习，当场产生结果数据，教师根据学生答题情况进行讲解。

（三）课程评估

过程性评价与终结性评价相结合的评价体系。注重学生的课程学习过程，注重整体表现。该课程着重考查学生对所学英语知识的掌握情况和语言的实际运用能力。

评价内容包括：课前测试、课后测试、考研英语词汇测试、视频学习情况与效果、讨论区讨论发言情况、平时作业完成情况及期末测试。总分为100分，评分结构如表1所示。

表1　成绩评分表

成绩分类		细分内容	百分比
平时成绩（50%）	线上部分（30%）	（1）专题模块课前测	25%
		（2）专题模块课后测	
		（3）考研英语词汇测试	
		（4）视频观看个数、次数、时长以及学习内容互动	5%
		（5）讨论区讨论发言情况	
	线下部分（20%）	（6）平时作业	15%
		（7）考勤	5%
期末（50%）		（8）期末线上测试或线下闭卷测试	50%

四、学生评价

学生评价1：这学期的"考研英语"课程采取了线上线下混合式教学模式，以线上为主，但课程依旧很有趣且很有意义。通过一学期的学习，我学会了很多考研英语的小技巧，做题更有效率；也学到了很多有趣的词汇，掌握了词根学习法的一些小技巧；也背了很多新的单词，扩充了词汇量。总而言之，这学期的学习是十分有意义的，收获很多，感谢老师的教诲！

学生评价2：从考研英语这一课程当中了解到很多和英语考研相关的信息，也学习到许多英语知识以及学习方法，对备考有了一定的方向。除此之外，老师提供的习题和方法讲解对我的帮助很大，免去了很多阻碍，节省了不必要的弯路，谢谢老师。

学生评价3：经过一个学期对"考研英语"这门课程的学习，我印象最深刻的是线上课程学习以及老师在学习群里分享的一些"干货"，因为考研英语的难度可能比较大，所以对于单词的掌握是必不可少的。刚开始做老师发布的习题，每次都错很多，随着这门课程学习的深入，渐渐地正确率也提高了很多，除此之外，对于考研英语的各种题型以及考研英语整体有了全新的认识。

学生评价4：在考研英语课程教学中，老师详细讲解了考研英语各类题型以及解题方法和思路，提高了解题的速度和正确率；对每周记忆的单词进行测试，检验单词背诵情况，使我们记忆的单词更加牢固。老师在讲解题目时非常细致，讲解很清楚，我在本次课程中学到了很多有用的知识。

学生评价5：在学习考研英语的过程中，我真真切切地收获了很多。首先，我了解了考研英语的题型及题型占比。其次，我学到了很多做题的技巧。不论是完形填空、阅读题，还是新题型，我都大致掌握了解题步骤和解题方法；对自己的英语水平也有了大致的了解，可以较好地分配各类题型的解题时间。最后，在学习考研英语的过程中，我了解到背诵单词、阅读英文期刊和掌握解题技巧的重要性,不应一味地死记硬背。这门课上下来,我收获满满,十分感谢老师的辛勤付出和教导!

五、结论

线上线下混合式教学与以往教学模式与方法相比较,体现了如下优势与问题。

(1)优势:实现了把课堂还给学生,让学生动起来的教学目标。以学生完成各项任务为主,老师讲解为辅,老师能够实时监控所有同学的任务完成情况,实现真正意义上的课堂翻转。对于四五十人的大班授课,线下课堂上老师很难顾及每一个学生,但在线上课堂可以实现。学生的自主学习能力有很大的突破,实现了真正意义上的"赋能",自主学习能力对于学生以后的工作和生活会有长远的积极的影响。

(2)问题:个别自主自觉性相对差一点的同学还是存在应付了事的情况,但至少会完成相关任务,这也是一个学习的过程。这种问题在线下课堂也是存在的。

从线上回归线下和学生面对面教学时发现,部分线上比较活跃的同学线下反而没有那么活跃了,还有学生的现场反应能力及表达能力也不如线上。对于此类问题,教师只能耐心引导。

总之,线上线下混合式教学利大于弊,让学生动起来,培养学生的自主学习能力和批判性思维能力,实现真正意义上的"赋能"教育远比解决几个知识点重要,线上线下混合式教学模式应该继续推广下去。

参考文献

冯智文,2020.中国外语金课的内涵及其建设方略[J].外语教学,41(2):59-63.

教育部考试中心,2015.2016年全国硕士研究生招生考试英语(一)考试大纲[M].北京:高等教育出版社.

教育部,2018.教育部关于印发《教育信息化2.0行动计划》的通知[R].2018-04-13.

王萍,2019.线上线下混合式教学模式在大学英语教学中的应用研究[J].科技视界(27):127-128.

王奕凯,刘兵,2019.研究生学术英语线上线下混合教学实践研究[J].外语与外语教学(5):10-19,147.

魏雪春,2019.线上线下"混合式"教学模式在大学英语翻转课堂中的应用[J].传播力研究,3(34):256.

吴颖,2018."互联网+"背景下大学英语教学的现状及创新改革路径[J].教育理论与实践,38(24):57-58.

杨珊珊,孙萌,2019.基于MOOC的大学英语"线上线下"混合式教学模式研究[J].桂林师范高等专科学校学报,33(6):115-119.

配价论与线上线下大学英语句法教学设计

高　军①

一、引言

大学英语学习中,语法是综合语言能力培养中必不可少的教学环节之一。语法教学一般涵盖词法和句法教学,前者涉及最小的表意语法单位——词素是如何构词的,后者则涉及词组和小句等语言单位是如何组句的。掌握语法知识有助于提高学生的语言输入和输出能力,如精确理解复杂句型和写出正确的英语句子。然而,在现阶段大学英语的教学中,我们发现学生的句型理解能力,特别是表达能力不是很理想,如缺少语体意识,"基本上是把要说的东西写下来"(桂诗春,2005);只关注词汇字面意思(魏林,2010)或相应的汉语对应词,对词义系统的认知不够,有时候"词不达意"(桂诗春,2005);不重视动词的语义和句法结构,句法错误较多(桂诗春,2005;魏林,2010)。因此,大学英语课程中如何穿插句法知识的讲解尤为重要,特别是利用好现有的网络平台资源,线上线下结合,加固语法知识。

前人对大学英语课堂中句法教学的研究主要从理论、方法和教学平台等方面展开,如陈丽云(2016)和郑曦汇(2014)分别讨论了如何将乔姆斯基的转换生成语法和普遍语法理论应用于大学英语句法教学中,焦丽(2013)借用认知语言学中的相似性原则来帮助学生理解和掌握句法知识,周殿军(2017)通过实证研究比较了显性教学法和隐性教学法对句法习得的影响,周丽(2015)探讨了在线写作平台对大学生写作句法能力的

---

① 高军,博士,浙江工商大学外国语学院副教授,研究方向为词典学、语言学。

作用。本文将基于配价论框架,通过线上和线下结合的形式,探讨大学英语句法教学。

二、配价框架

配价这一概念借自化学,就像原子能够结合其他若干数量的原子而形成更大的单位,语词也可以吸引其他若干数量的语词来组成更大的语言单位。现代配价理论奠基人、法国语言学家泰尼埃(Lucien Tesnière, 1959)将动词看作一个"带钩的原子",从而吸引一定数量的行动元(actants)作为其从属词(dépendance)。简单来说,配价可大致定义为"语词结合其他语词的能力"(Herbst et al., 2004)。德国学者系统地发展了配价论,该配价框架如表1所示(Gao & Liu, 2019;韩万衡, 1993, 1997)。

表 1　配价框架

名　称	内　容
逻辑—语义配价	价量:头词所指派给补足语的整组语义角色,语义角色的数量对应补足语的数量或价量
句法配价	价的句法形式(或配价模式):逻辑—语义价的句法实现
语义—语用配价	价质:语义属性(±human, ±adult)、语体(literary, explanatory)、语域(written, spoken)、感情色彩(derogatory, commendatory, neutral)等其他语境因素

配价框架包含三个维度:逻辑—语义配价、句法配价、语义—语用配价。逻辑—语义配价指的是头词指派给补足语的一组语义角色,这些语义角色映射了不同事物或实体之间的关系,如动词give映射了"给予者""给予物""被给予者"之间的关系(Bondzio, 1976, 1977, 1978)。句法配价指的是逻辑—语义价的句法实现(Helbig, 1992)。然而,根据逻辑—语义配价和句法配价规则所生成的句子有时并不能确保语义和语用层面的合规性,还需考虑其他语境因素,如语义属性(±human, ±adult)、文体类型(literary, explanatory)、语域(written, spoken)、感情色彩(derogatory, commendatory，neutral）等。Rŭzička（1978）指出补足语的选取，主要是可有补足语（optional complements）的选取，取决于交际语境。因此，语义—语用配价整合了这些语境因素来确保产出合乎语义和语用规则的句子。

配价框架中有两个相关概念，即补足语（complement）和说明语（adjunct）。虽然这两者都是句子成分，但它们承担了不同的结构角色。Helbig and Schenkel（1969）区分了补足语和说明语的性质特点：

obligatory elements —— obligatory complements —— structural elements

optional elements ┬ optional complements ┐
                  └ adjuncts   ┘ —— non-structural elements

必有补足语和可有补足语可以通过删除法（eliminierungstest）来区分。（Helbig and Schenkel，1969）例如，句子"He gives me a smile"中，如果逐一删除所有补足语，下列句子中只有 b 句是正确的：

a. _____ gives me a smile.

b. He gives _____ a smile.

c. He gives me _____.

因此，可以得出 he 与 a smile 是必有补足语，me 是可有补足语。

Schumacher（1986）采用包容法（implikaziondprobe）来辨别可有补足语和说明语。这一方法基于逻辑—语义配价论，并提供了一份完整的语义成分清单。虽然在某一特定语境中，不是所有的语义成分都出现在句子中，但它们被支配词或头词所包含或预设。例如，bring（带来）包含三个语义成分：somebody brings something to somebody else。对于句子"He brought a dictionary to me three days ago."，逐一删除所有句法成分，下列句子中只有 c 句和 d 句是正确的：

a. _____ brought a dictionary to me three days ago.

b. He brought _____ to me three days ago.

c. He brought a dictionary _____ three days ago.

d. He brought a dictionary to me _____.

其中，c 句的 to me 是支配词 bring 所预设的语义成分，而 three days ago 则不是。因此，to me 为可有补足语，three days ago 为说明语。

　　由此可以看出,配价论以动词为中心,研究与其搭配的各个配价槽位
(valency slot)成分的语义角色和语义属性,该配价模式(valency pattern)
进而构成特定的句式。由此形成的句子符合句法、语义、语用等限制条
件,适用于大学英语课程中的句法教学。下面将以此为理论基础,结合线
上线下教学平台,探讨将配价框架知识应用于大学英语句法教学的模式。

三、配价框架与线上线下句法教学设计

　　本部分结合线上线下平台,进行大学英语句法教学设计。在线下课
堂,首先需要以浅显易懂的方式教授有关配价的基础理论知识。可以以
泰尼埃"带钩的原子"作比喻,或通过"化合价"来介绍句法核心成分——
动词的本质特性。一般情况下,句子中动词是支配词(头词、中心词),被
支配词有许多名称,如行动元、论元、价元、价语、补足语或从属词。本文
采用"补足语"这一语法术语,与之相区别的是"说明语"。广义配价论也
将其他词类视作中心词,如名词、形容词等;相应地,配价可以定义为"某
一词类中的词在自己周围劈开一个或几个空位,这些空位必须由其他类
型的词来填补"(刘海涛,2009)。

　　"价"有"量"和"质"的区别。价量指的是中心词可支配的补足语的数
量。因补足语有各自的语义角色,如施事、受事、与事,价量也可理解为可
支配的语义角色的数量。如上述提及的give价量为3,属于三价动词。这
与传统句法教学中分析句子成分时抓句子主干类似,即以动词为中心,找
出其所支配的补足语成分。这对学生句子分析理解能力的提高有所帮
助,也有助于构建正确的句子结构。

　　价质指的是表1中支配词的语义—语用属性。句法概念并不囿于横
向的线性组合关系(syntagmatic relationship),还应涵盖纵向的聚合关系
(paradigmatic relationship)。聚合关系也可以看作意义选择,而意义选择
则取决于语境因素。如cause一词常与消极意义的语词搭配,如damage、
disease、trouble、anxiety等。

　　这里再以名词ability为例来帮助学生更好地了解配价知识。桂诗春

（2005）通过中国学习者英语语料库（CLEC）发现，中国英语学习者"功能词掌握得不全面"。Gao & Liu（2019）也通过 CLEC 发现，中国学生写作中偏爱使用"名词＋of"结构，如 "ability of..."结构，忽略了特定的 "ability + for N (a particular task)"与 "ability + at N (a particular skill)"结构。这些区别性信息都可以在学习者词典中找到，如《牛津高阶英汉双解词典（第9版）》和《朗文当代高级英语辞典》（第6版）。因此，在线下教学时，要提醒学生注意特定语境下句中关键词的语义—语用特征，可以通过词典或语料库来解决问题，提高输出的准确性。

关于线上平台（如超星学习通）的应用，教师可以上传一些相应单元课文的关键词配价信息，帮助学生全面、有效地掌握词汇用法，以便今后更好地理解和产出。教师可以通过《英语配价词典》（Herbst et al., 2004）或语料库来总结关键词的配价信息，并予以配例。经过一段时间（如半个学期）的学习后，可以安排写作练习，以检验线上学习成效。下面以《英语配价词典》中动词 prevent 为例，展示供学生线上自学的配价信息（如表2）：

表2　动词 prevent 配价信息

逻辑—语义配价	句法配价		语义—语用配价
	补足语	配价模式	
零价	Default：Preventing is better than remedying.		—
一价	Act.：#	Default：He prevents and she remedies.	#
	Pass.：#	#	
二价	Act.： [N]$_{A-}$， [V-ing]$_{A-}$， [that-CL]$_{A-}$， [to-INF]$_{A-}$， _[N]	+ N$_P$	E.g.："[police]+ ~ +[crime]，[aspirin]+ ~ +[heart attacks]，[lotion or cream]+ ~ +[sunburn]，[instructions for use]+ ~ +[damage]，[... community]+ ~ +[emergence of...]"

续 表

逻辑—语义配价	句法配价		语义—语用配价
	补足语	配价模式	
二价	*Pass.*: [N]$_{P-}$, _[by N]	#	#
三价	*Act.*: [N]$_{A-}$, [V-ing]$_{A-}$, [that-CL]$_{A-}$, [to-INF]$_{A-}$, _[N], _[V-ing], _[from N/V-ing]	+ N + V-ing	E.g.: "[that-CL]+ ~ +[soil]+[becoming soggy], [storm-force wind] + ~ + [me] + [walking], [to-INF]+ ~ +[drivers]+[going over sixty miles an hour], [plastic lining] + ~ + [alkaline water] + [seeping into...]"
		+ N$_P$ + from V-ing / + N$_P$ + from N (rare)	E.g.: "[to-INF]+ ~ +[a whitish film]+ [from forming on the surface], [industry] + ~ +[accidents] +[from happing], [to-INF] + ~ + [children] + [from reaching them], [that-CL] + ~ + [11 ponies] + [from reaching the third round], [heroine] + ~ +[us]+[from certain knowledge]"
	Pass.: [N]$_{P-}$, _[by N], _[from N/V-ing]	N$_P$ + be ~ed + by N$_P$ + from V-ing	E.g.: "[Mr Kuria]+ be ~ed +[by ... government]+[from receiving...]" Note: The pattern with from is more likely to be used to refer to persons and must be used when prevent is passive.

注:
(1)"*Act.*":主动语态。"*Pass.*":被动语态。
(2)"—":不存在。"#":存在但没有示例。"Default":缺省例。
(3)"[N]$_{A-}$":出现在动词前的补足语,可以作为主动句的主语。
(4)"[N]$_{P-}$":出现在动词前的补足语,可以作为被动句的主语。
(5)"_[V-ing]":出现在动词前的补足语。
(6)"E.g.""...":从《英语配价词典》例子中简化的语义—语用信息。
(7)"Note":从《英语配价词典》中的"note block"中简化的语义—语用信息。

四、结语

　　本文以配价论为视角,重新审视传统句法中各个成分在句中的角色或作用,结合线上线下教学模式(线下课堂教学主要传授与配价语法相关的知识,线上提供相应教学单元的关键词的配价信息),以期帮助学生在大学英语学习阶段提升语言理解和输出能力。配价框架所展现的词类句法、语义和语用信息能帮助学生全面、系统地了解句中各个成分。最重要的是,能帮助学生规避基本的句法错误,写出语法正确、语义—语用得体的句子。

参考文献

陈丽云,2016.表层结构和深层结构理论在英语句法教学中的可用性[J].语文学刊(5):123-124.

桂诗春,2003.中国学习者英语言语失误分析[G]//杨惠中,桂诗春,杨达复.基于CLEC语料库的中国学习者英语分析.上海:上海外语教育出版社:1-109.

韩万衡,1993.配价论的基本概念与研究方法[J].天津外国语学院学报(创刊号):22-32.

韩万衡,1997.德国配价论的主要学派在基本问题上的观点和分歧[J].国外语言学(3):12-20,31.

焦丽,2013.象似性原则在英语句法教学中的应用[J].安徽工业大学学报(社会科学版),20(2):101-102.

刘海涛,2009.依存语法的理论与实践[M].北京:科学出版社.

魏林,2010.语义知识和文体知识同大学英语写作能力的正相关解读[J].福建教育学院学报(4):95-99.

郑曦汇,2014.乔姆斯基的句法理论对当代CLT背景下外语语法教学的启示[J].内蒙古师范大学学报(教育科学版),27(9):125-127.

周殿军,2017.显性和隐性教学法对英语句法磨蚀研究[J].黑龙江工业学院学报,17(11):126-129.

周丽,2017.英语在线写作平台对大学生写作句法能力的影响[J].外语电化教学,165(9):26-29.

BONDZIO W，1976. Abriβ der semantischen valenztheorie als grundlage der syntax[M]. Zeischrift fur Phonetik：Sprachwissenschaft und Kommunikationsforschung.

GAO J，LIU H T，2019. Valency and English learners'thesauri[J]. International journal of lexicography，32（3）：326-361.

HELBIG G，1992. Probleme der valenz-und kasutheorie[M]. Tübingen：Niemeyer.

HELBIG G，SCHENKEL W，1969. Wörterbuch zur valenz und distribution deutscher verben[M]. Leipzig：VEB Bibliographisches Institut.

HERBST T，HEATH D，ROE I F，et al.，2004. A valency dictionary of English：a corpus-based analysis of the complementation patterns of English verbs，nouns and adjectives[M]. Berlin/New York：Mouton de Gruyter.

RŮZIČKA R，1978.Three aspects of valence[G]//ABRAHAM W.Valence，semantic case and grammatical relations. Amsterdam：John Benjamins Publishing Company：47-54.

SCHUMACHER H，1986. Verben in feldern，valenzwörterbuch zur syntax and semantik deutscher verben[G]. Berlin：Walter de Gruyter.

TESNIÈRE L，1959. Eléments de syntaxe structurale[M]. Paris：Klincksieck，1959.

重现及超越：线上教学课堂讨论的实现与启发

阙蕊鑫[①]

一、前言

随着网络技术的发展和教育平台及软件的更新，线上教学日渐成熟。又因其与传统线下教学结合带来的无限可能，线上教学将在教育界扮演更重要的角色。但线上教学也有自己的短板。以MOOC为例，"几乎没有师生互动"（康叶钦，2014）显然是其不足之一。在《MOOC热背后的冷思考》中，作者指出："正像著名的教育技术和远程教育学者 Bates 所指出的那样：实际上到目前为止，MOOC采用的是一种'依赖于信息传递、计算机对作业评分和同伴评价的非常古老的、过时的行为主义教学法'……MOOC只是一个大型在线演讲厅，是一种无效的学习模式。"（汪基德等，2014）在尝试线上教学之前，笔者有着同样的担忧与顾虑，唯恐采取线上教学后，又退回到教师一言堂的模式。如何降低线上教学"无意地鼓励学生采用'银行储蓄教育模式'（The Banking Model of Education）的风险"，在线上重现以学生为中心的课堂，让学生依然有极高的参与度，成了亟待解决的问题。（Howard，2015）

以英语专业"英美文学"课程为例，课堂讨论是学生参与的主要环节。学生可以发表观点，交换意见，积极主动地参与作家作品的阐释与意义建构，这是文学学习的理想方式。尝试在线上教学中重现课堂讨论有利于弱化在线教学的上述短板。这在实现英语专业课程网络化的同时，又不失文学课的魅力。本文以教师叙事研究方式，记录"英美文学"课程教学

实现线上讨论的探索和尝试,并总结此次教学实践。令人欣慰的是,线上教学不仅可以重现课堂讨论,而且可以超越传统线下课堂的讨论模式,取得更好的效果。

二、实现

(一)线上教学方式的选择

1. 线上授课方式的选择

鉴于"英美文学"是面向英语专业高年级学生的必修课,学生相对固定、学力相似,故此次选择了小规模限制性在线课程SPOC形式。SPOC依托学生熟悉的在线教学平台,以文字资料、录播微课、其他在线资源及平台所提供的多样活动为主要呈现方式。对于教师来说,有别于MOOC,教师在这一形式中有更多创新教学模式的空间。"课前,教师是课程自愿的学习者和整合者……课堂上,教师是指导者和促进者。"(康叶钦,2014)自始至终,教师都能根据课程需要,转变身份来提高教学效果。对于学生来说,因课程规模小,同学间熟悉度高,所以参加课程活动进行交流讨论相对容易。

2. 课堂讨论平台的选择

配合在线教学方式,还需选择适当的课堂讨论平台。从原则上讲,"教学支撑环境所需的移动应用软件选型遵循商用现货(commercial-off-the-shelf,COTS)原则,选用成熟、稳定的移动新媒体应用服务平台,赋予其教育内涵,以承担在线教学职能"(周云,2016)。经过多方对比,并征得学生意见,最后选择QQ群聊方式进行同步线上讨论(synchronous online discussion)。与视频会议、连麦、语音留言等新潮方式相比,文字输入速度较慢,看起来不像是首选的讨论平台。但是,作为线上讨论平台,QQ群具有很多优势:(1)文字聊天对网络要求低,几乎没有延迟问题;(2)允许多人同时发言,容易营造讨论氛围;(3)打字的时候,也可以思考问题、组织答案;(4)方便回顾、引用、评论他人发言;(5)学生无须抛头露面,讨论氛围更加轻松;(6)忙于抢答、打字,不会进入放空状态;(7)与非同步讨论相比,讨论即时、集中,效果更好。

(二)线下成熟经验的运用

完成线上授课方式及讨论平台的选择后,首先尝试应用既有的成熟经验。理想的课堂讨论通常具有严谨的规划和结构。讨论前,要设定新的课堂规范,确定讨论在课程中的重要性;讨论时,教师要善于提出问题,并给予引导;讨论后,给予肯定及正面强化,增强学生自信心,保证后期参与度。

1. 塑造讨论环境

在"英美文学"课程中,讨论出现在多个环节中,其中课前热身是塑造讨论环境的最好时机。在该环节,笔者会抛出跟文学或学习有关的话题,帮助学生尽快适应课堂讨论形式,进入讨论状态。比如,如今,越来越少的人读书,包括读文学作品,你认为文学对人类依然重要吗?为什么?在描述这一问题时,教师可以强调如文学也许真的不重要了这样的观点,学生可能会有强烈的说服你的意愿,并列举不同的理由,从而因势利导地完成课前热身。其实,在这个例子背后是行动心理学中"助推"的理念。助推理念因理查德·H.泰勒和卡斯·R.桑斯坦的同名专著得以推广,该理念旨在"不禁止任何选择或显著改变其经济激励的情况下,以可预测的方式改变人们的行为"(Thaler & Sunstein,2008)。只要问题和学生相关或能引起他们的参与欲望,那么学生在课程伊始便会进入讨论状态。明白这个道理后,在课堂上要鼓励大家发表意见。与别人交换观点可以增强自己对问题的理解,这有助于后续讨论的开展。

2. 问好每个问题

在讨论过程中,问题自身的好坏很大程度上决定着讨论的成败。在多年的教学积累中,笔者发现,具有具体、开放、相关、反直觉等特点的问题,有助于提高学生的参与度。第一,不笼统地说我们来聊聊某个作家或作品,而是谈关于作家或作品的具体方面。当问题的答案可以具体到"是/不是"的程度,绝大部分同学都会参与回答。对于复杂的问题,可以拆分成几个问题逐一提出。问题越具体,学生越容易把握,也更便于准备,能尽快给出自己的看法。第二,问题包含多种解答,而不是只有唯一正解。"让学生积极参与的一种安全方法是提出意见问题(opinion questions),即没有错误答案的问题。"(Howard,2015)比如,关于《雪夜林边小驻》,可以问:"是什么诺言让'我'离开树林?"这种提问可以大大增加学生的积极性,增强他们的包容性,以及从多种视角理解文学作品的可能性。第三,如果问题可以跟学生挂钩,那么他们会更愿意思考及回答。比如,在美国有"迷惘的一代"和"垮掉的一代",你们认为自己属于什么样的一代人?第四,一些看似不合常理的反直觉问题更能吸引学生探究答案。比如《白鲸》和《老人与海》两部小说都讲述了主人公征服大鱼的故事,为什么前者被视为恶毒偏执,后者则被认为坚持不懈、永不服输? 一般情况下,这四类问题可以打开学生的话匣子,让学生爱上课堂讨论。

3. 给予正面强化

为了维持良好的课堂讨论效果,肯定与奖励是必不可少的。一方面,教师要正面回复学生的发言,认可答案中有价值的部分,增强学生的自信心,达到内部强化的效果。另一方面,教师可以通过积分奖励等方式鼓励学生参与,即使讨论参与分数只占期末总成绩的一小部分,但在调动学生积极性上,效果也是可见的。一般笔者会记录学生的有效参与次数,而不是评判其每次参与的质量,并鼓励学生大胆地说出答案,不要害怕犯错或犹豫不决。

(三)线上讨论的改良

好的线上课程从来不是线下课程的简单搬运与粗暴移植。应用传统课堂讨论的成功经验后,还要根据线上教学平台的特点,做出适当的调整和改良。对比课堂讨论,利用QQ群在线上进行讨论明显有一些不足,比如学生回答问题受到打字速度的限制;多人同时发言,无法及时浏览所有内容;QQ平台更适合网友聊天;等等。这些问题看似是线上平台的缺点和不足,但笔者惊喜地发现,解决问题的同时,又改善了线上讨论模式。

1. 做好讨论准备

面对打字速度的限制,教师和学生都要提前做好准备。在备受欢迎的课前热身环节,笔者通常在课上抛出问题,学生即兴讨论。但QQ打字浪费时间,于是改为提前布置讨论题目,学生可以准备好谈论内容。实践表明,同学们更喜欢这种方式,因为他们有充足的准备时间,而且讨论时无须组织答案,可以更好地关注他人观点,实现更有效的交流。除此之外,笔者也要应对打字速度慢的问题,提前撰写讨论问题及引导语。虽然课前准备耗时颇多,但问题环环相扣,互为铺垫,增强了线上讨论的效果。

2. 限号发言、抢答并用

通过线下讨论经验的应用和线上特殊背景的适应,课堂讨论很快走上正轨,而且异常热烈,以至于频频出现多人同时发言,无法快速阅读已有答案的新问题。为了解决这个问题,笔者采用限号发言和抢答的方式来控制发言人数。这种做法相当于随机分组,以保证教师和学生可以读完现有发言,并及时给出回复。限号是指定学号范围的同学可以发言,其他同学可以增补或反驳这些同学的观点。抢答则是所有同学均可发言,但只有一定名额的同学可以拿到积分奖励。两种方法并用,不仅没有降低同学们参与讨论的积极性,反而让他们更珍惜发言的机会,更认真聆听他人的观点,对比自己的想法。

3. 网友式交流

因QQ为常用的聊天平台,坐在虚拟聊天室中的学生远没有教室里的拘谨。在期末反思"我的成长"中,有学生这样描述了网友式线上讨论:

> 相较于以往的线下举手发言模式,其实我更喜欢线上的QQ打字发言模式:隔着屏幕,少了一些"礼貌壁垒",好像更能"肆无忌惮"地直抒己见。这学期的线上发言过程中,我尝试着和同学们"互怼",感觉还挺有意思的。相较于线下课堂上一本正经的发言,这样富有生机的课堂讨论更适合我。①

不止一个同学记录了我们的线上讨论氛围以及他们参与的感受。不难看出,网友式交流减轻了线下课堂讨论带来的压力,让学生更轻松地投入其中。

---

① 选自期末个人反思"我的成长",作者为英语专业2017级2班沈士心。

三、启发

线上课堂讨论模式的成功给线上教学带来了不少启发,下面将从线上平台和线上讨论两个方面进行总结。

(一)关于线上平台

首先,选择平台时,避免为了技术而技术,而是要找到最适合教学的技术支撑。技术应该用于改善学习环境(如以学生为中心、以目标为导向、知识丰富且受到社区重视的学习环境的"布朗斯福特模型")或促进主要教学活动(Marshall & Slocombe,2010),不断开发平台的教育潜能,同时赋予平台教学使命。其次,切换平台提供了塑造新环境的可能性。"像所有社交环境一样,大学教室也是经过协商的社交环境。无论有无意识,我们都会与学生协商,从而决定何为教室的本质。"(Howard,2015)教师可以利用切换平台的契机,重新定义课堂,创造更理想的教学环境。

(二)关于线上讨论

1. 活跃性

线上课堂讨论的热烈程度高于传统课堂是一个可喜的消息,究其背后原因,是文字聊天创造了一个更安全的参与环境。虽然学生均已实名,但线上讨论时,发言者不在众目睽睽之下,这种隐匿性对性格内向的学生特别友好,以至于他们也敢于畅所欲言。在个人反思中,多名同学提到自己从不爱发言到积极讨论的转变。比如:

> 我其实是一个不怎么发言的人,除了怕答错,回答问题的时候我会非常非常紧张,紧张到声音发抖,显然这种打字方式很好。①

---

① 选自期末个人反思"我的成长",作者为英语专业 2017 级 2 班阳维。

　　另外，线上课堂给我带来了全新的体验。年龄一点点增长……课堂上的我越来越怯于表达自己，特别是那些不一样的思想更是会被我埋在心底。但这次网课让小小的屏幕像一个保护壳，给予了我更多发言的信心，这学期的我变得更敢于回答问题。[①]

从单次课学生发言排行榜的数据也可以看出线上讨论的热闹程度，高居榜首的同学发言有18次，发言在5—8次的比比皆是，这远远高于学生在线下课堂的发言次数。

2. 普遍性

平日性格内向的同学也加入进来，让课堂讨论更具普遍性。在传统课堂中，经常会出现主要发言者(the dominant talker)问题。Karp 与 Yoels 的研究表明："在典型的大学教室中，不论班级大小，一小部分学生(5—8人)将占所有学生口头讨论贡献的75%至95%。"研究还证明，这一惯例一直存在(Howard，2015)。除了上文提及的隐匿性优势，打字这一方式还给同学们以思考和组织答案的时间，这避免了大部分学生只礼貌性地观摩老师和几个活跃学生的交流，突破了主要发言者问题，让课堂讨论更具普遍性。

3. 有效性

课堂讨论是一种高效的学习方法。《帮助学生在以学生为中心的环境中学习》的作者 Terry Doyle 认为：最近关于思想、大脑和教育的研究均表明参与其中、付出努力的人才是学到东西的人。(Howard，2015)在学生的个人反思中也能看到该教学模式的有效性："我很喜欢这个学期的上课模式，参与感很强，到学期结束的时候对之前学习过的作品都还有印象，很熟悉，学习效果很好。并且上课的时候可以自由发表看法，同时也可以看

---

① 选自期末个人反思"我的成长"，作者为英语专业2017级2班郑意。

到很多新观点,收获很多。"①实践表明,线上讨论也可以达到传统课堂讨论的有效性,达到更好的教学效果。

四、结论

综上可见,通过既有经验的应用及新平台的适应与改良,线上教学可以重现传统的课堂讨论,还能超越线下讨论,成功解决线上教学互动匮乏的问题。

参考文献

康叶钦,2014.在线教育的"后 MOOC 时代":SPOC 解析[J].清华大学教育研究,35(1):85-93。

汪基德,冯莹莹,汪滢,2014.MOOC 热背后的冷思考[J].教育研究(9):104-111.

HOWARD J R, 2015. Discussion in the college classroom: getting your students engaged and participating in person and online[M]. San Francisco: Jossey-Bass.

周云,2016.移动互联视域下的大学英语智慧教学模式研究[J].现代教育技术,16(12):79-85.

THALER R H, SUNSTEIN C R, 2008. Nudge: improving decisions about health, wealth, and happiness[M].New York: Penguin Books.

MARSHALL L, SLOCOMBE W, 2010. From passive to active voices: technology, community, and literary studies[G]//KAYALIS T, NATSINA A. Teaching literature at a distance: open, online and blended learning. London: Continuum: 99-112.

---

① 选自期末个人反思"我的成长",作者为英语专业 2017 级 1 班顾晓雨。

基于翻转课堂的大学英语混合式教学模式之行动研究

王晓英①

一、引言

大学英语教学正处在一个重要的转型期,高中毕业生的英语水平不断提高,大学英语课程的学分和学习周期因此正在减少(王守仁,王海啸,2011)。目前大学英语新生水平两极分化加剧,而且大学英语教学投入大,收效低(文秋芳,2012)。教师主导下以"学生为主体"的教学模式与先进的计算机网络技术相结合,成为目前国内外语教学的一种趋势。以教育信息化带动教育现代化,是我国教育事业发展的战略选择(王正青,唐晓玲,2017)。随着计算机技术的快速发展和普及,大学英语课堂也面临着机遇和挑战。一方面,多媒体环境下先进的教学理念和教学方法应运而生;另一方面,新旧教学媒介、资源、方法以及模式在一定程度上造成了大学英语教学体系的冲突和失衡(蔡基刚,2006)。因此,本文旨在探讨"互联网+"环境下,如何有效实现计算机网络技术与大学英语课程的合作,并对基于翻转课堂的大学英语混合式教学模式开展行动研究,期望能对优化大学英语教学模式起到一定的借鉴作用。

二、问题的提出

近年来,由于对大学英语课程的定位不明确,大学英语课堂教学有效

---

① 王晓英,硕士,浙江工商大学外国语学院讲师,研究方向为大学英语教学。

性有待提高,部分高校的大学英语被压缩课时甚至被取消,大学英语教学处于一种迷茫状态(束定芳,2015)。笔者基于多年的一线大学英语教学实践发现,目前的大学英语课堂存在以下突出问题:(1)大学英语课堂的学生人数均在30人以上,部分优势专业多达50人以上;(2)大学英语课堂授课课时有限,并且呈现逐渐减少的趋势;(3)大学新生英语水平参差不齐,学习目的多样化,相当数量的学生学习动机不强;(4)课程评价方法有待完善,期末考试比重过高会导致学生存在期末刷分的应付情况。

《大学英语教学指南》(2016)指出:大学英语的教学目标是培养学生的英语应用能力,并提高他们的自主学习能力。大学英语的成绩测试应包括形成性测试和终结性测试,要把两者结合起来。

三、初步行动干预

2017年9月至2019年6月,考虑到新生容易接受新生事物以及培养新的学习习惯的要求,笔者对于2017级新生开展了基于翻转课堂的大学英语教学模式行动研究,尝试建立有效的课堂教学和评价模式,以应对大学英语课堂教学面临的授课学生数量多、英语水平差异大、学习动机较弱等问题,期待提高学生的自主学习能力,发挥微课的"泛在性""务实性""灵活性"的特点,以提升课堂效率。

(一)初步行动方案与实施

2017年9月至2018年1月,法学专业2017级3个班级约110名学生参加了翻转课堂。课程安排为:每周面授3个课时,在线学习1个课时,一学期完成教材(《全新版大学英语 综合教程3》)中6个单元的学习。翻转课堂在线平台包含20多个自制微课视频,由"Background Information""Text A""Text B""Language Skills"组成,外加配套的练习以及答案解析。在此基础上,每隔2周进行一次自主听力随堂测试,测试内容与自主学习任务相关,测试成绩占学生期末成绩的20%。本课程强调课堂内外教学设计的联动性。通过提供大量在线学习资源,让学生自主完成课外学习任务。

课内讨论基于课外学习任务,通过课堂测验、口头作业展示、小组讨论、点评反馈以及答疑解惑等形式,优化知识的内化过程,提高学生语言的综合运用能力。每学期结束前,要求学生写学习日志,总结学习经验和心得,收集意见和建议,以便更好地促进教学。

(二)教学观察

对于刚刚步入大学的大部分新生而言,在线学习是一种颇为新鲜的学习方式。部分学生表示以前从未接触过网络教学,一开始对这种学习方法有一定的抵触情绪并感到不适应,担心自己不能顺利完成相应的在线学习任务。但通过授课教师的始业教育以及对翻转课堂模式和超星平台的介绍,他们对这种学习模式逐渐适应,学习焦虑感减少,大部分学生开始享受这种新型的学习模式,并呈现出积极的学习态度。大部分学生认为该模式为他们提供了更为灵活多变的学习方法,尤其是可以根据自己的学习能力和学习时间来安排学习进度,可以反复观看微课视频,也可以很好地进行课前预习、课后复习。丰富的课堂教学资源使得学习变得不那么乏味。

但笔者也发现了如下问题:从学生方面来看,翻转课堂对学生自身的自主能力提出了更高的要求。部分自主能力不太强的学生表示由于自身自制力不够强,学习效果不好。

(三)学生访谈和反思日志

2018年1月,实施翻转课堂的第一学期末,笔者随机访谈了3个班级的部分同学,记录了他们对于该课堂模式的看法和建议。班上学生们撰写了反思日志,共收到有效日志99份,总结如下。

1. 学生访谈

学生们对该模式做了如下肯定:课前预习和课后复习输入形式丰富,有视频、听力,对比原来只有书本输入的形式而言,更有兴趣;学习时间自由支配,能反复观看视频,自主性提高;超星平台资料库非常便捷,可自行下载复习资料、影片等,而且一般不存在文件丢失的情况;但是平台上师生互动不够便捷,有些视频内容的难度过大,建议配字幕。

2.反思日志

从日志中看出,对平台的认可度与学生的访谈结果比较一致。学生们还指出目前教学模式存在的缺陷:平台有些讨论题意义不大;听力题目偏难;部分视频没有字幕,难以理解;部分题目没有答案解析;有些同学平台作业没有按时完成,仅靠期末刷分,不公平;英语水平较低的学生觉得这种模式收获不大,还是传统的课堂讲解更有效。

（四）反思与发现

1.大学英语的课程特点决定只能部分实现翻转课堂

对于课文结构、文化背景等重点、难点及耗时的内容,学生们可通过微课的形式在课外进行学习,这样便于授课老师能够更有效地完成教学内容,初步建立和培养学生们自主学习的能力。大学英语课程强调互动性、技能性,知识性的难点部分更适合在线下自主学习,而听、说、读、写、译等能力的锻炼需要以面授为主。

大学英语属于陈述类知识(杨斌等,2015),而陈述类知识的教学要想取得较好的效果,需要教师与学生、学生与学生进行思想上的交流与情感上面对面的沟通。

2.翻转课堂的实施需要考虑学生的英语水平

翻转课堂的实施在高水平班级和低水平班级的效果不太一样,翻转课堂更适合水平较高、自主学习能力更高的班级。要想进行翻转课堂的教学,需要提高学生的自主学习能力。

3.过程性评价体系是保证课堂教学的重要手段

以评促学,改变课堂评价体系,建立过程性评价体系,强调个人表现和团队合作表现同样重要。

四、第二轮基于翻转课堂的大学英语课堂教学行动研究

(一)第二轮行动方案与实施

针对问题,笔者于2018年3月至2019年6月,进行了第二轮翻转课堂的大学英语教学模式行动研究,历时2个学期。大学英语翻转课堂教学模式在第一学期探索的基础上,从以下3个方面加以完善和补充,以构建多元化的混合式大学英语教学模式。

1. 基于翻转课堂的在线学习与课堂教学联动模式的实践

课堂教学的重心由知识的输入转变为知识的内化,把课前输入、课堂讨论、课后监控和评估等方面有机结合,实现课堂内外联动,真正地提升大学英语课程的教学效果。通过课堂测验、口头作业展示、小组讨论、点评反馈以及答疑解惑等形式,优化知识的内化过程,提高学生的语言综合运用能力。

2. 基于超星平台的网络"学习社区"的建构及学生自主学习能力的培养

学生的自主学习能力很大程度上会影响翻转课堂教学模式的有效性,因此,在第二阶段,教师需要着重培养和提高学生在这方面的素质。本课程为学生提供了一个便捷的线上"学习社区",可以通过线上提问、师生互动、在线讨论、生生互评等,实现大数据时代学习的"泛在性""碎片化""自主化",提高学生的自主学习能力,优化学习策略,提高英语学习效率。此外,培养学生在语言表达、思维逻辑、解决问题以及团队合作等多方面的综合能力。

3. 大学英语课程过程性评价机制的建立和实践

根据第一阶段反馈出来的问题,本课程调整了考核方式,减少了自主听力的考核次数(从每两周一次改为每月一次),强调了个人课堂讨论以及团队评价的部分。所有考核项目的评分均采用百分制,考核包括50%的过程性评价和50%的终结性评价。过程性评价,包括20%的个人自主学习(包括视频学习、词汇句法学习、课后练习、反思性写作)、10%的课堂任务展示(包括个人口头陈述、小组表演或口头及书面陈述)、10%的小组

讨论(包括小组课内外的讨论)、10%的项目实践汇报。而期末笔试仅占20%,降低了学生期末刷分的可能性。

(二)教学观察

在第二轮的翻转课堂教学实践中,学生自主学习能力提高,技术性问题逐渐被解决,能较好地完成较高难度的讨论题和课堂展示活动。

学生对于翻转课堂的认可度提高。平台设置了每个单元作业完成时限,避免了出现期末刷分的情况,平台视频数量更重质量,教学目标更清晰,任务点减少,学生学习目的性更明确,课堂讨论更加热烈和积极,作业完成度和质量都更高。

成绩比对:3个班口语和听力成绩进步比较明显,财务会计和法学专业班级中高水平的学习者的综合笔试能力有所提高,新闻传播专业班级的成绩变化不明显。

(三)学生问卷调查和反思日志

在第三学期末(2018年1月),对学生进行了"大学英语翻转课堂"教学体验调查,有效填写人数99人(男31人,女68人)。问卷采用五级计分制,题型为开放性问题与选择题,包含以下3部分内容:第一,关于学生们对本学期翻转课堂教学模式的接受度与满意度调查;第二,关于学生们对翻转课堂实施平台的在线内容以及学习满意度调查;第三,关于翻转课堂对学生们自主学习的影响调查。

问卷调查结果总结如表1所示。

表1 "大学英语翻转课堂"教学体验调查

问题类别	问卷典型问题	认可度百分比
第一部分	翻转课堂模式比传统课堂模式优势明显	63.5%
	对于翻转课堂学习效果总体满意	78%
	大学英语课程整体评价方式合理	79%
	大学英语作业多,负担重	40%

续　表

问题类别	问卷典型问题	认可度百分比
第二部分	网络平台的学习有助于课内学习	76%
	网络平台的学习内容丰富	81%
	网络平台的学习视频长短合适	77%
	网络平台操作很方便	82%
	平台答疑不够及时	50%
	师生在线互动不够	20%
第三部分	翻转课堂能提高自己的自主学习能力	75%
	会定期反思翻转课堂学习效果	63%
	能根据要求,自己安排好平台在线学习进度	80%
	期末考试是否会考查平台内容不确定	47%
	平台任务的完成有待同学提醒	30%

部分学生反映:师生在线互动不够(20%);平台任务的完成有待同学提醒(30%);平台答疑不够及时(50%);大学英语作业多,负担重(40%);期末考试是否会考查平台内容不确定(47%)。

与第一阶段反思日志相比,此阶段学生反思日志显示:对翻转课堂的满意度增加,能自行解决一些平台技术障碍或者知道向谁求助;自主学习能力提高,对教师的依赖性降低;对补充内容的兴趣增加。

(四)教师反思与发现

翻转课堂能够提高大学英语教学的有效性,也在一定程度上有利于培养学生的自主学习能力。大学英语的课程性质决定了该课堂不适合完全翻转,知识性、技能性的重点内容可以提前让学生预习消化,如词汇、听力技巧,难点问题可以反复观看加深理解,如课文结构等。而语言课堂的交际性决定了面授的必要性。

五、小结

　　大学英语混合式教学模式可以解决课堂教学容量有限与学生个性化学习需求之间的矛盾,有效提高大学英语教学质量。课堂面授和在线学习的比重以及合理的过程性评价对于该模式的有效运行是关键因素。大学英语教师应重视对学生自主学习能力的培养,提升在线平台内容质量,根据课程性质和学习者英语水平等情况确定混合式教学的合理比例,从而建立有效的大学英语混合式教学模式。

参考文献

蔡基刚,2006.试论影响我国大学英语教材健康发展的外部因素[J].中国大学教育(6):59-61.

马武林,张晓鹏,2011.大学英语混合式学习模式研究与实践[J].外语电化教学(5):50-57.

束定芳,2015.高校英语教学现状与改革方向——华东六省一市高校英语教学情况调研报告[M].上海:外语教育出版社.

王守仁,王海啸,2011.我国高校大学英语教学现状调查及大学英语教学改革与发展方向[J].中国外语(5):1-5.

王正青,唐晓玲,2017.信息技术与教学深度融合的动力逻辑与推进路径研究[J].外语电化研究(1):94-100.

文秋芳,2012.大学英语面临的挑战与对策:课程论视角[J].外语教学与研究(2):283-292.

杨斌,王以宁,任建四,等,2015.美国大学IPSP课程混合式翻转课堂分析与启示[J].中国电化教学(2):118-122.

基于"产出导向法"的大学英语混合式教学设计研究

王晓芸[①]

文秋芳教授团队提出"产出导向法"旨在改进中国大学外语课堂教学效果的革新教学理论。在"互联网＋"时代,如何将这一理论应用于实践是本文关心的问题。基于该理论,笔者尝试运用线上线下混合式教学模式,对大学英语教学进行了探索。本文以单元教学为例,展示了教学流程的驱动、促成和评价环节的过程化设计,初步印证了这一混合式教学的可行性。

一、"产出导向法"概述

文秋芳教授团队提出的"产出导向法"(POA)是一种基于"输出驱动假设"原型(文秋芳,2007)的中国大学外语课堂教学理论。这个具有中国特色的教学理论的提出旨在解决我国外语教学中"重学轻用"或"重用轻学"的倾向(张文娟,2016),强调教学应该以输出为起点来激发学生学习的欲望,使他们积极主动地完成产出任务。经过5个阶段(预热期、雏形期、形成期、修订期和再修订期)的发展,POA已经逐渐形成完善的体系,包括教学理念、教学假设和教学流程(文秋芳,2018)。图1展示的是最新修订的POA理论体系的3个部分以及它们之间的关系。

---

① 王晓芸,博士,浙江工商大学外国语学院讲师,研究方向为心理语言学。

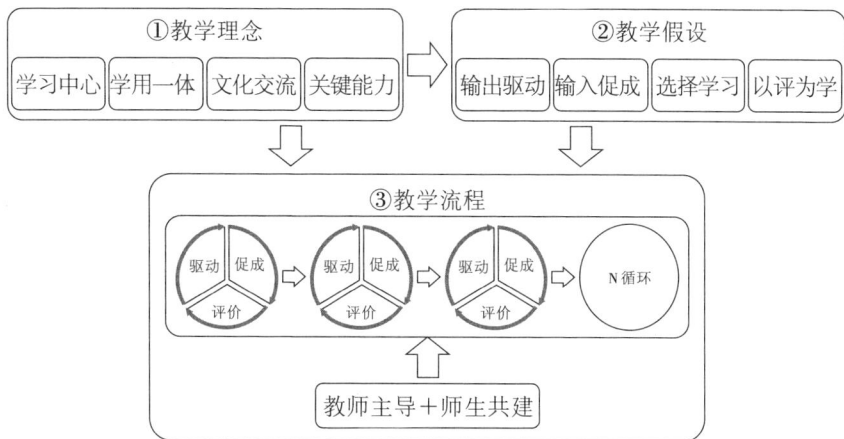

图1　第5阶段再修订的POA理论体系（文秋芳，2018）

　　具体而言，教学理念包括四个部分："学习中心"说、"学用一体"说、"文化交流"说、"关键能力"说。其中"学习中心"说强调教学活动应以学生学习为中心，最终让学生学有所获、学有所成；"学用一体"说主张教学中输入与输出应该同时发生，做到知行合一；"文化交流"说着重培养学生正确处理目的语文化与本土文化关系的能力；"关键能力"说注重培养学生在不确定的复杂情境中解决复杂问题的能力。

　　教学假设包括"输出驱动"假设、"输入促成"假设，"选择学习"假设和"以评为学"假设。其中"输出驱动"假设是逆转传统教学中"先输入后输出"的教学顺序，主张让学生尝试输出，然后意识到不足和困难，激发他们的学习欲望。因此该假设尝试"输出—输入—输出"的新顺序；"输入促成"假设强调输入要服务于明确的产出。输入应该与输出任务精准对接，从而有效地促成输出。"选择学习"假设提倡输入中选择所需的语言、内容和话语结构应该以产出目标的需要为导向。"以评为学"假设主张课堂教学中评与学的结合才能取得更好的教学效果。

　　教学流程包括"驱动""促成""评价"三个阶段，并且是由这三个阶段组成的若干循环链。"驱动"环节的目的是通过产出目标使学生意识到自己的不足，从而使他们对学习产生"饥饿感"；"促成"环节的主要目的是有针对性地帮助学生顺利完成产出任务，为他们的产出提供脚手架；"评价"

环节,包括即时评价和延时评价,是 POA 教学中必不可少的环节。"师生合作共评"是 POA 的一个新型评价方式。

目前,已有一些教学实验为 POA 理论体系的构建提供课堂实践经验和教训。有的教学研究是根据一个单元的 POA 教学设计展开的(张文娟,2015,2016,2017);有的研究则是聚焦于教学流程中的"驱动""促成""评价"等教学环节(邱琳,2017,2019;孙曙光,2017);也有研究着眼于 POA 的教学有效性,并发现 POA 积极的教学效果,如提升学生的语言能力,开发学生中优质英语资源的"潜能",增强学生学习英语动机,等等(张伶俐,2017)。

二、混合式教学

在如今的"互联网+"时代,随着信息技术以及手机移动端技术的迅速发展,教师早已不是信息唯一和及时的来源。大学英语课程,仅靠有限的课堂时间和传统单一的教学讲授模式已经无法满足学生对外语和知识学习的高需求。因此,教师需要拓展课堂,拓宽渠道,充分利用移动互联网技术来促进教与学。出于对此的回应,混合式教学在国内外快速发展。

混合式教学,英文为 blended learning,有时也被译为"混合学习"或者"混合式学习"。宽泛地来说,混合式教学指的是将面授教学和在线学习相融合的教学模式。它既发挥了在线学习的优势,如线上教学资源丰富,学生学习不受时空和地点限制,也保存了课堂面授教学的优点,如师生间存在有意义的互动交流,教师提供情感支持等。这种混合式教学模式以学习者为中心,可以使学生拥有参与度更高的学习体验,使他们成为学习体验的控制者,从而激发他们的学习积极性和创造性,以获取更高效、高质的学习效果(杨芳,魏兴,张文霞,2017)。

混合式教学环境主要包括多媒体教学环境和以网络技术为核心的虚拟学习环境(贾振霞,2018)。新冠肺炎疫情蔓延期间开展的网课加速了线上教学的发展和虚拟学习环境的使用。目前,国内虚拟学习环境使用较多的有钉钉、超星尔雅、慕课网、腾讯课堂、知到、学习通等。这些虚拟学习环境可以实现学生在线自主学习和师生的在线互动交流。在线自主学习时,网络环境可以为学生提供课程相关信息,弥补学生课堂学习的不足,也可提供在线学习资源;在线互动交流时,学生可以展开小组或者班级讨论,教师也可以进行辅学答疑,给予学生即时反馈,强化教学效果。

然而,如何真正发挥混合式教学的有效性,取决于教师能否通过教学设计,创设灵活的、个性化的在线和课堂学习相结合的环境,有效发挥两者的教学效果。比如,教师如何丰富在线学习资源,如何分析网络平台提供的学习行为数据,并为学生提供个性化指导,如何实施线上线下连贯的教学,等等。为此,我们运用混合式教学模式,以产出导向法为指导,设计"大学英语"课程的教学活动,旨在探索大学英语混合式教学如何开展,以达到效率和效果的最优化。

三、基于"产出导向法"的大学英语混合式教学设计

笔者教授的"大学英语2"是浙江工商大学基础公共课程,面向非英语专业大一新生。笔者将POA应用于《新编大学英语 综合教程2》第6单元,该单元主题是"食物"。本单元计划6个学时,依托教材,遵循"驱动—促成—评价"教学流程。

(一)教学目标

教学目标包括三种能力的培养:语言能力、跨文化交际能力和思辨能力。

语言目标包括:(1)掌握主题目标词汇、内容目标词汇、句型、语法等;(2)掌握食品烹饪的步骤和描述烹饪步骤的语言结构;(3)掌握写作推展段落方法之"比较和对比法"。

交际目标包括:(1)能够使用新学词汇探讨中外饮食营养结构;(2)能够描述中外烹饪特点和步骤;(3)了解不同文化中的食物"禁忌"。

思辨目标包括:能够理性、客观地理解中外饮食和烹饪习惯的特点和区别,可以独立思考和评价饮食文化中的文化挪用(cultural appropriation)现象。

(二)教学过程

1. 驱动

教师先设计一个具有潜在交际价值的任务(制作一个名为"Food in My Eye"的视频),以激发学生的学习兴趣。在布置任务之前,教师先以文化挪用或者文化融合的概念为起点,引导学生对饮食文化交流进行思考。具体包括两个活动:线上的视频学习活动和线下的辩论活动。在线上活动中,学生以个人为单位,在超星泛雅网络教学平台观看教师上传的BBC美食节目中一个关于"鸡蛋炒饭"的英国版本的烹饪视频,然后学生再以小组为单位,在钉钉上讨论该视频中"鸡蛋炒饭"烹饪步骤与我们传统的"鸡蛋炒饭"烹饪步骤的不同之处。在课堂的辩论活动中,教师先总结学生上传的"鸡蛋炒饭"烹饪步骤的不同之处,再播放一段亚裔博主Uncle Roger针对该美食视频录制的反应视频(reaction video),其中提到"文化挪用"一词,教师对"文化挪用"现象进行解释。班级就如何看待BBC美食节目中的"鸡蛋炒饭"进行辩论。比如一部分同学认为,该节目体现了中国饮食的全球流行性,是对中国文化的一种宣传。而另一部分同学认为,该节目视频中改动中国传统食物的食谱和烹饪步骤,是对文化不尊重的表现。但不管怎样,饮食文化的融合在全球化的今天十分普遍。然后教师让学生对任务进行初步尝试,尝试过程不顺利可以为他们的学习创造"饥饿感"(文秋芳,2014)。

教师布置具体交际场景任务:你有一位美国(印度/法国)的朋友,他/她对中国的美食颇有兴趣,尤其是川菜(浙菜/湘菜等)等(你的家乡菜),想了解"××××"这道菜,并且学习它地道的做法以及被本土化之后的做法。请以小组为单位利用Tiktok、Vlog等视频记录软件,制作一个名为"Food in My Eye"的视频,介绍这道菜的特点、文化、营养价值以及烹饪过程等。

该任务可以考查学生的自主学习能力(如搜索某一菜系的知识)、语言表达能力(介绍菜品、营养价值、烹饪步骤等)、文化交际能力(如能否运用本单元学习的不同饮食文化中的"禁忌",能否运用不同饮食烹饪文化中的重要原料,等等),同时也能提高他们对中国饮食文化的自信,加深他们传播中国文化的信念。

2. 促成

在促成环节,不同于传统的POA教学实践中设计的子任务(张文娟,2015,2016,2017),笔者仍然依托教材,通过文章和补充材料的学习,结合线上线下的多元趣味性任务,做到语言、内容和结构的有效输入,最终促成学生最后的任务产出。

1)子任务1:中外饮食结构对比

子任务1的主要目的是让学生积累与主题相关的词汇,包括食物名称、菜品名称、营养素等术语的表达,以及了解中西方饮食营养结构的异同,引导学生进行思考。同时,该任务可以为产出任务中的菜品介绍做准备。具体活动设计如下:

活动1(线上+线下):词汇积累和巩固。学生以小组为单位,按照类别列出尽可能多的常见食物(如蔬菜、水果、肉类、海鲜、谷物、酒水、甜品等),并在超星泛雅网络教学平台上提交,熟悉并背诵;在课堂上,教师在PPT中按照类别展示常见食物的图片,学生以小组为单位进行抢答。这一活动可以加深学生对已整理的食物词汇的记忆,也能让学生学习教师提供的补充参考词汇。

活动2(线上):食物营养结构。学生在学习平台中完成关于食物与健康的英文单选题问卷,然后带着问题学习两篇关于食物与健康的听力或视频材料,并回答相关问题。这一活动旨在强化学生们对食物营养结构等知识的掌握,并积累相关词汇。

活动3(线下):中外饮食结构对比。首先,学生以小组形式讨论,与组员互相交流并用英文详尽记录自己或者对方一天中摄入的食物。然后教师呈现一张关于英国学生一天的食物摄入图,请学生以小组形式讨论、分析中国学生和英国学生在饮食结构方面的相似之处和区别,以及各自的优缺点,并请学生代表口头阐述小组观点。最后,教师列出2017年联合国粮食及农业组织(FAO)发布的各国人民每日摄入食物表,以班级为单位让学生讨论中西方的饮食结构。此活动可以锻炼学生的语言输出能力,引导学生进行批判性思考,也能引入课文中关于中外饮食文化的讨论。

2)子任务2:中外饮食文化对比

此任务是通过对课文"Food and Culture"的整体阅读,让学生了解中外饮食文化的区别,并且学会相应的语言表达结构和写作技巧。该任务为产出任务中的文化知识做准备。

活动1(线下):读前活动。在阅读文章前,教师先让学生列出吃到过的难吃的国内外食物,然后再给他们介绍瑞典的"最恶心的食物博物馆"。博物馆呈现了全球约80种最恶心的食物。之后教师引导学生思考背后的原因。

活动2(线上＋线下):整体阅读。学生通过线上画思维导图,线下对文章内容进行复述的方式,厘清作者写作思路,提高对全文整体性的把握度,加深学生对文章中不同饮食文化的食物"禁忌"的印象。教师线下基于课文的写作特点分析推展段落的技巧——比较和对比法(比如,逐事比较和逐点比较),学生在线上撰写一篇与主题相关的议论文,并在作文评阅系统中完成测验和自评,以帮助学生掌握这一重要的写作技巧。

活动3(线上＋线下):精读。教师将包含了以课文中精选出来的重点词汇、短语、疑难句型、语法知识点、翻译技巧等的PPT上传至学习平台,学生自主学习,然后完成相关练习和测验。此外,课堂上教师根据所学语言知识点,采用选词填空、造句、改写、中英互译等课堂练习,使学生巩固所学内容。

3)子任务3:中外食物烹饪对比

此任务是通过对课文"Cooking and Cuisines"的快速阅读和烹饪视频的学习,让学生了解中外食物烹饪过程的区别,并且学会与食物烹饪步骤相关的词汇和表达。该任务为产出任务中的菜品烹饪步骤和文化知识做准备。

活动1(线下):快速阅读。对课文进行12分钟的快速阅读训练,并完成指定的练习。这个活动一方面训练学生的跳读和略读的能力,另一方面帮助学生了解不同饮食文化中烹饪步骤的异同。

活动2(线上＋线下):视频学习。学生在学习平台上观看教师上传的世界名厨出品的美食节目"Gordon Ramsay's Ultimate Cookery Course"和中华美食制作节目"大师的菜"精选片段,学生以小组为单位记录相关烹饪步骤和所需厨具等。课堂上,教师根据学生整理的步骤和厨具进行补充。

活动3(线下):烹饪过程对比。教师引导学生比较这两档视频节目在步骤、厨具上的区别,并且请学生以小组为单位对"大师的菜"中某一道菜的烹饪过程进行翻译。

3. 评价

在贯穿整个单元教学的过程性评价阶段,主要以教师评价为主。在单元最终的评价环节,笔者采用师生共同评价的方式,达到以评促学的效果(文秋芳,2016)。通过对学生作品进行评价可以让教师了解教学成效,也能让学生意识到不足之处。首先,师生共同达成一份评价标准,包括展示、内容、语言等要求。然后,每个同学根据评分标准对每一组录制的视频进行评分;在第一组视频播放结束后,教师会分享其中的优点,也会提出一些问题,接下来的几组视频则由学生以小组为单位进行点评;等所有的视频播放结束后,教师根据师生的评价表,选出班级中最出彩的视频作品。最后,教师进行总结,肯定同学们的付出,也提出一些具有代表性的修改意见。

四、结束语

本研究基于POA理论体系,运用混合式教学模式,对大学英语的教学进行了摸索和尝试。本文以《新编大学英语 综合教程2》的一个单元为例,展示了POA教学流程的"驱动""促成""评价"环节在线上线下的过程化设计,初步印证了这一混合式教学的可行性。然而由于个人经验和一些客观条件等,笔者的教学设计仍不够细致合理,课堂实践中也存在一些问题,如部分学生的需求无法满足,因此需要在未来的反思和实践中不断改进和完善。

参考文献

文秋芳,2008.输出驱动假设与英语专业技能课程改革[J].外语界(2):2-9.

张文娟,2016.基于"产出导向法"的大学英语课堂教学实验[J].外语与外语教学(2):106-114.

文秋芳,2018.新时代高校外语课堂中关键能力的培养:思考与建议[J].外语教育研究前沿,1(1):3-11.

张文娟,2015.学以致用、用以促学——产出导向法"促成"环节的课堂教学尝试[J].中国外语教育(4):10-17.

张文娟,2017."产出导向法"对大学英语写作影响的实验研究[J].现代外语(3):377-385.

邱琳,2017."产出导向法"语言促成环节过程化设计研究[J].现代外语(3):386-396.

邱琳,2019."产出导向法"促成环节的辩证研究[J].现代外语,42(3):407-417.

孙曙光,2017."师生合作评价"课堂反思性实践研究[J].现代外语(3):397-406.

张伶俐,2017."产出导向法"的教学有效性研究[J].现代外语,40(3):369-376.

杨芳,魏兴,张文霞,2017.大学英语混合式教学模式探析[J].外语电化教学,2(173):21-28.

贾振霞,2018.大学英语混合式教学中的有效教学行为研究[D].上海:上海外国语大学.

文秋芳,2014."输出驱动—输入促成假设":构建大学外语课堂教学理论的尝试[J].中国外语教育,7(2):3-12.

文秋芳,2016."师生合作评价":"产出导向法"创设的新评价形式[J].外语界(5):37-43.

以促进学习为目标的大学英语混合式任务链教学反思*

张露茜①

近年来,国家教育机构大力推动大学英语教学的信息化进程。2019—2020学年下半学期,笔者所在高校开展了全校范围的混合式线上线下课程教学。学校教务网为师生提供了线上超星平台服务,并鼓励师生积极运用各种网络技术与平台开展线上教学。对于之前已开设线上或是混合式教学的教师来说,可有效利用这次机会进一步完善课程与平台建设。但是对于未开设线上课程,甚至从未接触过线上教学的教师来说,这无疑带来了许多挑战与压力。而笔者就属于后一种类型的教师。作为混合式大学英语教学新手,笔者采用教师反思的方式记录自身的教学摸索实践,叙述个人教学过程中面临的实际问题与挑战。

一、理论基础

(一)国内外混合式学习研究

Cooney等(2000)首次提出混合式学习概念。但混合式学习在起步初期只是在线学习与面对面学习的简单结合。2003年开始,相关学者提出将线上线下学习进行有机整合,实现线上线下学习利益最大化的教学理念。

2003年,国内的祝智庭教授在《远程教育中的混合学习》一文中首次

* 基金项目:本文系浙江工商大学2020年度校级研究生教育改革项目"双一流"建设下学硕多元混合式ESP任务链教设与优化"的研究成果。
① 张露茜,博士,浙江工商大学外国语学院副教授,研究方向为英语语言教育。

使用混合式学习概念。之后的许多研究都围绕混合式教学模式进行了讨论与研究,但是较少有关注学生动态性学习过程的实证研究(钟玉琴,2017)。钟玉琴在其专著中指出,成功的混合式学习需要融合教师、学生、管理者、技术人员的力量,最大限度地实现课程质量、课程虚拟环境、学生在混合式学习环境中的表现、管理者组织、混合式平台学习工具的优化。

(二)基于产出导向法的混合式教学与E-learning、传统任务型教学的区别

20世纪80年代产生了基于自主学习理念的E-learning。但是E-learning学习过程中缺少教师的积极参与,以致学生的自主学习效果不太理想,所以不能完全取代教师的课堂教学。混合式教学是继E-learning之后的第二次网络学习浪潮,其结合了传统课堂教学和E-learning的优势。混合式学习综合了不同的学习理念、技术手段、应用方法(冉新义,2018),根据学习者的学习需求对多种教学资源进行整合,克服了单纯线上或线下学习模式存在的弊端,成为未来课程改革发展的新趋势。

传统的任务型教学和产出导向法都坚持以学生为中心的教学理念。但是邓海龙(2018)认为,传统的任务型教学法存在一些待解决的问题,在教学假设和流程上不如发展中的产出导向法。在传统的任务型教学法中,学生的学习偏重应用性,且在教学过程中将评价与学习分离。而产出导向法能将应用与学习进行有机融合,并能以评促学。本文涉及的混合式任务链教学设计借鉴了产出导向法的教学理念。

二、研究方法

本研究采用教师反思记录的行动研究方法,探索教师个体在实际教学过程中面对的问题与挑战。约翰·杜威(2015)于1933年在 *How We Think* 中提出反思思维的概念,认为反思思维是思维的一种形式,是个体在头脑中对问题进行反复、严肃、执着的沉思。教师基于自身教学信念或者假设,并根据其教学经验进一步推导得出结论,并对这个结论进行主

动、持续、周密的思考。反思实际上是解决问题的一种特殊形式,教师在教学实践中应审视自身在教学过程中实施的行为,反思行为的合理性程度(熊川武,1999)。杜威认为,要做好反思,教师应有开放的头脑(open-mindedness)、责任感(responsibility)、全身心的投入(whole-heartedness)。

教师行动研究是从计划、行动、观察到反思的持续循环过程(Zuber-Skerritt,1996)。反思结果能促成行动计划的修改,引发新一轮的行动研究循环过程。反思过程中也会包含教师与研究者和学生的讨论与交流。反身性(reflexivity)是行动研究的核心内容,因为研究者是行动研究的参与者,是其所研究的社会世界的一部分(Hammersley & Atkinson,1983)。行动研究属于灵活、情境响应式方法论,能提供真实、严谨的观点(Cohen et al.,2000)。

教师进行教学反思的策略与方法包括反思日记、详细描述、职业发展、行动研究等。国内学者结合教师教学反思日记和教师访谈研究,将教学反思分为五类指向,分别指向课堂教学、学生发展、教师发展、教育改革、人际关系(申继亮,2006)。教学反思是一种批判性反思,关注教师的信念系统、知识系统、教学实践和背景(全守杰,尹子龙,2016)。

三、教师教学设计与实践反思

(一)前期教学设计

1. 选择个性化线上教学平台

在第一周的试运行中,首先要比较哪个平台更适用于线上教学。超星泛雅网络教学平台虽然有较强的使用功能与售后服务功能,但在进行实际直播时卡顿较厉害。微信和QQ不能直接兼容直播功能,使用时,学生需要另外下载微信雨课堂或者腾讯会议应用程序。许多教师在开展线上平台建设时,会利用MOOC或者SPOC平台。但是笔者没有找到可以直接使用的合适课程,且前期也没有建设线上平台的经验。最后选定具有稳定播放功能、能批改作业和测试、能进行学习交流等多项功能的钉钉平台用于课程的线上学习。

第一次直播互动时,屏幕上会频繁弹出学生的点赞、送花等内容。但是频繁的跳动容易分散教师和学生的系统性学习思维,特别是在教师讲解重点、难点的时候。因此,讲解课文重点、难点时,考虑在钉钉上使用录播形式。录播的内容需要适用于当下的学生,所以教师在进行讲解时需结合学生的兴趣点,用通俗、清晰的话语令学生理解课文中的语言与内容。除在钉钉上使用录播模式外,根据不同的教学任务还可以穿插会议视频、直播等模式。

2. 设计进阶性任务链教学内容

曾有学生表示不喜欢上翻转课堂(张露茜,张静,2018)。因为在隔周开展线下课程时,基本是由同学们进行小组展示。但是在其他小组进行展示的时候,自己也听不懂,就只能在底下玩手机。学生建议小组展示控制在一次课的20%到30%之间,其他时间由教师授课。这显示出学生更习惯于教师引导的教学形式。因为语言类课程不同于其他知识类课程,无法形成大量知识信息差,语言技能的培训需要教师进行合理引导。采用任务链搭建合理的进阶性脚手架,能帮助学生更好地从线上过渡到线下的教学,实现线上和线下的有机整合。

3. 促进学生学习的评价体系

作为一名线上教学课程新手,需要摸索一套能促进学生学习的评价体系。今年外教社举办的一期在线教学讲座令笔者深受启发。王海啸教授在讲座中提出从形成性评价到促进学习的评价的观点。现在国内高校积极提倡将形成性评价运用到教学中。但在实际教学中,终结性评价也能在学习过程中发挥有效作用,特别是在混合式线上线下教学环境中。

促进学习的评价应综合形成性评价和终结性评价,以促进学生的学习为目标。在学习过程中,终结性测试可以用于测量学生的阶段性学习效果,客观地评价学生的阶段性学习成效。形成性评价,例如课外作业、小组展示等能够有效帮助学生体验学习过程。但是其评分往往带有一定的主观性,不管是基于教师评分还是学生间的同伴评分。

(二)中期教学实践反思

1. 线上签到与会议视频督促学生上课

每次线上上课前,要求学生在系统签到。每个班级在钉钉软件建立两个群:一个是班级群,一个是培训群。培训群用于课堂教学,而班级群用于签到与提交音频和视频作业。但是在实际线上教学时发现,由于上课时间在上午,一些学生爱睡懒觉,没来得及签到。所以我在课堂一开始时,采用会议视频进行线上教学与讨论。一是为了提醒学生准时来上课,二是课前讨论也能够让学生及时进入学习状态。

2. 以心得体会交流弥补非口头语的缺失

在一开始直播时发现,学生都选择关闭摄像头,无法看到学生的反应。学生展示需要使用视频会议,但是学生都选择不露脸。这无形中令课堂少了non-verbal language,老师看不到学生的表情与动作。特别是在做展示时,有的学生可能会直接读稿而非进行英文展示与表演。鉴于此,在展示时,我会要求学生在原稿基础上加入个人的心得体会。

3. 采用hands-on任务链应对中期学习倦怠期

在原定6周的线上课程需要顺延时,一小部分学生开始出现上课不专心的问题,可能导致学习效果打折。将录播视频发送给学生后,要求看完视频的同学来点赞。但是发现有些学生还没到视频结束时间就来点赞,询问后才知道学生会将录播视频进行快进播放,而录播视频软件会记录有多少学生未看视频。基于这些问题,我将课文内容进一步细化拆分成一个个小任务链,让学生体验hands-on experience。

(三)后期教学实践反思

通过中期的调整,后期的线上教学总体较为顺畅。笔者在第11和13个教学周进行了线下教学。第11周以课文学习为主,并检查学生单元作业的完成度。第13周进行听力考试,并进行说、写练习。线下教学的宗旨还是要促进学生的学习,同时通过学生的分阶段线下学习测评来体现分阶段的线上学习效果。

四、研究讨论

基于产出导向法,以促进学习为目标的混合式教学与大学英语"双一流"建设发展方向相契合。王海啸(2019)提出"双一流"建设背景下的8点大学英语教学发展策略:(1)正确处理大学英语教学工具性和人文性的关系;(2)正确理解语言能力与语言应用能力的关系;(3)正确理解大学英语教学中的"通用英语"与"专门用途英语";(4)加大"专门用途英语"课程的建设力度,助推学校英语授课课程;(5)丰富文化与跨文化课程教学内容;(6)积极创建大学英语"金课";(7)加强大学英语师资队伍建设;(8)探索大学英语教学的新途径。

本学期采用了混合式线上和线下结合的钉钉教学模式。但是实际教学还是以线上教学为主,线下仅进行了2周。如前所述,线上教学虽然存在一定挑战,但确实有其优势。

从教师反思中可见,混合式教学的优势在于:(1)学校在开学初,决定将第一周作为试验周,即将教学周推迟一周。这个预留的时间可以很好地用于早期的课程导入。通过与学生的沟通交流,能更顺畅地过渡到正式学习中。(2)线上学习可以有多种模式,如视频会议、直播、录播等,还带有考试、作业等自动评分功能,令课内外学习更高效。(3)钉钉线上教学兼具同步和异步功能,如同步的视频会议、直播,还有异步的录播、直播回放、视频会议录制。学生在课后还能重看视频,加深与巩固学习内容。(4)线下教学与线上学习能通过进阶型任务链进行有效衔接。如果学生的学习积极性不强——大部分数字化课程学习者的注意力集中时间仅在15分钟内(Hattie & Yates,2014),那么进阶型任务链细化切分任务,能很好地强化教学效果。

五、结语

通过教师反思叙事发现基于产出导向法,以促进学习为目标的混合式线上线下教学符合大学英语"双一流"建设发展方向。未来如果条件允许的话,一周线上、一周线下的混合式学习形式能展现其评价与学习有机整合的优势,可能会成为新常态化教学发展趋势。

参考文献

COHEN L, MANION L, MORRISON K, 2000. Research methods in education [M]. 5th ed. London & New York: Routledge Falmer.

COONEY M H, GUPTON P, O'LAUGHLIN M, 2000. Blurring the lines of play and work to create blended classroom learning experiences[J]. Early childhood education journal, 27(3):165-171.

HATTIE J A C, YATES G C R, 2014. Using feedback to promote learning [G]//BENASSI V A, OVERSON C E, HAKALA C M. Applying science of learning in education: infusing psychological science into the curriculum. Washington, D.C.: Society for the Teaching of Psychology.

HAMMERSLEY M, ATKINSON P, 1983. Ethnography: principles in practice [M]. London: Methuen.

ZUBER-SKERRITT O, 1996. Emancipatory action research for organisational change and management development [G]//ZUBER-SKERRITT O. New directions in action research. London: Routledge Falmer.

邓海龙,2018."产出导向法"与"任务型教学法"比较:理念、假设与流程 [J].外语教学,39(3):55-59.

全守杰,尹子龙,2016.教学反思与教师发展的探索[M].北京:光明日报出版社.

冉新义,2018.混合式学习的理论与应用研究[M].厦门:厦门大学出版社.

申继亮,2006.教学反思与行动研究[M].北京:北京师范大学出版社.

王海啸,2019."双一流"建设大学英语不可或缺[J].中国大学教学(10):12-18.

熊川武,1999.反思性教学[M].上海:华东师范大学出版社.

博伊兹顿,刘放桐,2015.杜威全集:论文及《我们如何思维》(修订版）第8
卷 1933[M].华东师范大学出版社.

钟玉琴,2017.大学英语混合式教学探究[M].北京:电子工业出版社.

祝智庭,孟琦,2003.远程教育中的混合学习[J].中国远程教育(19):
30-34.

张露茜,张静,2018.产出导向的商务英语课堂师生合作行动研究[J].黑龙
江教育学院学报,37(10):128-131.

大学英语线上线下混合式教学的探索与实践

章 瑜①

一、前言

大学英语线上线下混合式教学既是教育信息化的产物,也是大学英语根据学科本身所面临的现实状况实施的应对举措。近年来,大学英语的课时被不断压缩,大学英语课堂割裂现象严重,作为语言类课程所必需的输入及泛在学习环境仅靠课堂教学无法满足学生学习的需求(王守仁,2013)。大学英语教学面对这一新形势、新格局应重新审视传统线下模式各层面的利与弊,利用教育信息化、智能化带来的便利和契机,有效整合线上线下资源,打造更加趣味、多元、开放的英语课堂。此外,今年的新冠肺炎疫情也进一步促成了大学英语混合式教学在高校大范围的实践,笔者所在外国语学院按相关条例组织开展了线上线下按一定课时配比的混合式教学,笔者在此期间承担了"学术英语—管理"及"英语歌曲欣赏"两门课程的教学任务,参与了相关实践,经历了各种尝试,也因此对网课建设、线上线下的衔接融合、多元评价体系的构建等要点有了更多的体会和感触,收获良多。

二、实践意义

大学英语线上线下混合式教学是基于传统英语教学的变革与尝试,该教学模式的应用、推广及常态化是多因素促成的必然趋势,在各层面具

---

① 章瑜,硕士,浙江工商大学外国语学院讲师,研究方向为外语教学、批判话语分析。

有积极意义。首先,网络的普及、信息技术的发展、大数据应用的推广促使高校广泛整合资源,探寻更有效、更实用的教学手段,大学英语教学由课内向课外延伸,由单一线下转为线上线下相结合也是新形势下顺应潮流、有益有必要的教学创新。其次,该模式可满足学生的个性化需求。研究表明,混合式教学依托线上、线下海量的教学资源和多样的教学任务,使得学生获得更多的自主学习时间,实现更灵活的个性化学习(孟宇、卜玉伟,2020)。再次,该模式可使学生的知识储备在深度和广度上有更多的拓展。传统的线下英语教学所涵盖的内容往往模式化,内容相对单一,而混合式教学模式下,教师在各平台上可呈现更完整的知识框架、更细致的解释说明、更富趣味的教学媒介应用,从而帮助学生更好地纵览知识全貌,更深入地掌握各项知识点,更快捷地获取所需信息。最后,该模式也有助于增进学生与学生之间、学生与教师之间的情感交流。混合式教学集线下直面式互动与线上虚拟互动于一体,促进了师生、学生间互动的多样性和趣味性,教师既可在线下给学生答疑,也可通过手机端即时回复学生的咨询。

三、方针策略

混合式教学指线下传统学习方式和线上 E-learning 学习方式的有机结合,既发挥教师在教学过程中的启发和监控作用,又体现学生在学习过程中的积极性、主动性和创造性(何克抗,2016)。打造高效能的混合式英语课堂是个系统工程,教师可从以下几个方面入手。

(一)呈现丰富优质的教学资源

内容新颖、内涵丰富、通俗易懂的优质教学资源是教学活动顺利开展的基本保障。教师在选取和整合教学资源时应关注以下几个要点。第一,资源要"适合"。教师选取的教学资源要与大部分学生的知识储备相吻合,与他们的学习经历、学习能力相匹配。素材过于简单,学生会觉得收获不多;过于深奥晦涩,学生也容易失去兴致。信息技术的发展使得学生个体也能轻易获取各种语言学习的素材,因而教师向学生展示的素材一定要优质,要"适合"学生。第二,资源要"系统"。教师在线下或线上所呈现的资源要尽可能地全面系统,各部分之间或并列、或递进、或补充,脉络要清晰,横向、纵向都能融会贯通。第三,资源要"与时俱进"。各种资源选定确立之后不是一劳永逸的,无论是线下还是线上课堂,教师要对相关资源进行定期梳理,并适当补充更新。

(二)打造趣味高效的课堂教学

严谨而不失趣味,通俗而不乏深度,全面而又重点突出的课堂教学是提升学生学习兴趣及学习投入度的重要保证,教师可从以下几个方面入手打造趣味高效的课堂教学。第一,根据不同的课程属性,构建不同面貌的教学生态。例如,课程"学术英语—管理"旨在将大学英语教学与学生所学专业相结合,提高大学生的学术英语能力及专业英语水平;而课程"英语歌曲欣赏"主要是通过英语歌曲赏析,培养学生听唱英语歌曲的兴趣。由于两门课程的属性不同,构建的课堂生态也会呈现不同的面貌,教师在组织落实混合式课堂教学的过程中,应突出主基调,围绕一定的教学方针,在教学素材、教学策略、互动模式、评价体系、线上线下课时比例等方面进行总体的部署协调;并根据学生反馈、师生互动等渠道及时改进教学方法,保证教学生态中的各要素各司其职,彼此和谐共存,共求发展。第二,充分利用交流互动,营造课堂氛围,提升教学效果。首先,互动应以一定的教学目标为导向,不能太随意、太发散;其次,互动应有一定的连贯性,最好贯穿课前、课中、课后的各个环节;再次,互动形式应多样,不拘一格、好玩有趣的多样互动模式有助于调动学生的积极性。如"学术英语—管理"这门课程,可以采取线下互动,也可以实施线上互动;可以在钉钉、微信上互动,也可以在慕课平台的适当区域互动;互动的参与方可以是师生,也可以是两个或多个学生;互动的时间可以是课前,也可以是课中或课后。第三,合理布置任务,加大学习投入。以"学术英语—管理"为例,该课程的任务设置相对系统完整:课前,学生需完成热身性的词汇测试及自学各模块线上预投放的内容;课中,教师根据结构、内容、语言等知识要点,布置问题回答、即兴观点陈述、PPT展示等任务,敦促学生积极参与各项训练实践;课后,教师布置线上作文、单元测试、小组讨论等后续任务,帮助学生进一步提升语言技能。

(三)构建公正便捷的多元评价体系

客观公正、全面多元、便捷高效的学生学业评价体系是激发学生学习能动性、督促学生认真落实各项学业任务的重要手段,混合式教学模式下的学生学业评价体系更是呈现出有别于单一线下课堂相关评价体系的多样性和复杂性。在评价体系的构建过程中,教师应关注几个环节:第一,评价体系应系统全面。教师应科学设置各个评价主题,认真审核各项评价内容,合理制定各种评价策略,尽量确保课程所涵盖的要点在评分体系中以一定的形式、按一定的分数比例合理体现。第二,评价体系应客观公正。在建立评价体系的过程中应充分考虑课程的属性、课程的教学目标、各教学模块的难易程度等,使得评分体系中的各项内容尽可能客观真实地反映学生的学业付出情况及学业水平。第三,评价体系应多元化。教师可采取"评价主题多极化、评价内容多元化、评价策略多样化"的多元评价体系(林凡,2018)。第四,评价体系应便捷高效。合理的评价模式应由便于操作、便于统计的体系构成,过于繁杂、评价点重叠或重点不清的评价体系既会给教师带来不必要的教学负担,也无法得出科学的评价结果。

(四)提供全面细致的教师支持

研究表明,教师支持策略对改善学生学业认知投入有积极效果。认知投入反映了个体愿意付出必要的努力去理解复杂观点和掌握高难度技能的心理能量(沙景荣 等,2020)。教师应充分利用混合式教学模式带来的契机,传递给学生精神能量,重塑师生关系,帮助学生获取更多层面的提升。第一,提供正向的情感支持。教师应利用各种互动平台与学生多交流,了解他们生活中的困惑和疑虑,多鼓励,多引导,尝试和学生建立"亦师亦友"的关系。第二,及时解答学生的学业疑问。线上互动的便捷和即时性使得学生提问频率大大增加,教师对此应给予积极的回应,及时回复,耐心解答。笔者所在教学团队的几位老师在这一环节上做得比较到位,一位老师班上的某一学生在线上提出一个问题,整个团队的老师都会积极地寻找及查证答案。第三,给出及时的学业反馈与评价。在线上线下混合式教学模式下,学生的很多任务都在线上完成,并由平台设定的系统自动批改;除了线上,混合教学也包括线下任务,这部分则需教师给分。无论哪种模式,教师应及时给予学生反馈,并尽可能使相关的评分、评价客观真实。第四,合理引导学生的价值观。大学英语课堂具备"隐性思政"的属性,教师可在英语课堂中融入思政元素,注重课程的文化诉求,实现知识传授和价值引领相统一。

四、问题与应对

今年疫情期间广泛使用的线上线下混合式教学对于许多教师而言是第一次尝试,对于不少教学机构而言也是第一次大规模组织,大家都是摸着石头过河,漏洞和不完善在所难免,主要体现在以下几个方面。

(一)平台的操作指引不够详尽具体

混合式教学的线上这一块涉及多种可选择的网络平台,如学习通、慕课、微信、钉钉、QQ等。这些平台的功能、特点、操作方法有很大差异,要全部掌握,并非易事。虽然各平台也安排技术代表组建了相应的微信答疑群,相关人员也上传了操作流程及注意事项等重要信息,但由于微信上咨询人数多,问题分散,相关处理办法、应对措施等重要内容不断被新的咨询所覆盖,因而很多教师无法迅速快捷地寻求到所需的帮助。笔者所在的教学团队中的好几位成员就因账户登录问题浪费了大量时间。为改善这一状况,学校可建立统一的技术服务小组,建立一个汇集多平台信息的综合网络咨询平台,该平台可以将操作要点、难点、常见问题进行汇总并分类呈现;可以设置热线电话,配备足够的技术人员,及时解答教师的问询。

(二)线上网课建设不够全面完善

由于大部分老师是第一次着手网课建设项目,资源有限,经验有限,对平台的技术特征也不熟悉,因而建成的网络课程也会有很多不完善之处。第一,内容庞杂。教师在建设课程时会想着多放一些有趣的内容,内容一多,学生就有可能产生畏难情绪,任务完成情况、学习意愿就会打折扣。第二,部分素材偏难。英语的网上素材相对较多,音频、视频、名师讲堂都可编入英语网课中,但有些内容与学生综合语言能力的匹配度不够,学生学起来会比较吃力,学习效果也会不理想。第三,整体框架的系统性不够。不少教师的网课建设全凭一己之力,没有团队合作,没有"高人"指引,并且其建课过程又是与学期授课同时进行的,待到课程结束后再审视原先已建设好的内容,就会发现整体内容系统性不够或者板块设置不合理。第四,内容实用性有待加强。在英语网课建设过程中,教师往往会侧重阅读而忽视口语,突出模式化内容而忽略实用性强的内容。针对以上不足,教师在今后的网络建设过程中,可关注以下几点:加强相互间的合作交流,同一课程可以组建团队,不同课程也可以建立大平台,实现一定的资源共享;在网课建设的初始阶段,教师应具有一定的前瞻性,从框架构建、模块设置,内容甄选等方面多下功夫,多花时间,尽可能确保网课内容的全面系统;此外,校外一些大型英语培训机构建立的收费英语网课也有很多闪光点,教师可适当采纳借鉴,提升网课实用性。

(三)评价体系不够科学客观

传统线下教学往往采用以期中、期末笔试等终结性评价为主,以形成性评价为辅的模式。在线上线下混合式教学模式下,两种评估模式的占比格局会有所改变,侧重于考查学习过程的形成性评估在最后总评中的比重会有明显增加。然而线上系统输出的这块成绩,在客观性、可靠性、真实性方面会存有各种问题。以"学术英语—管理"为例,教师要求学生完成视频观看任务并告知学生该项任务会被纳入总评,但实际操作过程中,平台只能笼统地记录学生的观看时长,并不能将观看时长一一精确记录,更无法自动将时长转换成相应的分数。对于混合评分体系中的漏洞,教师应根据课程目标和课程特征,客观权衡各要素,确立相对客观公正的评价体系,而各网络平台也应在技术上进一步精益求精,为更可靠、更精准的评分提供技术支撑。

五、结语

　　线上线下混合式英语教学是教育信息化促成的高等教育大环境下的新气象、新存在。在抗击新型冠状病毒肺炎疫情期间,混合式教学陪伴广大师生顺利完成了英语课程教与学的各环节。之后,该模式又会如何融入常规课堂教学,原先已建立的教学平台该如何维护、更新,学校在这一方面又会有怎样的政策导向,这类问题在今后的实践过程中将会得到解决。

　　尽管混合式英语课堂在许多方面还不够完善,其在多个环节透出的优越、高效、便捷确是显而易见的。该模式实现了学习资料、学习方式、学习任务等要素的线上线下融合,为学习者创设了更多元、更丰富、更富时代气息的语言学习平台和交流互动平台。时代会记录这一时期它所经历的成长与曲折,也终将见证它所呈现的更加旖旎的风光。

参考文献

何克抗,2016.教育信息化发展新阶段的观念更新与理论思考[J].课程·教材·教法(2):3-8.

孟宇,卜玉伟,2020.基于"U校园"学习平台的通用英语校本SPOC混合教学模式[J].教学实践(1):66-71.

林凡,2018.生态语言学视阈下的大学英语教学[J].教科文汇(10):166-167.

沙景荣,看召草,李伟,2020.混合式教学中教师支持策略对大学生学习投入水平改善的实证研究[J].教育资源与技术(8):127-133.

王守仁,2013.坚持科学的大学英语教学改革观[J].外语界(6):9-12.

尺有所短,寸有所长

——大学英语线上线下混合式教学初探

郑 毅

一、大学英语线上线下教学现状

党的十九大做出了中国特色社会主义进入新时代的伟大判断,从而开启了我们实现国家教育现代化,建设社会主义教育强国的伟大征程。2018年,教育部提出了教育信息化2.0行动计划,要求广大教育机构及教育工作者接受教育信息化的新使命,推动新时代教育信息化从1.0时代进入2.0时代。确实,当今时代信息化高速发展,我们已经从4G时代进入了5G时代,互联网时代成长起来的新一代对网络的了解、使用和依赖超乎我们的想象。这一切都要求教育工作者不因循守旧、故步自封,主动迎接时代给予我们的新挑战,拥抱信息化时代,利用互联网科技,为早日实现教育现代化的目标而努力。

大学英语是一门基础学科,几乎所有的非英语专业学生都要学习。但是各个学院的大学英语课程本身占有的学分和学时大都比较有限,多为3—4个学分,而且目前还有缩减的趋势,每周授课次数大多为1次,师生一周一会,上课来,下课走,绝大部分的答疑都是随堂进行。在这种时间短、任务重的客观条件的约束下,大学英语课堂教学有诸多的缺点,比如教学形式单一,教师对学生进行"满堂灌";作业测试反馈慢,一般需要两周时间,教师在第一周布置的作业,学生第二周完成上交,要等到第三周才能拿回老师的批改版;课外扩展内容少;参考书目形同虚设;等等。

相比而言,线上教学无论从内容上还是形式上都比线下教学更加从容和丰富。线上教学平台众多,比如超星尔雅、智慧树、中国大学慕课等知名的网络在线教育平台。还有各种直播软件,比如钉钉、腾讯会议、腾讯课堂、微信群、QQ群等等。有些专家学者认为直播不能算线上教学形式,对此笔者有不同看法。笔者认为直播是线上教学的一种重要形式,直播更有现场感,教师可以跟学生实时互动,更好地监督学生的学习状态,维护课堂纪律;同时,学生对直播内容可以进行回放、暂停、下载等操作,不同水平的学生都可以从容地学习。线上教学的学习资源比较丰富:许多出版英语教材的出版社都早已有了与教材内容相符的线上学习平台,学生可以在线上进行自学自测;各种辅助教学的App软件也种类繁多,仅仅是背单词的辅助软件,就有扇贝单词、极光单词、墨墨背单词、考虫单词等等,令人眼花缭乱。这种百花齐放的线上教学盛况会让人产生一种错觉,线上教学的软硬件准备已经非常充分,可以取代线下教学,甚至可以有比线下教学更好的效果。事实确实是这样吗?让我们先来详细分析一下线上教学的优势和劣势。

二、大学英语课程线上教学的优缺点

(一)大学英语线上教学的方便与不便

线上教学打破时空界限,学生随时随地都可以拿起手机,打开电脑,参与教学直播或者回看录播内容。教师也可以避免舟车劳顿,提前录制好教学视频,随时随地进行直播,开展教学活动。笔者有个学生每周都必须在一个固定的时间去医院看医生,考虑到她的特殊情况,笔者批准她进行线上学习。通过直播软件和QQ学习群,她能够实现在医院的候诊区全程参与教学活动并且完成随堂练习。笔者能够通过网络对她进行实时的指导和交流,就好像她本人正坐在教学楼的教室一样。这个事例让人不得不承认线上教学突破物理限制的能力超乎我们的想象,给教师和学生都带来了极大的便利。

但是,这种便利背后隐藏着不便。线上教学离不开电脑、手机和网络的支持,电脑故障、手机信号不好、网络拥堵等各种问题都会打断课程进程,破坏教学的连续性,浪费老师和同学们的时间,也会导致作业布置和上传不成功,甚至出现打卡、签到失败等情况。另外,大部分教学平台和软件都是在手机终端上,学生要进行学习势必要长时间地盯着手机屏幕,手机屏幕过小,长时间地观看会导致学生视觉疲劳,甚至会对视力造成伤害。一些学生甚至因此对上课产生了恐惧感和抵触情绪。

(二)大学英语线上教学的丰富与单调

正如开头提到的,大学英语线上教学平台百花齐放,教学资源丰富多彩。但是其本质的教学形式极其单一。再花哨的页面,再可爱的动画效果,学生要做的也不过是在屏幕上点一点,画一画,然后得到软件反馈的冷冰冰的几行字。但线下教学的形式就极其丰富了。学生可以就某个话题畅所欲言,跟教师对话,跟同学讨论,甚至辩论、排演情景剧,等等,比单纯的人机对话有趣太多。在跟学生的交流中笔者发现,所有的学生都更倾向于线下教学,因为他们可以跟同学一起交流互动。虽然线上的教学群里同学们可以交流,但是受到很大的限制,很多活动形式无法开展。

不但如此,所有的教学平台、教学软件等的设置,都把学生看作一个具有单一特征的群体,所以采取的教学方式和策略都是单一的。其实大学生的知识结构、专业特点、学习经历方面存在较大差别,英语学习的基础、习惯、态度也有所区别。在线下教学的过程中,教师对待不同专业、不同班级,甚至不同的学生个体,都会采取不同的教学方式和策略。以笔者个人为例,因为一个班的学生对某种教学方式比较不适应,笔者曾经在一门课程中对两个相同专业的班级采取了完全不同的教学方式,从备课、讲解到作业形式都完全不同。而这在线上教学中是无法做到的。

(三)大学英语线上教学的高效与无效

线上教学除了直播平台,各种学习群也扮演着非常重要的角色。在各种学习群里,教师和学生可以产生即时的交流,做到第一时间查看教学效果,答疑解惑。笔者在教学群里曾尝试让学生把随堂完成的练习答案拍照上传,结果让笔者十分欣喜。在规定的时间里,所有的学生都把自己的手写答案传了上来,笔者可以同时看到十几名同学的练习完成情况,对于普遍出现的错误和问题一目了然。笔者可以在群里即时指出问题并进行解释,同学们也能立刻给出回复。除此之外,笔者还可以在群里跟个别同学私聊,把他个人的问题及时地跟他进行沟通,效果也非常好。这种方式让笔者第一次切实地感受到线上教学的巨大好处。在线下课堂教学中,有同学不参加随堂练习活动笔者也束手无策,所以笔者无法看到所有人的答案,只能根据教学经验进行分析和讲解。这种讲解没有针对性,常常会出现"一拳打个空"的尴尬场面,因为笔者并不能真正了解学生的问题所在。

但是这种沟通也存在着问题。在沟通过程中,笔者逐渐感觉到一种"那么近,却那么远"的尴尬:虽然学生的回复就在屏幕上,近在眼前,但笔者总觉得彼此的心灵离得那么远。学生的客气代表着一种拒绝,他不好意思或者觉得不方便表达他真正的疑问和困惑,但笔者不能及时发现并给他做进一步的解释,真正解决他的问题。而在线下,笔者则能够从学生的肢体语言和面部表情中发现这一点,能够进行更好的沟通。由此可见,线上的沟通虽然即时,但是在很多情况下是无效的。

(四)结论:尺有所短,寸有所长

线上教学有它独特的优势,但是也有它无法回避的劣势。作为一名大学英语教师,笔者在线上和线下教学中都有丰富的经历,就笔者个人而言,笔者认为线上教学不能完全取代线下教学。陶行知先生说过:教什么和怎么教,绝不是凭空可以规定的;它们都包含人的问题,人不同,则教的东西、教的方法都不同。线上教学回避了学情问题,使教学活动变成了流水线生产。

学情是教学的基础。在教学准备时,教师通过学情分析了解学生的起点水平,并以此为基础,准备教学材料,选择教学方式;在教学过程中,学情为教师的教学行为提供反馈信息和改进依据;在课后,学情也能促进教师进行教学反思,同时为下一阶段的教学做准备。学生的成长环境、学习经历和知识储备,甚至思维方式每过几年就会发生变化,教师必须主动地去了解适应,否则就会产生代沟,导致跟学生无话可说的尴尬处境。

从学生的角度来看,线上教学同样存在劣势。笔者曾经给学生布置过一篇作文,题目就是"线上教学的优势和劣势"。所有的学生在作文中都明确地提出,他们更喜欢线下教学,线上教学不能完全取代线下教学。学生们在作文中表达出对教师指导和监督的渴求,以及对线上学习过程中自律性不强的担忧。

无论从软硬件设施的角度,还是从教师和学生的反馈来看,目前的大学英语线上教学都是无法完全取代线下教学方式的。

三、线上线下,合二为一

我们身处在一个大数据、人工智能等信息技术蓬勃兴起的时代,线上教育教学,"互联网＋"的学习方式已经是教育发展的必然趋势。教育信息化具有突破时空限制、快速复制传播、呈现手段丰富的独特优势,必将成为促进教育公平、提升教育质量的有效手段,必将成为构建泛在学习环境,实现全民终身学习的有力支撑。专业教学必将从课堂现场向互联网转移,这就要求教师很好地将线上教学方式和线下教学方式结合起来,充分发挥各自的优势,弥补各自的不足。但如何改进线上教学方式方法,加强教师在其中的指导和参与力度,提升教学的效果,还需要所有教师,以及教育软件、教育平台的开发者进一步努力。

(一)改变线下教学方式

2014年4月,教育部颁布《教育部关于全面深化课程改革落实立德树人根本任务的意见》,要求教育关注重心应该从对成绩的追求转向对学生核心素质的提高,这就要求教育工作者不是单向传授知识,而是全方位培养学生的能力。单单依靠每周2—4个学时的课堂教学是无法完成这个任务的,教师必须打破教室的局限,打破时空的局限,让学生走向更广阔的线上学习空间。

线下教学应该改变原有的"满堂灌"教学方式,不应该仅仅将课堂上的教学时间当作唯一有效的教学时间,而应该充分利用线上平台和资源,将课堂进行时空拓展,给学生持续的学习体验和感受。教师应当改变以往"满堂灌"的课堂教学方式,而将更多的精力和时间用来了解学情,掌握学生的学习经历、学习特点、学习习惯;同时,教师应当对课外时间进行充分利用,给学生安排适合他们学情的教学内容和方式,让他们享受更为便利和丰富的线上学习方式和资源。

(二)优化线上教学方式

科技以人为本,教学软件和教学平台应该在程序设计上进一步人性化,增加学生和教师的互动性。在大数据时代,教学软件和平台有助于增加与学生的互动,让教师了解学生的学情,从而针对不同学生的知识背景、学习习惯,为他们提供量身定做的学习内容和计划。在"物联网"时代,就像很多应用软件可以为用户提供量身定做的信息服务那样,学习软件也应该能够为学生提供特别定制的学习服务。

同时,教学软件和平台也可以加强教师的掌控力,让每位教师可以根据自己的教学目标和学情自由安排教学内容,比如可以增加或者删减软件或平台上设定好的教学内容或者练习内容等。笔者认为,无论是教学软件,还是教育平台的设计者都应该让程序设计具有更大的开放性,让每位教师可以根据学情给学生定制教学内容和方式,在程序上给他们提供最大的便利。双管齐下,这样就能够在一定程度上解决线上教学脱离学情的缺陷。

四、总结

大学英语教学摆脱课堂单一教学方式,走向更加宽广的网络空间是新时代下不可回避的趋势。但完全依赖线上教学也是不可取的,尺有所短,寸有所长,教师必须将线上和线下教学完美地结合起来,让两者互相取长补短,才能让新时代新环境下的大学英语教学焕发出更加强大的生命力,为更好地提升学生核心素养,实现教育强国的伟大目标做出贡献。

参考文献

教育部,2018.教育信息化2.0行动计划[EB/OL].(2018-04-25)[2020-11-
23].http://www.moe.gov.cn/srcsite/A16/s3342/201804/t20180425_334188.
html.

王海啸,2019.大学英语教师与教学情况调查分析[J].外语界(4):6-13.

屈武江,霍艳飞,2020.提升线上教育教学质量的对策建议[J].乌鲁木齐职
业大学学报(1):43-45.

龙春芳,2020.人本主义视角下大学英语课堂的情境教学途径[J].广西科
技师范学院学报,4(2):134-136.

陶行知,2014.中国教育改造[M].北京:商务印书馆.

马思腾,褚宏启,2019.基于学生核心素养发展的学情分析[J].现代教育管
理(5):124-128.

教育部,2014.教育部关于全面深化课程改革落实立德树人根本任务的意
见[EB/OL].(2014-04-08)[2020-11-23].http://www.moe.gov.cn/srcsite/
A26/jcj_kcjcgh/201404/t20140408_167226.html.

基于超星泛雅网络教学平台和学习通辅助线下的大学英语教学实践探索

周　迈①

前　言

随着网速的巨大提升,教学的方式和方法也发生了巨变。大学英语是一门语言学习课程,由于互联网上的英语资源特别丰富,英语学习者能轻松获得大量英语资料,这自然给这门课的教学提供了极大的便利。本文将根据作者个人的教学体验,探讨一下将超星泛雅网络教学平台和学习通应用于大学英语教学的方法、优势以及存在的局限性,以期进一步提升大学英语的教学质量。

一、线下大学英语教学的局限性

在利用互联网教学平台辅助大学英语教学之前,大学英语教学主要靠教师课堂讲授,教师努力控制课堂以提高课堂教学效果,课后布置作业,作业完成以后由教师检查批改。由于大学英语教师任教的班级一般比较多,而且班级的学生人数也比较多,教师精力有限,对学生课外学习情况的监控就明显不足。局限性具体表现在以下几个方面。

---

① 周迈,硕士,浙江工商大学外国语学院副教授,研究方向为语言教学、翻译理论与实践。

（一）学生自觉性不够

英语是语言，要学好它，仅靠大学英语学习课堂的短暂时间是远远不够的，学习更多靠课外时间。可是由于学生课外的时间缺少教师的监管，大学时代远远没有中学时代管得严，尤其是大学一年级的学生，刚刚离开中学时代，对大学的学习方式和方法还没有适应，除少数自制力强的学生以外，大部分学生在课外的自主学习都打了折扣。因此，为了提升学习效果，加强对学生课外时间学习的监管很有必要。

（二）教学管理存在不足

为了维护课堂纪律，保证课堂教学效果，在课堂进行考勤很有必要。线下大部分老师的考勤方法是课堂随机点名，这必定会耽误一定的课堂学习时间，影响课堂教学。

（三）师生沟通不足

教师在课堂教学之后，和学生就学习问题讨论的时间不多，部分学生由于害羞，不愿意和老师直接接触，即使有问题，也不愿意向老师请教，导致有些学习问题没有及时得到解决。久而久之，由于问题增多，学生很容易对学习这门课程失去信心，学习的质量自然也就得不到保证，更谈不上提升学习效果。

（四）阶段性检查考核的次数不足

由于课堂时间有限，再加上大部分大学英语教师承担的班级教学任务比较多，对学生学习的知识点进行阶段性测试的机会很少，不能及时进行小考；即使进行了小考，由于教师精力有限，试卷很难及时得到批阅讲评。事实证明，定期进行阶段性测试，检测一段时间的学习效果，对学生学习的知识点进行巩固是很有必要的，因为这样可以促使学生对所学的知识进行复习回顾。

正由于传统教学模式存在以上局限性，我们迫切希望找到一种能够弥补线下大学英语教学模式短板的方法。所幸的是,在互联网的支持下,各种网络教学平台应运而生,极大地方便了大学英语教学,提升了大学英语的教学效率和质量,同时也提升了教师对学生的监管力度。在众多的教学平台中,由超星公司开发的泛雅网络教学平台极具代表性。下面,笔者将结合自身的教学体验,分享一下个人是如何利用这个平台辅助进行大学英语教学的。

二、超星泛雅网络教学平台和学习通介绍

近年来,"互联网+"的教学模式得到了不断推广和应用,该模式逐渐成为大学英语教学改革的必然趋势。由超星公司研发的泛雅网络教学平台是为中小学和大学教学而设计的线上自主学习和线下课堂教学相结合的教学平台(学习通为移动教学工具,同步教学),该系统具有以下优势:教学资源多(超星提供了大量的电子书、视频和音频资源、各种教学软件、各类模板的下载)、质量佳、多终端学习数据同步。

三、线上辅助线下的混合教学模式

自从我国网络进入光纤时代以来,互联网的速度得到了极大的提升,这为教师和学生开展网上教学提供了强大的技术支撑,特别是英语教学,英语音频和视频资源完全可以实现高清播放,且播放流畅,同时网上资料丰富,种类很多,能够大大提高学生学习的热情和兴趣。

笔者为了顺应新时代对大学英语教学的需求,同时结合我校(浙江工商大学)的大学英语教学实际,探索了线上辅助线下的混合教学模式的具体实践方法,现在此分享一下。

四、利用泛雅网络教学平台和学习通的大学英语混合教学模式的探索

(一)利用平台课前布置学生预习任务

预习方面,一般由教师布置一定的预习任务,课堂上采用提问的方式检查学生的预习情况,不过往往会出现这样的情况:很多学生不自觉,课前并没有预习,再加上教师所教的学生人数太多,很难对学生的预习情况进行有效检查。笔者尝试利用泛雅网络教学平台布置预习任务。例如,在给学生讲解《全新版大学英语 综合教程4》的第一单元之前,就布置了预习作业(如图1所示)。

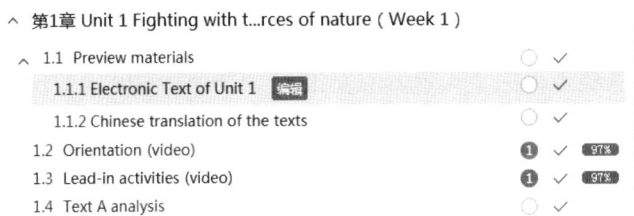

图1 预习任务

"Preview materials"提供了第一单元的预习材料,包括方便学生网上学习的电子版课文的英语原文和中文译文,"Orientation(video)"简单介绍了本单元学习的方法和步骤,让学生对本单元的学习有预见性。"Lead-in activities(video)"通过视频讲解的方式由教师导入本单元主题。我们可以看到"Orientation(video)"和"Lead-in activities(video)"是课前预习的任务点,在平台上不仅可以非常直观地看到全班同学观看视频的情况(到规定的截止时间,全班同学完成了97%),而且可以看到班上每个同学观看预习视频的时长数据,如图2所示。

图2　预习视频时长记录

对没有认真预习的同学,教师可以在网上提醒,点击上图右上角的链接"未完成人员",可以看到图3所示。

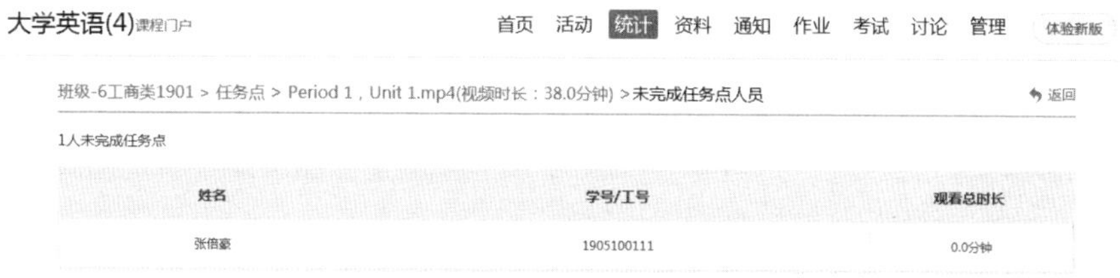

图3　未完成预习任务的学生

未完成的学生只要安装了手机客户端,就可以收到提醒信息,以督促学生做好预习工作。同时学生学习和预习的情况会形成数据,教师可以将其纳入平时成绩的考评范围,这有助于激励学生认真做好课前预习工作。由于我校大学英语课程平时成绩占总成绩的近40%,预习成绩和平时成绩直接挂钩,驱动效果是相当明显的。

(二)利用平台辅助课堂教学内容的讲授

线下大学英语课堂主要采用PPT加黑板板书的形式进行讲授,即使学生在下课后拷贝了PPT课件也没有办法更新同步教授内容。笔者利用泛雅网络教学平台,把课堂上讲授的内容制成课件链接,如图4所示。

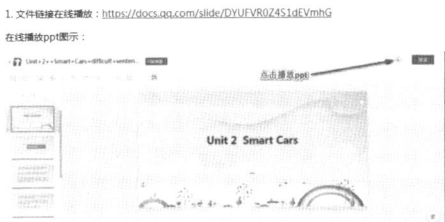

图 4　在线 PPT 平台链接

　　学生利用手机或者电脑可以随时访问在线 PPT 或者在线思维导图，而且内容可以即时更新。例如，笔者采用的是腾讯在线 PPT（如图 5 所示）和百度脑图的在线思维导图（如图 6 所示）。这样可以帮助学生归纳学习的重点，方便学生学习和复习。

图 5　腾讯在线 PPT 图

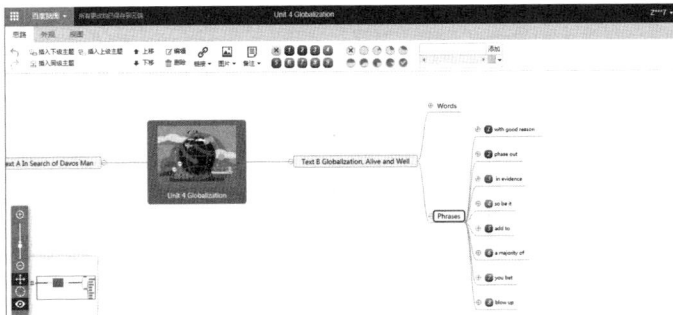

图 6　百度脑图的在线思维导图

　　大学英语是大学阶段普遍开设的一门课,在教育部的网站上已经有相关MOOC精品课程。为了丰富教学内容,笔者引用了爱课程平台上厦门大学开设的"大学英语4"的小部分内容,该课程的教学内容质量比较高,如图7所示。

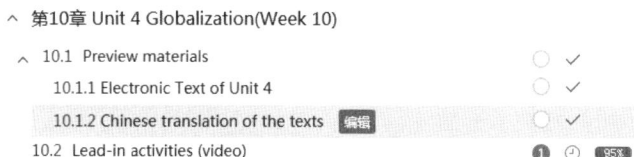

图7　爱课程平台相同课程视频

　　图7中"Lead-in activities(video)"引用了厦门大学在爱课程平台(http://www.icourse163.org/course/XMU-1002332006#/info)开设课程的相关视频(如图8所示)。

图8　厦门大学"大学英语4"课程讲解视频截图

　　泛雅网络教学平台程序既支持在电脑端运行,也支持在手机端运行。手机端导入班级以后,能够自动形成一个班级群,师生之间、学生之间可以相互讨论。学生可以通过"讨论"等板块进行师生、生生互动,将有限的线下课堂进行无限的延伸。笔者还配合建立了QQ群,使学习互动更加方便、更加充实。

　　为了鼓励学生回答问题,笔者利用手机事先对回答问题的学生设定奖励分值,学生可以抢答问题,抢答的时间先后大家都可以在手机上看到,而且可以通过输入简单的密码,投屏到教室的大屏幕上,在课堂上形式视觉冲击,如图9所示。

图9 抢答问题图

(三)利用学习通辅助教学管理

在使用学习通之前,笔者主要采用随机点名的方式检查学生的到课情况,登记工作费时费力,有的时候还不够准确。由此,笔者充分利用学习通提供的签到功能。学习通提供了4种签到的方式:普通签到、手势签到、位置签到、二维码签到。笔者通常的做法是采用位置签到和手势签到相结合。手势签到如图10所示。

图10 手势签到

　　为了尽量保证考勤的准确性,笔者在学期伊始参考飞机选座位的方法,由学生在网上表格中选择自己偏好的固定座位,学生通过学习通签到以后,再按照座位表简单地核对一下,确保考勤准确,然后每周将考勤的情况公示在网络在线表格中,如图11所示。

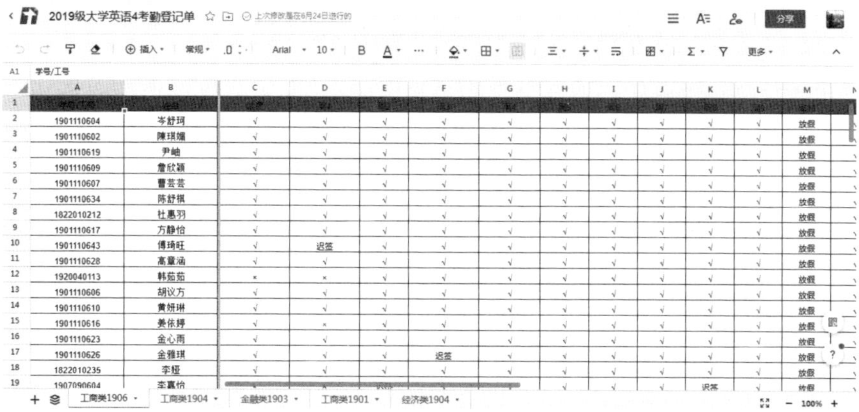

图11　考勤表格

　　通过学习通平台,笔者可以迅速确定学生出席、早退和旷课的情况,如图12所示。

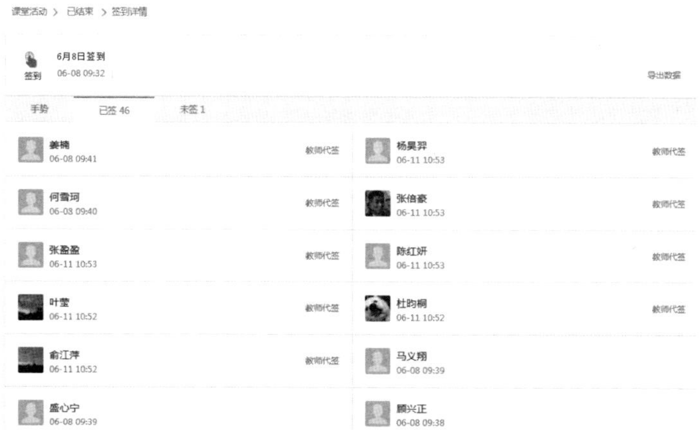

图12　签到结果图

（四）利用泛雅网络教学平台和学习通辅助测试

定期监测学生的学习情况,是提高教学质量必不可少的手段,笔者利用泛雅网络教学平台的优势增加了测试的频率。在泛雅网络教学平台上,如果考试题型是选择题和填空题,而且答案唯一的话,系统可以自动判卷,并且自动统计成绩,非常高效。对于问答题,尤其是英语测试中常见的翻译题,以前往往需要教师主观批改,教师的工作量会很大。现在平台提供了学生互评的功能,可以设定一个学生至少要批改几份试卷,教师提供答案和评分标准,学生基本上可以判断并给出自己所批阅的试卷成绩。还可以设定一个同学的试卷由多个同学批改,成绩取平均值,能保证成绩基本准确。

（五）利用泛雅网络教学平台给学生分享学习资料

如果注册了泛雅网络教学平台,平台会给教师和学生赠送一个150G的网络云盘,方便存放资料。和百度云盘、腾讯微云云盘不一样的是,泛雅云盘可以直接下载,不需要安装客户端。云盘之间可以相互共享文件,下载的速度也没有任何限制。除此之外,学习通还有课程资料文件夹,教师将资料放进资料文件夹,不需要进行任何设置,自己所教的所有学生都可以随时访问下载,如图13、图14所示。

图13 笔者的泛雅云盘图

图14　笔者的大学英语课程资料图

（六）利用泛雅网络教学平台和学习通给所有学生群发通知

在使用泛雅网络教学平台和学习通之前,给学生发通知主要是利用QQ或者微信公众号推送。笔者通常的做法是由每个班级的学习委员组成一个QQ群,如果有通知,先将通知发送到这个群里面,再由学习委员转发到自己的班级群。这里可能会出现一个问题,如果学习委员收到了消息,却忘记转发到班级群,就可能造成班级同学还是收不到通知的情况。为了确保通知万无一失,笔者就在每个班级的QQ群里面发一次通知,有几个班级就发几次。现在笔者利用泛雅网络教学平台可以一次性把通知发送给所有的学生,结合QQ群使用,保证通知到位。

五、泛雅网络教学平台和学习通的优势

大学英语教学需要进行大量的语言操练,学习通提供了众多的多媒体功能和测试功能。大学英语教师教学任务繁重,其主要原因是有很多重复性的劳动,如批改大量作业,反复给学生训练听力,这些都缺乏创造性。而这个平台帮教师减少了重复性劳动,把教师从繁重、重复性的教学任务中解放出来,从而有更多的时间提升自己的知识水平和教学水平。

六、泛雅网络教学平台和学习通的局限性

使用网络平台辅助教学固然有不少的优势,如具有多种功能和资源,

但并不意味着这个平台具备教师需要的所有资源,教师需要的资源大部分还是要自己搜集,这对部分教师来说还是存在着挑战。同时,放置在网上的音频和教学视频等还需要教师进行剪辑、加工、配字幕等,这需要花费大量的时间,而这和教师的专业没有直接的关系。

网络中的资源很丰富,但是如果照搬平台上的练习,学生很容易在网上找到答案,个别不自觉的学生可能没有认真做练习,不能达到学习的效果。

七、结语

将超星泛雅网络教学平台和学习通应用于大学英语的教学中能够使教学内容更加丰富,激发学生学习英语的热情,因材施教,有针对性地对学生进行教学。尽管它存在一定的局限性,不能完全代替教师的线下教学,但是它可以很好地辅助线下教学,是对大学英语线下课堂教学的有益补充,是提升大学英语教学质量的利器,值得推广。

Web 2.0技术驱动下的美国大学线上形成性评价的内涵与启示

——以纽约市圣约翰大学为例*

庄　　欣①

一、引言

2020年笔者有幸在美国圣约翰大学访学期间观摩了校内CTL(The Center for Teaching and Learning)的网络研讨会,聆听了来自各个专业一线教师就教学与技术相辅相成的探索与发展之路的汇报,受益匪浅。形成性评价一直被公认为学生学习过程中最有价值的评价方式,在Web 2.0时代它的操作方式更加多样化。Web 2.0是Darcy DiNucci于1999年创造的术语,又被称为参与和社交网络。与Web 1.0最大的区别在于,它强调由用户生成的内容,易使用,与文化互动,有着丰富的Internet应用程序;而人们在Web 1.0中只能以被动的方式查看内容。目前在教育界,师生利用Web 2.0实践着信息存储、创建、传播、交互和协作的功能。由于Web 2.0资源的多元化,除了众所周知的社交型软件,如YouTube、Facebook、Twitter、Instagram等,还有诸多的网络工具可以运用到教学方面,主要有以下几类:益智类、汇报类、资源类、录屏类、视频音频类、网站地图类等。在如此丰富的选择面前,圣约翰大学在线上教学中是如何实践以人为本、发展个性教育的? 教师们又是如何让线上的形成性成果与评价丰富立体起来的?

---

*　基金项目:本文系国家留学基金管理委员会2019年地方合作项目(〔2019〕75号)的研究成果。
①　庄欣,硕士,浙江工商大学外国语学院讲师,研究方向为英语教育。

二、文献综述

早在1963年，Edgar Dale等人就提出了教学视听法的经验之塔。之后又有不少学者在他的基础上不断丰富经验之塔的内容，其主要观点为：学习可以分为被动学习和主动学习两类。以阅读、听讲、看图片、视频、观摩展览或实地考察等基于读、听、看的学习手段都属于被动学习，而只有当学生参与讨论、演讲、设计、演示、模拟直接且带有学习目的的表达与运用才是真正的主动性学习（Dale，1963）。

由于学习方式的不断创新，课堂评价的范式也随着学者们深入研究不断进步、革新。最早的评价范式是学习段评价（assessment of learning），通常它在一个模块或者一门课程的结束时发生，运用考试的方式进行成绩的评定或是学习成果的总体鉴定，属于终结性评价（Linn，2000）。但是这类评价在信息的获得和使用上是单向的，只有教师可以笼统地掌握学生的学习状况。后来学习性评价（assessment for learning）诞生了，它在评价手段上更加细化，是一个持续的过程，教师把测评当作一种调查的手段来了解学生的学习过程，因材施测，及时进行描述性的反馈。但是不难发现，学生在测评中始终是一个被动的角色，虽然教师给出了描述性且有针对性的评价，但是这类评价只是在学生所想与学习结果的期待之间建立了联系，缺少教师的解读与帮助。后来学者认为学习不应该只是知识的简单传递，而应该在学生接触新知识时重新构建认知的过程，而学生则是评价与学习之间一个关键的联系者。让学生参与评价过程，搞懂新旧知识间的关联，并不断地调整、反省学习的过程，可以有效地帮助他们深度理解学习内容，于是学习化评价（assessment as learning）产生了。它重视学生角色的转化，培养其元认知策略及认知重组的能力，学生在过程中可以进行自我判断、自我监控、自我评估、自我反思，内化、吸收反馈意见与建议，逐渐成为主动的学习者和具有思辨能力的评价者。而教师的角色并未因此而弱化，他利用学生评价的结果来进行教学设计和评估，通过示范、设定目标从而帮助所有的学生参与思考并掌控自己的学习，并且在教学的某些阶段给学生机会跟踪并反思自己在学习过程中的表现与结果。于是学习者不再是简单的学习者,而是具有思辨能力的人。形成性评价就是建立在这样的理念之上,它不是为了评价而评价,更像是通过形成性的积累来帮助学生认识自我,针对学习中的问题及时反思与调整,从而了解学习的意义与内涵。

三、研讨会的回顾与分析

圣约翰大学的"教育+信息技术"的研讨会共有7位教师参与了汇报,分别来自法律学院、经济学院、行政学院、商贸学院、核心研究院、医药科学学院、体育管理学院。教师们一致以问题为导向,分析了在当前网络授课的大环境下教师如何利用教育技术以及学习化评价来帮助学生在专业上获得长足的发展。汇报内容及成果主要有以下几个显著的特点。

(一)Web 2.0特色鲜明的形成性评价

在7个专业的汇报中,教师们结合学校已有资源和自身专业需求的资源,广泛运用信息技术手段,使技术的应用不只停留在辅助层面,而是成为教育的一个重要部分,学生参与感强,线上教学形成了师生共同塑造的教育信息化生态。

法律专业的学生被指导使用专业技术平台NSLT,在23个学习模块中自由选择其中的12个模块以完成该课程的学习,并获得相应的法律技术证书。经济学院则注重把视频和播客技术融入平时的作业中,让学生运用宏观分析法和数据可视化的方式研究当下的工业经济和商业经济。与此同时,医药科学学院运用Camtasia软件将学习内容互动化、精简化、模块化,学生不会因为专业知识而产生畏惧感。行政学院的教授充分利用校外资源,鼓励学生参与其他大学(如Gutgers University等)以及开放的线上教育社区的在线研讨会议,让同步或者异步的资源都能为学生所用。在商贸专业领域,视频的运用俨然成为技术的重中之重。教授鼓励学生运用视频技术(如Film 101、iMovie、FiLMic Inc.、Adobe Premiere Pro等)来提升学生的参与度,用电子档案袋的方式收集学生的作品及课程汇报。核心研究院是一个比较特殊的学院,教授更擅长挖掘学生的科学探究能力。他要求学生在SMART SPARROW平台上训练科学推理、假设验证、演绎推理、数据分析、数学计算等能力,同时也结合一些自带的多媒体交互软件和学校的Blackboard平台进行支撑与管理。即便是体育管理专业,教授依旧能运用多种软件(如Tweet、Premiere Pro CC、YouTube Channel、Interview Snippet)及时调整学习内容,让学生能够直面专业人士,获得最新的知识。

总而言之,不同专业领域学生的形成性在线作品互动性强且以自制内容为主,而教师充分挖掘了学生的信息素养之潜力,使他们发挥了自身的学习能动性与"网络原住民"的特长,在形成性成果的积累上百花齐放。

(二)让学生信服的Web 2.0形成性评价

教育与信息技术的配合最怕的就是"两张皮"现象。正如前面所说,信息技术手段下学习能动性的激发不应满足于图片、视频、讲课的呈现,而应当让学生参与其中,并做出有意义的尝试与探索。

直接给出目标设定。例如,法学院的教授在目标的设定中告知学生,要获得法律技术证书需要在在线平台上学习12个模块大约52个小时的培训内容,学生可以根据自己的学习进度选择内容并参加学习测试,以满足眼前目标;也可以选择长期的学习任务,为自己规划更长远的专业发展目标。行政学院的教授也将证书类课程单独列出,指导学生有的放矢地进行线上学习。

与专业前沿紧密结合。无论是在经济学院还是在体育管理学院,教授们都将学生的线上学习与社会现状紧密联系起来。在研究话题上,经济学院的教授让商业经济课程中的学生们研究亚马逊、低酒精气泡水Spiked Seltzer品牌,让工业经济背景下的学生研究波音客机、工业自动化,等等。而体育管理学院的教授则结合纽约市的独特性以及体育产业的变化与调整,让学生紧跟时代的发展,与专业人士交流互动,带领学生预见未来,使其专业学习符合实际需求。

技术为学生学习服务。经济学院教授的一句话让人印象深刻：

Students should understand symbols and speak in words.

他认为经济学专业的学生应当具备三个方面的基本能力：发现数据、解释数据和实现数据可视化的能力。然而，学生不应被数据所困，在小组的合作中，每一个小组或是个人都应发展成主动且全面的分析家，看懂数据的同时还要会表达与分享。商贸学院的教授在鼓励学生自制电子档案袋的时候更像是在教学生自我营销、分享故事、彰显个性。作为形成性考核的内容，制作视频的长度通常控制在一分钟内，这样，不会给学生带来太多技术制作的负担，还能让学生在汇报中凝结所学知识的精华。

重视学生个体差异。人本教育理念始终把学生的需求摆在第一位。在核心研究院中，平台上的学习内容是树状结构的。学生可以根据自己的需求选择不同层次的内容，学有余力的学生还可以随时延伸自己的学习需求。另外，在学习过程中的反馈都是即时的，它可能针对一些活动，或概念自查，或学习疑问。教师根据短期学习成果集中讲授通常的错误概念等，让形成性评价形成良性的内循环，即不断监测、纠正、调整、再学习的过程。

(三)Web 2.0形成性评价的后效应

形成性评价是课程学习成绩的一个重要组成部分，但是从教师们的研讨中可以看出，获得评价结果并不是教师们的唯一目的，在形成性评价的过程中教师们在培养学生的专业素养的同时，也在培养他们的信息素养、文化意识与学习策略。

行政学院的教授指出她的教学目的就包括教会学生分享知识，懂得地方与全球学习资源的价值，会使用网络中的开放资源，她同时也鼓励学生创作自己的内容，无论是图片、文字或是视频，使之成为有分享潜力的好资源。商贸学院的教授则反复强调参与才是最好的学习方式。她指出以问题为导向的学习可以带着学生提升品牌意识，关注顾客未曾关注的角度，带领顾客认识自己的品牌，从而让他们自制的作品喜闻乐见，这对学习有益处。医药科学学院的教授则注重平衡性的学习，她认为不是所有的内容或者话题都适合互动性教学,要关注文化方面的差异,不熟悉的或是有争议的话题教师都需谨慎。只有进行了充分的讲授和互动式教学之后,才可以进入与病人面对面的护理环节。

面对日益盛行的线上教学,圣约翰大学清晰地归纳了大学生应当具备的五个等级的信息素养培养模块。其培养目标分别为:会设计研究的目标,会选择信息的来源,会辩证地评价信息和来源,会整合信息资源,会理性合法地使用资源。因此,圣约翰大学的测评原则中提到测评不仅要关注学习结果,还要关注产生这些结果的学习经历。教师需要知道学生的整个学习过程,包括课程、教学和学生的投入,这样教师就能知晓,在怎样的情况下学生才能学得最好,拥有怎样的知识体系学生才能提高学习能力。如果让测评有价值,就应该从实用的角度出发,把人们真正关心的问题作为学习的指明灯,收集并解释数据,从而指导并帮助学生获得持续成长的动力。

四、对于英语学科的启示

经过几十年的繁荣发展之后,我国的英语学科的发展进入了瓶颈期。其原因可归结为大纲知识结构单一、教学内容陈旧、与其他学科交叉融合不够、更看重终结性评价等。

圣约翰大学教授们的讨论让笔者发现,无论是什么学科,知识的前沿性与实用性始终是第一位的。从教师和学生的线上讨论到学生制作的形成性作品都应与社会息息相关,都应基于"问题意识"开展有意义的研讨,这样也能充分调动学生学习的能动性。英语学科专业的教师既需要具备英语专业知识,也需要具备教育学知识。圣约翰大学教育专业在核心能力培养上把批判性思维、信息素养、写作三项能力作为第一级培养目标,把口头汇报能力与定量推理能力作为第二级培养目标,同时在语言课程的学习中还增加了社会心理学的学习,以了解在不同场景下的个体行为。反推而言,这其实也是对教育一线职前和在职教师能力的基本要求。

另外,英语学科应当注重与其他领域知识的交叉与融合,不断丰富语言专业类学生对于语言在不同视域下的认知和理解。圣约翰大学在所有专业的语言课程设置上,把文化、文学、美学等传统课程作为基础课,把全球化的跨文化教育及本土纽约市文化教育作为延伸课程,目的在于培养学生具备全球视野,同时使他们通晓本土文化的丰富内涵。这也启发了汉语语境下的英语教学,我们不应该忽视汉语的延续性学习,而应该进行不同领域中双语同轨的比较性认知,借助英语了解世界的同时,推动汉语在世界的传播。总而言之,让中国文化"走出去"应当借助外语教学之力,让学生具备扎实的中国文化知识和自如的跨文化沟通能力,而这些学习足以丰富形成性评价的内容,也让学生学得有趣、学得有用、学得在理。

参考文献

DALE E, 1963. Audio visual methods in teaching [M]. New York: The Dryden Press.

LINN R, GRONLUND N, 2000. Measurement and assessment in learning [M]. 8th ed. London: Pearson.

"大学英语3"课程混合式教学叙事研究

潘文红[①]

一、引言

当今时代信息技术高速发展,智能手机、平板电脑等各种便捷移动设备已成为大学生日常生活与学习必不可少的部分,"互联网＋教育"应运而生。《大学英语教学指南》(2020版)明确提出:"教学手段是开展教与学时使用的工具、媒体或设备,在互联网时代,计算机网络技术已成为外语教学不可或缺的现代教学手段。"全新的教育趋势与外语教学手段的要求,为外语教学开辟了新的领域,其中线上线下混合式教学成为当今大学英语课堂教学的主要模式之一。

我校大学英语部紧跟《大学英语教学指南》的要求,借助网络平台建设大学英语课程,鼓励教师们以各种方式开展线上线下混合式教学。本文结合"大学英语3"混合式教学实践记录并研究该教学模式,以《全新版大学英语 综合教程3》中第一单元的课文为例,具体介绍笔者的混合式教学实践经验,并总结实践过程中遇到的困惑和需要解决的问题。

二、线下课堂互动教学

线下课堂互动是"大学英语3"混合式教学的基础,教师基于课文内容传道授业解惑,并根据各种教学目标和方法使学生积极参与课堂活动。教师从课文中挖掘的应当不仅仅是学生需要掌握的各种语言知识和技

---

① 潘文红,硕士,浙江工商大学外国语学院讲师,研究方向为话语分析和英语教学。

能,还包括使学生们能够将新知识学以致用的拓展主题,以及适合网络学习平台教学的建设主题和创意。正是因为这样有机的整体设计,线下课堂互动教学中也可以将网络学习平台作为一种随堂辅助教学手段。

　　该单元的主课文"Mr. Doherty Builds His Dream Life"讲述了作者Doherty一家从城市搬到乡村生活的种种经历,其中有他们生活方式的改变,有他们在农场上的辛劳,有他们心灵的恬淡满足,有他们未雨绸缪买的家庭保险,有他们对未来生活的精明筹划。按照课文主题,教师挖掘了"乡村生活与城市生活的比较""我们是否需要买保险""英美乡村生活与中国乡村生活的了解与讨论""什么样的人适合开启乡村生活"等相关的主题,通过阅读与音频、视频的学习带动口头讨论与写作。以下我们按照主课文的课堂学习进程分析课堂互动教学。

(一)乡村生活与城市生活的比较

　　我们首先阅读篇章"The Countryside",并简单介绍英美的乡村生活,特别点出:

　　Many people associate the countryside with peace and relaxation.(乡村在很多人心目中是平静与放松的代名词。)

　　接着,以超清版乡村歌曲"Out in the Country"的MV作为课文的导入素材,在3分钟的视频播放过程中,学生伴着清晰、缓慢呈现的字幕欣赏优美的乡村景色。歌曲欣赏完毕,我们的焦点集中在前两段歌词的学习与分析上,并讨论3个问题:(1)作词者为何这样青睐乡村?(2)这与生活节奏及社会环境的变化是否有关?(3)传统的与现代的生活方式是否不能融合? 之后,基于学生预习课文所获得的信息,聚焦主课文作者举家搬迁到乡村这件改变他们全家人生活的大事:到底是什么原因使他们做出这个决定? 他们的举动为他们的生活带来了什么样的改变或收获? 最终我们聚焦到乡村生活与城市生活有何不同的讨论上。在教学导入及课文大意理解的过程中,笔者注重在紧扣主题的前提下为学生的语言习得创造条件:每个步骤都需要学生即学即用,不仅要引用刚刚学习的语言,还要形成自己的分析,进行合理的陈述。

(二)是否需要买保险

作者Doherty一家为防范风险买了几种保险:低收入者的主要医疗项目保险、大病保险、汽车保险。我们由此引出了"是否需要买保险"这个话题。通过阅读短文"Buying Insurance",请学生回答:(1)选择保险公司的标准有哪些?(2)保险有哪些类别? 我们就保险这一话题做了基于案例分析的进一步拓展:

Can this man buy critical illness Insurance for his colon?(这个人能为他的结肠投保重大疾病保险吗?)

通过阅读与讨论使学生了解重大疾病保险的时效性和保额的计算。这个课堂活动为我们在网络平台的相关建设和拓展打下基础,学生讨论完毕需要到泛雅网络教学平台完成相关问题:

What's your understanding of buying insurance?

Is it necessary to buy insurance?

(三)课文语言的学习与拓展

首先对于课文中精彩的段落,我们都从语篇、词汇结构等角度进行深度挖掘,将这个段落或两三个段落讲透之后,就把其中的重要词汇列出来,请学生们通过想象,运用新知识,即兴把它们编写成一个有趣的语篇,可以是完整的故事,也可以是日常生活片段。学生们一边构思一边在泛雅网络教学平台的作业区域进行写作,老师会即时抽查讲评。这对学生是一个较大的挑战,同时也增强了他们学习的动力,提高了他们对新输入语言的关注度,使他们在语言输出的时候更好地习得新知识。其次,对于文章中出现的重要词汇,在课后练习中借助翻译练习进行巩固和拓展,通过增加句子和段落的翻译量来提高学生的语言输出能力。我布置的语篇编写任务为:

Write a short story with the following words and phrases:pursue, swamp, suspect, cut back, get by, and on balance.

学生需要当堂在泛雅网络教学平台组织一个完整的小篇章,将新知识转化为自己的语篇输出。

三、线上网络学习平台的教学活动

首先,笔者引入了泛雅网络教学平台上的优质学习资源"大学英语3"云课堂,该课程有丰富的基于单元课文的语法练习、听力练习、文化知识练习等。其次,笔者结合钉钉和泛雅网络教学平台进行自主建设。

(一)钉钉网络学习平台的使用

1. 朗读打卡

钉钉的朗读打卡功能对于语言课程非常友好,老师可以设定时间、布置打卡内容,学生打卡后会自动生成打卡统计表,统计数据简洁明了,能清晰显示每个同学的打卡次数。同时,老师或助教对每次打卡内容都要进行抽查和点评,学生参与朗读活动较为积极。课文的精彩段落和重要段落会布置成打卡任务,学生需要在每周周一至周五打卡3—4天,如第一单元第二周的朗读打卡任务为每日朗读 Unit 1 中的 Text A,周二朗读 Text A 的 1—7 段、周三 8—11 段、周四 12—15 段;要求学生将每次朗读的词汇和课文音频上传。通过持续打卡,学生基本上熟悉了这些段落,增加了语言的输入内容。我们经常发现学生在每个单元的口语讨论中会运用他们诵读的词汇。

2. 钉钉直播录课

有时候一些同学无法前来上课,教师就会打开钉钉在线录课,这样请假的同学也可以有序地学习,不会失去每周一次宝贵的课堂学习机会。

(二)泛雅网络教学平台建设

1. 从视听练习到笔头、口头输出

笔者所搭建的泛雅网络教学平台课程"大学英语3"重视相关英语篇章和短视频的输入与学生的笔头及口头输出。根据挖掘的主题,笔者一般都会找到关联度较高、趣味性强又带有一定知识性的英文视频,设计好

问题,上传到泛雅网络教学平台。这篇课文一共上传了3个相关的剪辑视频:
(1)British country life;(2)Chinese country life(Videoed by Li Ziqi);(3)Basics
to start a self-reliant and self-sufficient life。前两个视频上传在同一个任务
界面,学生观看完毕要在作业界面完成以下任务之一:

任务①:Describe the most impressive part of these episodes
of country life you've watched.(请描述一下这些乡村生活片段中
最令人印象深刻的部分。)

任务②:Do you like the country life the author described in
the text? Why?(你喜欢作者文中所描述的乡村生活吗? 为
什么?)

视频非常贴合生活,是对课文描述画面的延伸,呈现出与课文的相同
与不同之处,生动有趣,学生乐于观看、学习。结合新的视频和已学课文,
多数学生较好地完成了任务。以下是学生的回答样例,我们可以看到视
频的赏析与课文的学习有效地激发了学生的输出:

任务①答案(举例):

I think the second video is the ideal state of Chinese rural
life. In the video, we can see the place where she lives is
surrounded by mountains, rivers, flowers and trees. That's really
wonderful! What's more, the food she eats is from the soil of her
hometown and even from her own farms. It must be very healthy
and delicious. The organic fruits and vegetables are in line with
what we call green life.

She can grow and cook as she likes. Her beloved families are
by her side, and they can eat with a lovely dog walking around.
See, you can share the joy of food and the joy of common life.
What a lucky person!

Although I know this kind of life isn't the norm of Chinese rural life and needs lots of energy, there are still lots of things attracting me. I love the simplicity and happiness delivered in this video.

任务②答案(举例):

Yes. I really like the country life described in the text. And I like to write and live on a farm as the author did. When I was a little girl, I lived in a big farm with my grandparents. We ate the fruits and vegetables cultivated by ourselves, which was a really fantastic experience. Due to the crops' sensitivity to weather and soil, I always pay more attention to them than my classmates. This text brings my memories back.

第三个视频是课堂讨论比较乡村生活与城市生活,很多人向往乡村生活,那么什么样的人适合乡村生活呢? 需要哪些技能? 所布置的作业是先后观看视频《开始自力更生、自给自足生活的基本要素》的无字幕版和字幕版。根据该视频和Text A,你认为开始乡村生活需要哪些素质? 该任务的完成较为简单,学生观看完无字幕版即可获知大意,观看字幕版后可以核对字幕写出视频中所列出的要素,接着结合自己的观点即可完成对问题的回答。这种基于输入的输出使得学生在表达观点的同时,增加了语言习得的机会。

2. 课堂作业在平台上的完成

笔者在泛雅网络教学平台设置了即时完成的课堂作业(个别班级在钉钉平台回答问题):

What's your understanding of buying insurance? Is it necessary to buy insurance?(简述你对买保险的理解。需要买保险吗?)

关于新知识的学习、讨论结束后,就在网络平台进行简答任务,既有课堂即时点评,也有课后老师和助教的作业批改,这对学生运用语言的能

力有较大的帮助。以下是一个学生的回答,我们可以看到该生完全吸收了课堂知识并且形成了自己的见解:

I'm in favor of buying insurance. Because insurance provides security for our life and reduces the loss caused by accidents. Without insurance, many families would be devastated by unexpected events. Insurance plays a very important role in our life. So it is necessary to buy insurance to make our life stable.

3. 口语讨论话题的平台建设

"大学英语3"课程组给出了与课文主题相关的口语讨论话题,笔者事先将其作为口语作业布置到泛雅网络教学平台上,让学生对小组讨论进行录音或录像,然后上传到平台,再由老师和助教进行批改。本文相关的口语讨论话题为:

Do you agree or disagree with the following statement 'Tradition and modernization are incompatible. One must choose between them'?

每个小组都按要求上传了作业,笔者根据其音频、视频进行打分并对小组的整体表现、互动程度、语言的准确性与流利性等方面进行评价。如:该小组整体观点表述较为流畅,内容翔实;第一个同学的话轮过长(仅有一个话轮),可以在讨论期间进行参与;结尾最好有小组总结或对最后一个同学的发言有呼应性的回应;语言准确性需提高,明显语法错误不少,如"... make more people feeling safe when everyone in trouble""I have arrived the countryside"等。

四、总结与反思

首先,线上线下混合式教学非常明显的优点是线上教学平台的应用使得教学质量和教学时间得到更好的保障。一方面,因为直播和录播都对语言和备课有更高的要求,所以线上课堂的教学安排和内容比线下课堂更加严谨、紧凑,这有助于教学质量的提升;另一方面,平台的建设使得很多必须在课内完成的内容可以放到其他时间内完成,更高效。比如,笔者将原本需要在课堂内播放的视频提前上传到教学平台,让学生带着问题去学习,可以多次学习,为上课做好准备,大大提高效率。再如,将原本每单元需要在课堂上占用较多时间的小组讨论移到课后完成,要求在规定时间内把讨论视频上传到学习通平台,在课后给他们检查评阅,不仅节省了大量的课内时间,也使每组学生都得到了训练,并获得了更加具体的反馈。

其次,线上网络学习平台的建设也非常花费人力和时间。一方面,平台上的语言作业都是篇章翻译或者3—4分钟的口头输出,比如钉钉朗读打卡、泛雅网络教学平台的口语作业,笔者所要付出的时间翻倍,以至于后来无法独自完成评阅工作,请助教参与,并将全部批阅改为抽查批阅。如何结合其他平台更高效地给分和评阅是需要思考的问题。另一方面,关于录播的课程,教师花了很多的心思写脚本、做设计,但是学习效果是无法预知的,比如有的学生没有在规定时间内完成录播课的学习,还有少数学生存在刷课的心理。

大学英语混合式教学模式虽然有许多优势,但确实存在着很多需要解决的问题。我们一线教师需要不断探索和改进,多方位促进师生互动、情感沟通及教学效果的升华,提高学生的英语语言能力。

"互联网＋"背景下线上线下混合式教学模式在"学术英语—管理"课程中的应用*

魏　静① 李先玉②

一、引言

"互联网＋教育"是伴随着科学技术的不断发展,互联网科技与教育领域相结合的一种新型教育教学形式。国家教育咨询委员会委员郭传杰认为:互联网教育应该使教育从流水线走向个性化,从信息传递、知识点记忆走向知识建构和探究式的学习,使枯燥学习成为体验式的快乐学习。

通用学术英语教学是高等教育英语教学的重要组成部分。"学术英语—管理"是通用学术英语的一个分支,本课程的开设是为浙江工商大学大二学生提供系统的学术英语教学,帮助学生获取学术英语前沿信息,掌握专业词汇,熟练专业语言的运用。课程主讲教师具有多年从事大学英语以及学术英语教学的经验。本课程的线上线下混合教学建设为浙江工商大学的校级教改项目。通用学术英语以提高英语学术能力和应用能力为核心,旨在提高学生的学术英语能力,为学生顺利完成学业、继续深造学习、进行学术研究以及参加学术活动打下坚实基础。该课程着眼于培养学生的批判性阅读和思维能力,鼓励学生积极参与讨论、思辨创新及合

* 基金项目:本文系2019浙江工商大学校级线上线下混合式教学改革项目(编号:1070XJ2919141)、浙江省高等教育"十三五"第一批教学改革研究项目"讲好中国故事 践行立德树人——大学英语课程思政教育教学改革实践"(编号:JG20180125)、浙江省教育厅一般项目"元认知动态系统框架下的英语词汇学习策略研究"(编号:Y201737747)的阶段性成果。

① 魏静,硕士,浙江工商大学外国语学院讲师,研究方向为英语教学、二语习得。
② 李先玉,硕士,浙江工商大学外国语学院讲师,研究方向为英语教学、翻译理论与实践。

作探究。

　　作为培养学生学术英语应用能力的一门课程,"学术英语—管理"具有鲜明特征。"互联网＋"背景下的学术英语教学正在发生着深刻的变化,呈现出学习资源数字化、教学支持网络化与学习方式多元化的趋势。在"互联网＋"背景下,充分利用互联网技术优势,结合学术英语教学特点,探索教学资源建设的方法途径,是学术英语教学积极主动适应时代发展需求,创新学术英语教学模式与学习方式,推动学术英语教学创新的必然举措。

二、线上线下混合式教学具体内容

　　该课程共 16 周,每周 2 个课时,共计 32 个课时。计划线下课堂教学22 个课时,线上自主学习 10 个课时(如表 1 所示)。

表 1　线上线下混合式教学具体内容

教学内容/自主学习内容	阅读	教学方式
1. 课程介绍、教学计划及教学目标,MOOC 平台使用指导 2. 第一单元专题导入:Why do you want to study business English? 1. 第一单元 Text A 讲解思维导图 2. 布置小组活动任务,分组	第一单元 Text A: Your Future in the Changing World of Business	实体课堂教学
1. 线上自主学习 2. 线上完成学习任务:听、说、读、写练习＋小组任务准备	第一单元 Text B: What Supermarket	线上自主学习
1. 课堂反馈线上自主学习评价 2. 小组活动课堂汇报 1:Price targeting 3. 讲解 Text A、Text B 中的重点、难点		实体课堂教学
1. 第二单元专题导入:What are the main elements involved in marketing? 2. 第二单元 Text A 思维导图引导 3. 小组活动课堂汇报 2:Price targeting	第二单元 Text A: The Business of Marketing	实体课堂教学

续　表

教学内容/自主学习内容	阅读	教学方式
1. 线上自主学习 2. 线上完成任务包括:听、说、读、写练习＋小组任务准备	第二单元Text A: The Business of Marketing	线上自主学习
1. 课堂反馈线上自主学习、评价 2. 小组活动课堂汇报3:Product advertising 3. 讲解Text A、Text B中的重点、难点	第二单元Text B: The Five P's in Action	实体课堂教学
1. 第三单元专题导入:Scan the website and outline the development history of Walmart. 2. 第三单元Text A思维导图 3. 小组活动课堂汇报4:Product advertising	第三单元Text A: Wal-mar's Foreign Expansion	实体课堂教学
1. 线上自主学习 2. 线上完成任务包括:听、说、读、写练习＋小组任务准备		线上自主学习
1. 课堂反馈线上自主学习、评价 2. 小组活动课堂汇报5:Straight licensing 3. 讲解Text A、Text B中的重点、难点	第三单元Text B: Starbucks Foreign Direct Investment	实体课堂教学
1. 第五单元专题导入:Anything you want to share about E-business 2. 第五单元Text A 思维导图 3. 小组活动课堂汇报6:Straight licensing	第五单元Text A: The Future of E-business:Growth, Opportunities and Challenges	实体课堂教学
1. 线上自主学习 2. 线上完成任务包括:听、说、读、写练习＋小组任务准备		线上自主学习
1. 课堂反馈线上自主学习、评价 2. 小组活动课堂汇报7:"Taobao Effect" and traditional retailer model 3. 讲解Text A、Text B中的重点、难点	第五单元Text B: E-business Case Studies	实体课堂教学
1. 第六单元专题导入:Factors influencing consumer behavior 2. 第六单元Text A 思维导图	第六单元Text A: Consumer Behavior Influencers	实体课堂教学
1. 线上自主学习 2. 线上完成任务包括:听、说、读、写练习＋小组任务准备		线上自主学习

续　表

教学内容/自主学习内容	阅读	教学方式
1. 课堂反馈线上自主学习、评价 2. 讲解 Text A、Text B 中的重点、难点 3. 小组活动课堂汇报 8:Customer service 4. 学期答疑	第六单元 Text B:The Consumers	实体课堂教学

线上准备工作包括以下途径:

(1)班级微信群:师生日常联系、答疑。

(2)班级钉钉群:在线直播课。

(3)中国大学 MOOC:课程主要学习资源。

(4)批改网:http://www.pigai.org/。

三、教学计划

(一)教学组织形式

该课程计划采取"教师为主导,学生为中心"的线上线下混合式教学组织形式。

1. 线上

(1)线上让学生带着问题在中国大学 MOOC 平台上学习听、说、读、写相关视频、音频等资料,从而掌握相关教学单元的基础性知识。

(2)通过设置每单元课前测试,要求学生在规定时间内完成相关教学单元的预习与课前测试。

(3)预习与测试过程中产生的问题,学生可以在讨论区讨论,也可以通过班级微信群和老师沟通。

(4)单元学习结束后定时进行该单元的线上测试。

2. 线下

(1)课堂集中讲授:课堂集中讲授课文重点与难点、制作与设计思维导图、解析一些术语与用法及长难句;反馈与解决学生线上学习与测试情况;布置线上自主学习任务。

（2）小组讨论、协作与监督：通过学习小组间的合作学习与竞争、组内同学的互助与监督，真正做到让学生动起来，让课堂活起来。

（二）教学目标

通过"学术英语—管理"课程的学习，学生的英语运用能力应达到如下要求：

（1）词汇：熟悉并掌握通用学术英语类词汇3000个，具体参见牛津学术词汇表。

（2）听力：学习听讲座策略，通过真实场景的视频、音频的练习达到基本听懂，并能复述大意的水平；培养学生听懂相关专业学术发言、记笔记及整理笔记的能力。

（3）口语：主要培养学生在参加学术讨论和进行学术发言时恰当、得体地使用英语的能力。内容包括参与学术讨论时何时发言、如何邀请别人发言、如何提出质疑、如何做大会发言等。

（4）阅读：能够基本读懂与自己专业相关的综述性文献，并能正确理解中心大意，抓住主要事实和有关细节。

（5）写作：培养学生就某研究论文项目为纲，在完成项目过程中规范撰写学术论文及相关专业论文英语摘要的能力。

（6）翻译：能借助词典翻译一般英美报刊上题材熟悉的文章，能摘译所学专业的英语科普文章，能撰写所学专业英语学术论文。译文和论文基本通顺、达意，无重大语言错误。

（三）线上线下混合方式与课程评价

1. 混合方式

本课程于2020年春季学期授课，计划线下22个课时，线上10个课时。由于学期情况特殊，改为线下6个课时，线上26个课时。

2. 课程评价

通用学术英语课程采用过程性评价与终结性评价相结合的动态评价

体系。考核方式注重过程性评价,按照百分制计分:

总成绩100＝线上30%＋线下书面作业与课堂表现30%＋期末闭卷测试40%(如表2所示)

表2 课程评价

平时成绩	(1)听力练习	线上任务 30%
	(2)学术英语阅读、视频学习	
	(3)课前测试	
	(4)单元测试	
	(5)写作	
	(6)讨论区互动情况	
	(1)出勤＋课堂表现	线下任务 30%
	(2)课堂小组展示	
	(3)听力测试	
期末	闭卷测试	40%

四、教学改革实践

由于学术英语(管理类)课程组前期进行了比较充分的准备,课程团队于寒假期间分工合作,准备了线上线下课程资料,进行了SPOC课程建设。

但由于2020年春季学期特殊情况,根据"延期返校,停课不停学,停课不停教"的原则,学校研究决定,在正式开学前全面实施网上教学。于是我们课程团队把本来计划线下教学的相关资料又进行了整合,主要采取钉钉群直播授课和微信群任务驱动,以及利用中国大学MOOC平台视频学习与测试相结合的混合方式,在线解答学生学习中遇到的困难与问题。由于学术英语课程已被立为2020年度校级线上线下混合式教改项目,我们前期已经进行了充分准备,平台建设与授课流程都比较顺利。案例特色与创新之处主要体现在如下方面。

(一)思政元素

本课程将思政元素融入通用学术英语课程,引导学生热爱自己所学的专业,热爱学术英语这门课程。例如:就教材的第一单元主题提出问题及要求:为什么要学习这门课程? 从课文中找出自己最喜欢的5个句子。大家找出的句子都饱含了正能量:

Q1: The reasons for studying business.

(1) For help in choosing a career.

(2) To be a successful employee.

(3) To start your own business.

(4) To become a better-informed consumer and investor.

Q2: Five sentences you like best from the text.

(1) Success is a journey, not just a destination.

(2) What you choose to do with your life will be based on what you feel is most important? And the "you" is a very important part of that decision.

(3) Don't underestimate your part in making your dream a reality.

(4) One thing to remember as you think about what your ideal career might be is that a person's choice of a career ultimately is just a reflection of what he or she values and holds most important.

(5) It will take hard work, dedication, perseverance, and time management to achieve your goals.

(二)思维导图

着重培养学生的自主学习能力与思辨能力,引导学生掌握英文文章的写作思路与框架结构。经过一学期的训练,大部分学生设计出的思维导图都让人惊艳(如图1所示)。

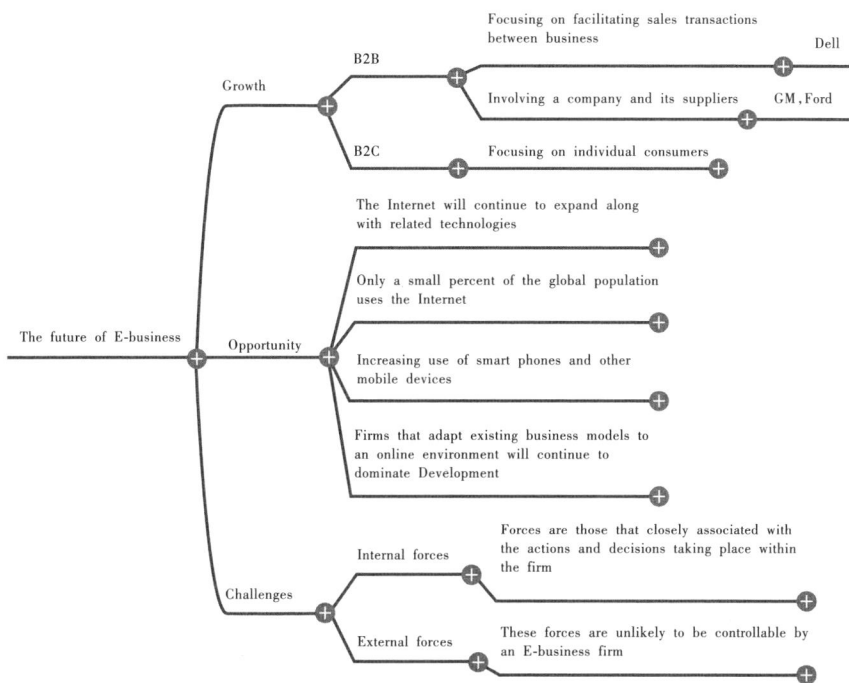

图 1　思维导图

（三）小组展示

就每一单元的主题进行相关调研,制作PPT,向全班同学进行展示。例如,以4—5人为单位调研一家商业公司的广告形式及广告效果,或调研淘宝效应及网上购物对传统购物形式的冲击,每个单元会有对应的调研主题。原计划调研以后在教室里向同学及老师展示,后来转为线上展示,大部分小组合作非常好,他们将调研结果制作成视频上传到慕课平台,供同学们学习讨论,这提高了同学们的调研能力,也锻炼了他们的视频制作能力及合作学习能力。

（四）线上测试

慕课平台上每一单元设置2个课前测试和1个单元测试,有效考查学生的课前预习情况及课后复习情况。

五、结论

为提高大学外语教学质量、注重人才培养,以一流课程建设为目标,"学术英语—管理"线上线下混合式教学与以往教学模式相比,体现了如下优势与不足。

优势:在线上教学环节,老师能够实时监测所有同学的任务完成情况。例如读课文和读单词后上传录音,没有任何人能够偷懒,这在平时大班的线下课堂是无法实现的。通过线上线下混合式教学模式,学生设计思维导图的能力大幅度提升,不少同学的思维导图让人惊艳,学生的批判性思维能力以及综观全局能力的提高非常明显。学生的自主学习能力、小组合作学习与调研能力、批判性思维能力也有很大的提高。

不足:小部分同学存在敷衍的学习态度;老师一开始对慕课平台操作不太熟练,对新技术有所畏惧。

总之,"学术英语—管理"线上线下混合式教学弥补了传统授课方式的缺陷与不足,实现了授课方式与形式的多样化。为进一步解决当前课堂教学中存在的问题,我们将继续推进"以学生为中心""让学生动起来"的教学理念,真正实现学生个性化、探究式学习。

参考文献

蔡基刚,2012.学术英语课程需求分析和教学方法研究[J].外语教学理论与实践(2):30-35,96.

冯智文,2020.中国外语金课的内涵及其建设方略[J].外语教学,41(2):59-63.

教育部,2018.教育部关于印发《教育信息化2.0 行动计划》的通知[R/OL].(2018-04-18)[2020-11-31].http://www.moe.gov.cn/srcsite/A16/S3342/201804/t20180425_334188.html.

王萍,2019.线上线下混合式教学模式在大学英语教学中的应用研究[J].

科技视界(27):127-128.

魏雪春,2019.线上线下"混合式"教学模式在大学英语翻转课堂中的应用
　　[J].传播力研究,3(34):256.

吴颖,2018."互联网＋"背景下大学英语教学的现状及创新改革路径[J].
　　教育理论与实践,38(24):57-58.

杨永林,2019.大学英语在线课程及其建设[J].外语研究(1):53-58.

赵冰,何高大,2016."互联网＋"与大学英语课堂教学变革探究[J].中国教
　　育信息化(6):54-57.

环球网,2020."互联网＋教育"加速跃升,教育界人士并肩同行[EB/OL].
　　(2020-08-26)[2026-06-10].https://m.huanqiu.com/article/3zccvUrIQJ5.

教学思考与创新

思辨外语教学TERRIFIC原则的解读与思考[*]

冯思敏①

一、引言

　　思辨能力是新时期人才的核心能力之一，具备思辨能力的民族才有创新的前提和基础。持续输出高层次、国际化、复合型的外语人才是建立创新型国家的软实力保障，也为我国高校外语教学提出了新的任务和挑战。

　　critical thinking这一概念由西方引入，早期有学者译为"批判性思维"，得到广泛使用。后因该译法含混，易造成误导，有学者提议译成"思辨能力"（文秋芳等，2009），认为"思辨能力"更确切更综合地反映了高等教育的培养目标，这个译法如今已被学界和大众普遍接受。从希腊语词根的角度解释，critical thinking可理解为"运用恰当的评价标准，进行有意识的思考，最终做出有理据的判断"（Paul & Elder，2006）。

　　如今，思辨能力已被重新界定。《普通高等学校本科专业类教学质量国家标准》（以下简称"《国标》"）提出思辨能力由思辨品质和认知技能两个维度构成。思辨品质指勤学好问、相信理性、尊重事实、谨慎判断、公正评价、敏于研究、持之以恒地追求真理。认知技能指能对证据、概念、方法、标准、背景等要素进行阐述、分析、评价、推理与解释，能自觉反思和调节自己的思维过程（教育部，2018）。

　　思辨外语教学的核心是通过外语培养高级思维和科学素养。教师应

---

* 基金项目：本文系浙江工商大学外国语学院教学项目"大学德语融入课程思政的教学研究与实践"的阶段性成果。
① 冯思敏，硕士，浙江工商大学外国语学院讲师，研究方向为外语教学。

有意识地针对思辨能力的各项子技能展开课堂教学,引导学生在输入与输出活动中逐步提高理解、应用、分析、评价和创新能力。教学活动要具有一定的挑战性,适当的难度会激发学生的潜能,而挑战的过程就是成长的过程。每项任务或活动要有明确的目标和及时的反馈。

二、TERRIFIC 原则的解读和思考

孙有中(2019)提出的思辨英语教学 TERRIFIC 原则,即对标(Target)、评价(Evaluate)、操练(Routinize)、反思(Reflect)、探究(Inquire)、实现(Fulfill)、融合(Integrate)、内容(Content),是一种"主张把思辨能力培养融入语言能力培养的外语教学理念",对高校英语教学乃至外语教学改革和实践具有很强的指导意义。正是由于 TERRIFIC 原则是对思辨教学的指导和规范,需要在实践层面,从学生学习和发展的角度出发,根据人才培养的目标和学生发展的实际,与时俱进地在不同语种、不同课程、不同层次的思辨教学设计中融入对这八项原则的阐释和创新。

以下将对思辨英语教学 TERRIFIC 各原则的核心理念进行解读和说明。

(一)对标

本原则指在外语教学中,培养思辨能力应与培养语言能力一样被纳入教学目标。具体到每一门课程,教师应在教学大纲中明确界定每一单元的思辨能力教学目标,当然这也要求外语教材更新迭代,从教材内容编排角度明确提出思辨能力目标,以适应教师和学生对思辨能力培养的新要求。

该原则对含思辨能力培养目标的课程具有指导意义。从宏观层面来看,所有学习活动应基于具体明晰的教学目标。一方面,有效的产出目标可以指导合理的设计,教师教学时要心中有数;另一方面,学生在了解课程的学习目标后,有意识地完成各项学习任务,这有助于提高课堂教学效果。近年来,《国标》将思辨能力定为外语核心能力之一,《大学英语教学

指南》要求把专门用途英语纳入三大类课程体系。培养思辨能力成为继夯实语言基本功和开展跨文化教育的教学重点。结合该目标和外语教学发展新形势来看,培养思辨能力也应作为教学目标在各外语课程的教学大纲中单独列出,或从旧的教学目标中细化抽离,然后具体明确地描述出来,并以此作为教学设计的指导原则。

在课堂上培养学生思辨认知能力的同时,也应重视学生道德品质的养成,加强价值观教育,旗帜鲜明地引导学生辩证思考,公正客观,崇尚理性,追求真理。有内涵、有深度和有创新的课堂是培育"思辨"种子的沃土,待到精心培育的嫩芽长成参天大树,立德树人才能落到实处。

(二)评价

教学改革是否能最终落地,达到既定目标,取决于合适的评价标准。教学评价体系不仅是学校教学管理部门推进思辨教学改革的推手,也是检视改革发展进程的量尺。在学校—教师层面,应将思辨评价指标纳入外语课堂教学评价体系中;在教师—学生层面,思辨评价标准应贯穿评价体系的每一环,包括课堂互动、练习作业、考试测验,并在期末考核评价结果中有所体现。教师可参考成熟的思辨能力理论模型制订评价学生口头、笔头任务或同伴互评的标准,评判结果作为过程性评价的原始数据。学生在不断对照标准的互评和自评的过程中,评价标准会训练内化成思维习惯和品质,最终以思辨能力的形式输出。

这个原则同样适用处于思辨教学改革时期的其他外语课程。学校通过思辨评价体系促进和监督教师的思辨教学改革,教师通过思辨评价标准评估和把握学生的思辨能力水平,采集的科学数据可以帮助教师及时有效地调整思辨教学策略。在平时的课堂活动中,教师应明确评价标准,公正客观、有理有据地评估学生的表现和作业。教师为学生树立榜样,引导学生用标准来规范思维,用习惯来铸造能力。

例如,学生的作文通常会先在小组内互评,如果缺乏评判标准,学生盲目地阅读其他同学的作文,评价交流局限于主观感觉,评估反馈缺乏客观性、逻辑性和理据性,也就失去了这个环节的意义。教师应明确告知学生互相评价作文的操作流程和评判标准,并在课堂活动时提供必要的引导和启发。

(三)操练

思辨能力如何培养?通过学习和操练。优秀的高阶思维方式更需要经过长期和反复的训练,由习惯内化成能力,最后形成科学素养。在西方,思辨类课程是高校通识教育中的必修课,这意味着培养高级思维需要通过系统学习,如厘清事实与观点的区别、假设与论点的关系、方法与结论的对应等;其次,思辨课作为通识课独立于专业课开设,反映出思辨能力的基础性和广泛性,每个专业每门课程皆可思辨,皆需思辨。

国外研究者经大量教学实践,总结出思辨教学常规化活动操作路径:教师提出问题,学生独立思考,互相结对讨论,分享小组观点。这个操练流程表面是口语练习,实际可以锻炼学生的认知、分析、思考、论证、交际、理解、评价、反思等思辨技能和品质。教师应在教学设计阶段选择具有现实性和创新性的选题,设计有思辨性和挑战性的问题,提供有启发性和辅助性的方法策略和语言材料。此外,有效的思辨教学常规活动,如通过进一步提问让学生论证自己的观点,多视角看问题,小组辩论等,可以单独或相互结合的方式创造性地植入教学活动设计。值得注意的是,这种操练形式对学生的主动学习意识和语言交际能力有较高要求。不同水平能力的学生在一起"自然学习",会影响学习效率且费时(文秋芳,2015)。这时,教师引导和材料输入就非常必要。

(四)反思

思辨能力的养成伴随自我认知的发展,其中包括对自己思维和学习活动的认知和调节。在学习过程中,学生易因缺乏认知,易受主观印象、情感态度、环境时局等影响出现思维惯式和思维缺陷。如何有效解决这个问题?通过反思。这种经验式的学习活动,先有体验,再经过反省与反刍的过程,如口头询问或让学生写下关于学习过程中"发生了什么事""对我有什么意义""今后要做什么",使主观的学习体验转化为经由反省、自查而深入内化的成果。总的来说,人能反省自己的思考结果和思考方式,进而监控、复盘和评价学习过程,旨在发现自己的认知习惯和特点。

反思可以安排在问题解答后,让学生对自己的思考过程进行反思性回顾。教师也可以单独设置反思环节,以反思日志的方式让学生记录思维能力的发展过程。由于学生通常不会或很少有这类学习经验,教师应提供含有反思步骤和问题的任务单,这有利于学生进行科学有效的反省,养成反思习惯。这一原则不仅适用于学生的学习活动,对教师教学同样具有指导意义。

(五)探究

自主思考和主动学习是思辨发生的基础和保证。在探究型思辨课堂,学生是主体,教师是指引者。如果说学生学习是在迷雾中探索未知,教师则是在旁指明方向和提供方法的引路者。人天然会对迷雾产生恐惧,因为前方的未知挑战了先前的经验和认知,而这恰能激发思想,建构新的认知。

教育的本质是授人以渔。从传统的角度来看,教育是学生手拿钓竿和钓饵,学习使用工具钓鱼。在探究型思辨课堂,教师应更关注学生对钓竿材质、钓饵种类、鱼的生活习性甚至是环境温度的深入了解。当学生对"渔"从概念、问题、方法、知识、数据等方面了然于心,就与"鱼"建立了本质关系。没有这层关系,"渔"只是简单的机械作业。缺乏对原理和本质探究的学习终究是低层次和被动的。如何与学习对象建立联系?需要教师的引导。教会知识和技能并不难,教比学难,难在让学生有深度学习的强烈动机,并能够依靠教师的帮助学会如何学习。

(六)实现

思辨外语教学的最终目的是学生通过理性和积极的思维习惯获得更好、更全面的个人发展和自我实现。该原则关注思辨能力的技巧性和社会性,强调思辨的功能是人和人在观点、思维、认知及情感等方面能够有目的地进行理性交流,主张在思辨外语课堂上,既要掌握思辨知识和技巧,也要学习并最终成为能换位、会共情的积极思辨者。

自我实现的需要处于需求层次理论(Maslow,1970)最高等级,在所有低层次需求被满足之后出现,是一种创造性的高级需要。self-actualization 常被译作"自我实现"。与直白的中文字面意思相比,这一概念传达的内涵是人对自我本质的忠实和认同,在自我实现的创造性过程中发挥潜能并获得极大的自我满足感。而每个人在这一层次的需求不同,个体差异就会比较明显。自我决定理论(Ryan & Deci,2000)在前人研究的基础上,为现代人追求真正的自我实现给出了提示。该理论强调自我在动机过程中的能动作用,行为动机按自我决定程度的高低分为自我决定行为和非自我决定行为,主张人在社会环境里需要满足自主、胜任、归属三种核心需求。可以看出,自我实现是一种内外因结合的复杂高级需求,教师在执行这个原则时,应积极关注学生的次级需求和个体差异。真正做到因材施教,让每个学生成为最好的自己。

(七)融合

思辨外语不能超脱于语言教学独立存在。事实上无论何种层次的思辨教学活动都要依托相应的语言能力水平。越高阶的思维操练,越需要高熟练度和准确度的语言运用能力,这是语言学习和思辨学习关系的核心所在。

该原则主张思辨教学应将培养语言能力和培养思辨能力有机结合起来。语言是思维和内容的载体,思维决定语言的输出形式。思辨外语教学不是一个具体的教学方法,而是一种"主张把思辨能力培养融入语言能力培养的外语教学理念"(孙有中,2019)。因此,只要能够达成思辨教学目标的教学法都可以应用于外语思辨课堂,创造思考和互动的学习场景,实现不同的教学目标。通常教师为达到较好的教学效果,会结合多种教学法。课堂上,学生对语言材料信息进行接收、检验、整理和联结——只停留在语言处理和认知层面。输出、讨论、质疑甚至教学这一系列的思辨活动才是使知识内化并储存到记忆区的"催化剂",这时真实的学习才会产生。

（八）内容

打造思辨外语"金课"，核心在于内容。学习材料的思辨内涵，为学生输出文本提供了原始语言材料，也很大程度上决定了输出内容的思辨水平。总的来说，思辨型外语课堂的语言材料应在话题、文体、思想、知识四方面具有高阶性、挑战性和创新性。语言材料的话题应与学生学习和生活息息相关，或选自人文学科的核心领域和重要主题，关注培养学生的价值观、道德观、审美观和人文观。在学生能力水平和语言教学目标匹配的前提下，语言材料的内容应避免选择低层次和缺乏时代性的日常话题，而应发掘具有认知挑战和思维创新的语言材料，或可将逻辑思维、科学视角、对比观点、鉴别同异等思辨内涵植入大众话题。让学生在输入—处理—输出的过程中不断跳一跳、够一够，这样才能有效训练和加强思辨能力。

三、结语

语言能力和思辨能力密不可分，二者相互依存、协同发展。外语水平能通过思辨性听、说、读、写活动得到提高，思辨能力也能在外语课堂的思辨教学设计中得到锻炼。在此基础上，思辨外语教学提倡在语言学习过程中，通过协作互动来建构意义。这种基于内容的思辨外语学习活动，会在实际情况下，出现语言和思维因水平不对等而相互干扰的情况：语言能力薄弱使得词不达意，或是思维能力低下导致言辞空洞。因此，思维能力和语言能力应融为一体，同步提升。

思辨英语教学的 TERRIFIC 八项原则不存在先后顺序或有限使用的情况，"原则"和"标准"的不同之处在于其指引和导向的功能，教师可根据教学实际情况调整。该八项基本原则不仅适用于英语专业和大学英语专业教学创新改革，也对其他外语专业和大学外语教学方法创新，乃至新时期高校人才培养质量提升改革提供了理论引导和对策路径。教师在实施思辨外语教学时，应具备建设新文科的大局意识，主动求变，积极创新，以立德树人为己任,培养高素质人才,服务国家发展。

参考文献

教育部,2018.普通高等学校本科专业类教学质量国家标准[M].北京:高
等教育出版社.

孙有中,2019.思辨英语教学原则[J].外语教学与研究(6):827-837.

王守仁,2016.《大学英语教学指南》要点解读[J].外语界(3):2-10.

文秋芳,王建卿,赵彩然,等,2009.建构我国外语类大学生思辨能力量具
的理论框架[J].外语界(1):37-43.

文秋芳,2015.构建"产出导向法"理论体系[J].外语教学与研究(4):
547-558.

MASLOW A,1970. Motivation and personality[M]. 2nd ed. New York:
Harper & Row.

PAUL R,ELDER L,2006. Critical thinking: learn the tools the best thinkers
use[M]. New Jersey: Pearson.

RYAN R M,DECI E L,2000. Self-determination theory and the facilitation
of intrinsic motivation, social development, and well-being[J]. American
psychologist,55(1): 68-78.

"和谐、诚信、友善":制订课堂规则

沈　洁[1]

一、引言

　　"课程思政"是高校以习近平新时代中国特色社会主义思想为指导，遵循习近平总书记关于教育工作的重要论述，以落实立德树人为根本任务的重要举措，与构建德智体美劳全面培养的教育体系和高水平人才培养体系紧密相关。本着将"育人"融入专业课程的宗旨，本次教学案例以《现代西班牙语》第一册第八课为基础，拓展深入而成。该单元的主题是"在课堂上(En Clase)"。课文简单描述了学生们在西班牙语课堂上的学习过程。要求学生掌握相关词汇，同时学习宾语、宾格代词的用法以及tener que(必须)和 poder(能够，可以)后面加原形动词的句型。以此为出发点，笔者结合学生在学习过程中出现的态度行为，开展了以"规则与和谐"为主题的课堂活动(如表1所示)。

表1　"规则与和谐"活动概况

活动名称	规则与和谐
思政主题	"和谐、诚信、友善"：与学生共同制订课堂规则，讨论如何诚信立身、友善待人，学会换位思考、将心比心
发展技能	同理心、开放态度和对不同意见的容忍意识
学生水平	A1级

---

[1] 沈洁，博士，浙江工商大学外国语学院讲师，研究方向为对比语言学和西班牙语二外教学。

续　表

活动名称	规则与和谐
目标	撰写课堂规则手册,促进互相理解
主要使用技能	合作书面表达
语法内容	Tener que ＋ 原型动词 Hay que ＋ 原型动词 Es bueno ＋ 原型动词 Es aconsejable ＋ 原型动词
功能内容	意见表达
词汇内容	与教育学习相关的词汇
教学对象	中国成年学生
所需材料	多媒体教室、投影仪和彩纸
时长	2小时

二、课堂活动发展概述

设计合作写作活动。学生3—4人为一组,撰写一本小册子。在此过程中所有学生需贡献他们的想法和西班牙语知识。在开始编写小册子之前,教师会问学生对设立课堂规则的看法。活动方式是集体讨论。作为热身活动,教师需确保学生熟悉该主题。所教授学生倾向于表达他们熟悉的主题和与他们的生活文化相关的话题。

集思广益后,教师告知小组活动目的,给每个小组展示图片。这些图片包含教学与相关的图像和简要说明。

提醒学生手册的内容以及手册目标:制订共同认可的课堂规则。学生能够查阅资料、字典,鼓励学生讨论和相互指正。

1. 目标班级描述

该活动是为学习过一学期约60—70个小时西班牙语的A1级学生设计的,这些学生为在大学期间学习西班牙语的学生,他们学习西班牙语的动机是多种多样的,如兴趣或对未来工作、学习等的考量。

2. 活动目标

(1)合作编写一本小册子:

(2)课堂上应该做的事情;

(3)课堂上不应该做的事情;

(4)在互相理解的前提下,课堂上可以有条件地做的事情。

3. 语言内容

我们将在此活动中使用的语言内容基本分为两种:语法和词汇。

语法内容将与"建议"和"义务"的表达紧密相关。学生在这方面掌握的结构包括:

Tener que + Infinitivo

Hay que + Infinitivo

Es bueno + Infinitivo

Es aconsejable + Infinitivo

与此同时,关注与课堂学习相关的词汇。同样,学生需激活其在以前单元中学习的与生活、行为等相关的词汇知识。

4. 使用技能

尽管最终成果是书面文本,是一次合作写作活动,但学生的其他语言和社交技能也得到了锻炼。旨在与该活动配合使用的技能包括以下几个方面。

(1)口语能力:口头表达训练主要在预写阶段进行。

在准备小册子的整个过程中都存在口头互动。因为学生们需根据小组所有成员的想法相互协商,以获得最终成果。在编写大纲和更正文稿的阶段,口头互动将起主导作用。

(2)书面技能:书面理解能力的培养将在学生学习教师所提供的文字(图片中也附有简短文字),以及查阅和探讨一些与教学有关的西班牙语资料时进行。

在活动的最终成果——规则手册中,书面表达体现得非常明显。但是,它不仅在活动的最后阶段起作用,而且在过程中也存在。

（3）社交技能：众所周知，语言是社会的基本组成部分，这在任何交流中都不可否认。学生分组工作，他们的作品是在特定的社交环境中开发的。

5. 提供的输入（inputs）

这些输入在这项活动中的作用是为学生提供准备小册子的材料。学生必须将它们理解为主意，而不是必须遵循的模型。提供的这些输入可以分为以下三组。

（1）视觉输入：PPT，用于说明活动并旨在增强学习动力和激活先前的知识。该 PPT 由不同的幻灯片组成，这些幻灯片将在活动的所有阶段中呈现给学生。它的功能是发出指令，最重要的是提供图像，这些图像说明并动态化了想法的产生过程。此外，该 PPT 的展示还表明可以在西班牙语课堂中使用新技术，能够在教学过程中帮助老师和学生。

（2）西班牙语输入：两个带有短文字的关于学生责任和解决冲突办法的图像板块。另外，建议学生查阅西西词典来完成阅读。

（3）中文输入：鼓励学生阅读知乎上关于西班牙语本科学习的文章以打开思路，调动积极性。

6. 调解的作用

可以将这项活动视为书面调解活动，以促进调解策略。按照《欧洲共同语言参考框架》（第85—86页）中包含的内容来理解这一点：

（1）精确翻译。

（2）用第二语言或母语和第二语言共同对要点（报纸和杂志的文章等）进行总结。

7. 教师的作用

老师的职责是组织活动，将学生分配到同一个小组中，并对教学进度负责；解决学生疑问并在需要时为学生提供建议，而不妨碍学生进行合作写作活动的自主性。

8. 学生的作用

参加这项活动的学生将扮演非常积极的角色，因为将由他们来决定自己的工作方式，并集体决定任务的最终结果；也意味着学生对活动的过程和最终成果具有自主性和批判性,因为将由学生本人对其在小组中的参与度进行自我评估。

9. 活动方式

这是一项合作写作活动。

(1)预写阶段。想法的产生和组织:学生将在全体会议上进行分工合作。

(2)写作和自我评估阶段:分组。每组将由三名学生组成。教师已经知道目标小组的组成部分,将根据以下几点来分小组:

①由此产生的小组的西班牙语水平一致,成员人数相同。

②目标组中最具参与性的学生不会在同一组。由此,将会避免不同小组的最终成果产生巨大差异。另外,班级的节奏会更加和谐。

③目标组中不太活跃的学生将分配到不同的小组。教师将考虑这些学生的心理状态以确保小组内部不会产生冲突,并且不会影响他们在小组中的表现。教师必须考虑到他们将以合作的方式写一本规则手册。

④由于学生要制作的小册子分成三个部分:一部分为课堂上应该做的事情,一部分为课堂上不应该做的事情,还有一部分为课堂上有条件地做的事情。因此,如果可能的话,小组的每个成员负责一部分。

在这些小组中,所有的学生都必须为手册草稿和最终成果发表自己的意见,并提供自己的西班牙语知识。

10. 使用的材料

(1)初级西班牙语学生的双语和单语词典(促进自我学习策略)。

(2)两个关于学生责任和解决冲突办法的图像板块,附有简短说明。

(3)互联网。

(4)彩色纸,使小册子的最终形式更具吸引力。

三、活动流程

为了在课程开始之初打破僵局并复习上一单元的主题,教师与学生展开对话,教师询问学生对设置课堂规则的看法:是否认同规则存在的必要性;对上学以来遇到过的规则有什么看法,原因是什么。

活动的这一部分被认为是热身活动,目的之一是让教师确定学生熟悉他们要写作的话题。一般学生倾向于对熟悉的主题和与他们的文化生活相关的问题进行讨论。利用这一点,我们将开展合作写作活动。和口头表达相比,学生更习惯写作。

1. 预写阶段

(1)激活先前的知识。为了激活学生所了解的词汇,如学习用品、课堂用语、学习地点等,教师讲解与学习相关的单词。教师展示幻灯片,将clase一词写在黑板的中央,并将学生提出的所有内容都加进去。幻灯片的播放将对学生有帮助。①

头脑风暴之后,教师会问学生他们在 clase 和他们建议的单词之间建立了什么关系。因此,除了复习词汇外,我们还将致力于口头表达。

作为激活先前知识的最后一项活动,我们将要求学生尝试按主题将他们先前提出的单词分组。例如,与学习用品、教室用具、学习场所有关的名词以及与学习有关的动词等。此活动的目的是构建相关词汇表。

(2)介绍最终目标。在介绍性活动之后,这些小组将通过展示的幻灯片来了解本次活动的最终目的。学生的工作是为新学期编写课堂规则手册,以实现良好的教学环境。教师给学生三张纸,上面有他们要撰写的三个方面的说明,需要他们添加文字。为了给学生提供编写这些规则的想法,教师向他们展示幻灯片,并举例。

(3)组织讨论。学生 3 人一组提出想法,并决定小册子中应包括哪些建议。在这一部分,建议他们查阅相关的资料,这可以帮助他们认识实际手册规则的样式和架构。

在开始编写手册草案之前,小组将考虑手册的结构,并始终牢记针对此类文本应该使用的句子类型,以及表达内容:应该做的事,不应该做的事以及可以容忍理解的事。

---

① 如果已经了解目标群体的教师认为某些学生的个人表现更好,那么教师可以改变上述提议的活动方式,并要求他的学生在纸上单独写下与 clase 有关的所有单词。这样,仍然可以实现活动的目的(激活先前的知识)。

2．写作阶段

本阶段,学生将通过拟定的提纲组织语篇。

3．修订草案阶段

学生通过相互交换文本进行修订,鼓励学生对学习自主性进行反思。

学生纠正他们的错误,需注意以下几点:

（1）文字、段落和句子的清晰度。

（2）正确使用表达建议的结构。例如:

Hay que + Infinitivo

Tener que + Infinitivo

Es bueno + Infinitivo

Es aconsejable + Infinitivo

（3）恰当使用词汇。教师将分组来解决学生可能出现的疑问。当学生完成对文本的更正后,教师选择最常见的错误,将其写在黑板上,以便在公开课上让学生就他们认为错误的部分发表意见。

已更正的文本将返回到初始小组,学生将在老师的帮助下以小组为单位进行讨论。

最终成果:课堂规则手册的制作。

4．演示和自我评估阶段

为结束本次教学活动,学生向全班同学介绍了他们的小册子,并简要评论他们所做的事情。同时,各组就制订的规则发表看法,如有异议,表达各自的看法。最后,学生们评价他们对活动的参与度、利用程度、对错误和动机的分析情况。为此,他们将拿到一张自我评估表。

四、其他意见

该活动虽然是为学习第二外语的本科生设计的,但可以适用于其他培训课程,也可以修改锁定的语言内容。特别是对于来自不同国家、地区的学生,还可以进一步增强跨文化交际技能和意识。希望通过此次活动,学生能够在合作的过程中,发现语言问题之外思想意识上的差异。并在发现问题、分析问题和解决问题的过程中形成生生之间、师生之间互相理解、互相尊重、和谐友好的学习氛围，为以后的教学与学习、学习与生活打下良好的基础。

发现教学法和翻转课堂在大学英语课程创新中的应用

杨惠兰[①]

一、引言

大学英语是学生在大学生涯中的一门必修课,与学生的平时成绩、考研、就业等职业发展息息相关,同时英语的学习具有很强的交互性,因此运用发现教学法和翻转课堂等以学生为中心的教学方法,在英语课堂中具有重要的实践意义。卫建国(2017)提出,大学课堂应该是以创新为导向来培养创新性人才的课堂;也应该是以学生为主体,积极发挥学生主观能动性的课堂;还应该是应用最新的信息技术,实现信息技术与课堂教学匹配的课堂。但是现有的大学课堂教学存在与此相背离的地方。

吴艳和陈永明(2015)的研究表明,89.6%的教师上课采取"讲授式"教学。其中,90.6%的教师并没有在课堂上鼓励学生发言,81.6%的教师采取单一枯燥的教学方法,这表明教学中存在课堂以教师为中心,而非以学生为中心的问题。此外,过半的大学生认为教学内容与实际脱轨是出现课堂危机的主要原因,教师教学目标不明确也进一步加深了课堂危机。

随着发现教学法和翻转课堂的应用,通过结合现代多媒体信息技术,把以讲授法为主的传统课堂教学转化成以学生为中心的课堂,对于促进大学英语教学的课堂创新有着积极的作用,能有效促进大学生英语能力的全面发展。

[①] 杨惠兰,博士,浙江工商大学外国语学院讲师,研究方向为汉英语言加工。

（一）发现教学法

发现教学法的本质是提倡学生自主发现问题、探究问题和解决问题的教学方法。发现教学法由美国心理学家布鲁纳提出，他认为学习是学习者积极探索知识的过程，而不是被动接纳吸收的过程，学习者需要把已有知识与新知识进行整合，构建出更完整的知识体系。发现教学法通俗来说是指在教师的引导下，鼓励学生主动探索知识，从而不断发现与解决问题。学生是课堂的主体，教师负责引导学生不断地探索问题。

发现教学法的一般流程：（1）创设有趣的问题情境，引发学生思考；（2）协助学生思考解决问题的若干假设；（3）寻找相关材料，验证解决问题的方法；（4）交流与探讨，找出问题的最佳解决方法，鼓励学生进行总结（黄佳佳，2016）。

（二）翻转课堂

翻转课堂也是近年来非常流行的一种新型教学模式。李薇（2020）提出的翻转课堂是指教师通过安排教学计划、录制教学视频，让学生在课前观看教学视频。学生能够在课前及时预习课堂知识。学生需要在课前完成一定的课堂测试，以检测所学知识的理解程度。在实际教学课堂中，教师不需要重复已经在视频中讲授的知识，只需要对学生的疑问进行解答，课堂主要引导学生进行讨论，在互动中理解与掌握新的知识点。

然而把翻转课堂直接运用于大学英语的教学还存在一定的问题。首先，要求学生在课前通过教学视频自主进行学习，但由于学生的学业安排和学习兴趣有较大的个体差异，具体实施起来有一定的困难，可以将教学视频的学习放到课堂上进行；其次，翻转课堂不仅仅是观看教学视频，更重要的是学生对知识点进行提问和交流，教师要积极引导学生提问；最后，课堂要多设计互动环节，调动学生参与课堂讨论的积极性。

不难发现，发现教学法与翻转课堂存在着一定的相似之处，都着重强调学生在学习过程中的主体地位，教师作为引导者与辅助者来帮助学生对问题进行探索，并且都着重于合作与交流。因此，把发现教学法与翻转课堂相结合,能够有效地促进课程教学创新,突出学生在大学英语课程中的主体地位,加强学生英语的实际交流与运用能力。

二、大学英语课堂教学中存在的主要问题

大学英语作为一门公共必修课,还存在着一些教学问题。第一,目前我国英语教学更侧重于听力与阅读的锻炼,在应试教育的影响下,学生英语表达能力较弱(比如口语和写作),英语阅读理解能力尚可,应试教育模式很大程度上限制了学生英语口头表达能力的发展。同时,学生的英语能力还存在较大的个体差异:部分学生的英语能力发展较为均衡,并且口语能力突出,词汇量丰富,可以流利地用英语表达思想,进行口头交流;还有部分学生的单词词汇量不够,口语欠佳,无法使用英语作为口头交流和思想表达的工具。第二,教师教学方法还是以传统的讲授法为主,课程大多围绕分析词汇和语法、解释课文等理论知识为主,口语化英语、国外风俗文化等实践知识的讲授较少,这限制了学生英语实际运用能力的发展。第三,学生学习的动机不强(贾鸿丽,2015)。大多数学生学习英语只是为了应付结课考试与英语四六级考试,不会进行课前预习和课后复习,很少在课余时间使用英语学习软件。

综上所述,大学英语教学中存在的问题主要表现为:教学方式单一、教学以讲授法为主,学生的听、说、读、写能力发展不均衡,并且学生的英语能力个体差异性较大,学生学习动机与学习兴趣不强。把发现教学法和翻转课堂的一些具体策略应用于大学英语教学过程中,有利于激发学生的学习兴趣,改善以上教学问题。

三、使用发现教学法与翻转课堂的具体策略

课堂创新的重点是突出学生自主学习和探索知识的过程,减少传统讲授教学法在教学中的比重,把教师转化为辅助角色,促进学生的自主学习。

(一)提出问题,利用教学相关视频引导学生进行思考

在教师讲授课堂内容之前,可以先通过观看教学相关视频来引发学生的情境共鸣。比如在学习"Learning, Chinese Style"这一课的时候,可以先在教学开始时录制中美两国父母关于中美教育方式差异的讨论,并且对课文的经典对话进行提炼,加入视频教学,这有利于学生的口语训练。在学生学习观看教学视频之前,教师提前在黑板上写下这段对话中要学习的生词,引导学生在观看视频的同时,猜测这个词的意思,并且学习这个单词的用法,同时留意自己无法理解的句子。鼓励学生有目的、有计划地观看教学视频,引发学生对重点、难点内容的自主探索与思考。

(二)充分利用英语学习软件

在词汇教学中,目前市面上有各式各样的英语词汇学习软件,教师可以对已有的学习软件进行利用,提升英语词汇学习的趣味性和有效性。首先,教师可以在学生观看教学视频之前,把重点词汇标注出来,让学生结合上下文对词义进行猜测。在学生观看完视频后,要求学生讨论单词的含义,以检验猜测的正确性。教师可以初步划分单词的词根、词缀,帮助学生理解单词的含义。词根、词缀是指包含词义信息和语义信息的最小划分单元。例如,psychologist可以分为前缀"psycho-"和词根"-ologist","psycho-"表示"心理的、精神的","-ologist"表示某领域的专家,因此psychologist的含义就是心理学家。

其次,教师还可以在课堂上对重点词汇进行提问,询问学生该词汇的用法,以及该词汇的词根、词缀,同时让同学举一反三,列举包含相同词根的单词,这个过程中可以鼓励学生使用电子词典。比如,刚刚学习的"-ologist",在biologist、geologist、radiologist、sociologist和technologist等单词中都有,分别代表了不同领域的专家。

最后,由教师对学生的回答进行归纳,从而让学生构建出更全面的知识体系。比如,在学生学习"-ologist"这个词根的含义的同时,教师可以在此基础上,进一步对该词根的来源进行解释,以加深学生对单词的理解和

记忆。例如,"-ologist"的后半部分是对"-logy"的改写,这个词根来源于希腊语 λόγος,表示"说和写",一般在一个领域中能说和能写的人士都是专家。根据 Craik 和 Lockhart(1990)的加工层次理论,对词汇的加工越深入——找到词汇的产生过程和来源,对词汇的记忆就越深。夕重信和安霞芳(2020)也提出充分利用好词根、词缀,能够有效帮助学生提高词汇的记忆效率,增加课堂的趣味性。

(三)设计多样化教学活动

发现教学法和翻转课堂都注重学生在课堂上的参与度,因此要注重给予学生在课堂上参与教学活动的机会。利用发现学习与翻转课堂的特点,根据课程内容设计不同类型的教学活动。比如,在口语课堂中,可以要求学生分成小组进行复述、情景模拟、电影配音等,注重学生口语能力的训练。此外,在学习到比较有争议性的社会热点话题时,也可以组织学生开展英语辩论会,在课前把学生分成正方和反方两个阵营,比如中美教育差异这一课。鼓励学生在课前充分准备辩论所需的口语材料,英语辩论有利于培养学生的临场应变能力与口语组织能力。

而在词汇教学中,教师可以组织看图猜词与组词填句等多样化的教学活动,调动学生学习英文词汇的积极性。看图猜词活动中,教师可以呈现代表单词含义的图片,让学生猜;在组词造句活动中,可以写出单词的前几个字母或后几个字母,让学生拼写出单词缺失的字母,也可以给一段有语境的上下文,让学生填词。

(四)因材施教,注重学生个体差异

要想真正落实以学生为中心的教学理念,还需要根据学生的实际英语水平因材施教。因此教师在设计教学方案的过程中,不仅要考虑到英语水平较高的学生,还要考虑到英语水平较低的学生。此外,教师在教学中要及时发现学生的优点并给予认可。比如口语好的学生,可以在小组发言等活动中鼓励其当小组发言人;写作比较好的同学,可以鼓励其在写作任务中给同学进行示范。同时,在课件制作的时候,要把知识点与例子

结合起来,把文字与图片结合起来,以更为直观的方式呈现给学生,以促进不同英语水平学生对知识点的理解。

教师还可以根据不同学生的短板,布置相应的课后作业。比如对口语欠佳的学生,可以建议他们课后运用英语配音软件,进行口语发音练习;对语法知识欠缺的同学,可以建议他们利用作文批改软件,进行语法学习;对词汇量不够的学生,可以建议他们利用背单词软件,帮助他们扩充词汇量;而对听力不好的同学,则可以鼓励他们看英文电影,找到提升听力的技巧和方法。

(五)发挥教师的辅助作用

在发现教学与翻转课堂中,教师不再是课堂的主体,这并不意味着教师的作用被削弱。教师要充分发挥好教学过程中的辅助作用。张小方(2019)指出,以学生为中心的教学方法对教师提出了不同的要求。首先,教师要积极激发学生的学习兴趣与内在动机,只有对英语学习抱有一定的兴趣,学生才会积极参与到教学活动中来,并发挥自身的主体作用。其次,要对学生的课堂表现进行观察记录,并鼓励发言与讨论不积极的学生主动参与课堂活动,及时对他们的表现给予认可。再次,在学生解决教师预设的问题后,教师也要及时对问题进行归纳总结,对知识点进行升华。在课堂中,教师在问题解决不顺利的情景下,要适当地引导学生,帮助学生解决问题。在课堂结束后,教师也要对课堂内容进行归纳和总结,对学生在课堂中的表现进行评价。最后,教师可以适当使用传统的讲授法,帮助学生快速理解重点、难点内容。以学生为中心的课程改革,并不意味着完全脱离传统教学方法,可以把传统教学方法与新教学方法相结合,提高英语课堂的学习效率。

四、结论

在大学英语课堂创新中采用发现教学法和翻转课堂的一些具体策略,可以克服传统教学法的不足,突出学生的主体地位,加强大学英语课堂的交互性,因材施教,调动学生学习的积极性。大学英语课堂的创新改革离不开传统教学法与新教学方法的结合,同时,需加强课堂内容的多样化、多元化。

参考文献

卫建国,2017.以改造课堂为突破口提高人才培养质量[J].教育研究,36(6):125-131.

吴艳,陈永明,2015.大学课堂教学的现状分析及思考——基于全国十所高校的实证调查[J].高教探索(11):88-93.

BRUNER J S, 1961. The act of discovery[J]. Harvard educational review, 31(1): 21-32.

黄佳佳,2016.发现教学法指导下的英语思辨写作教学模式创建[J].当代教育理论与实践,8(10):146-148.

李薇,2020.基于翻转课堂的《幼儿教师口语》课程教学创新模式研究[J].陕西教育(高教)(7):31-32.

贾鸿丽,2015.大学英语教学现状分析及改革思考[J].课程教育研究,(19):111.

LOCKHART R S, CRAIK F I, 1990. Levels of processing: a retrospective commentary on a framework for memory research[J]. Canadian journal of psychology, 44(1): 87-112.

歹重信,安霞芳,2020.运用词根词缀法进行高中英语词汇教学的研究[J].英语教师,2020,20(8):26-31.

张小方,2019.新时代大学英语课堂教学模式改革现状及原因[J].长春师范大学学报(9):174-176.

拉康后结构主义语言观视域下外语教学创新研究*

岳凤梅①

本文首先需要了解国内学生外语语用能力发展滞缓的原因,分析外语教学中现存的盲点。其次,在与现存的教学模式对比的基础上,在与结构主义语言学所指导的外语教学的比较中,从科学发展的角度,创建属于这个时代的后结构主义的外语课堂,即用拉康的后结构主义语言观为指导,对现存的教学模式进行改革,对其可行性进行充分论证。最后,在具体的教学中,践行新的教学模式,创建一个不同于索绪尔结构主义语言观所指导的,而是由拉康的语言观所指导的能够有效提高学生外语语用能力的后结构主义外语课堂。

一、外语教学中的盲点

笔者在20多年的英语教学当中,发现大多数本科生和研究生,虽然花费数年的时间学习英语,但在具体应用英语的时候频频出现问题,不能够流畅且准确地表达思想。笔者认同一些人可能会脱口而出的理由,如这些学生本身就存在差异性,像天赋和后天付出之间的不同,所以他们在英语应用方面存在巨大差别。但是笔者也认为,在我们的教学环节中一定存在着盲点,这是学生语用能力发展滞缓的主要原因。

国外的外语教学理念呈现以下发展趋势:从注重语法规则向注重培

* 基金项目:本文系浙江工商大学2017年度校高等教育研究课题"拉康后结构主义语言观视域下外语教学创新研究"(编号:XGY17038)的研究成果。
① 岳凤梅,博士,浙江工商大学外国语学院教授,研究方向为英语语言文学。

养交际能力、综合语言能力转变;从以教师为中心向以学生为中心转变;从过分依赖母语向完全排斥母语,再向有意识地利用母语转变;从单纯依据行为主义或认知主义学习理论向二者的有机结合转变;从单一的教学技巧向利用现代媒体技术创设真实语境的立体化教学转变;从把听、说、读、写、译作为单独的技能培养向整体语言教学理念转变;从注重学得向注重习得,再向二者的有机结合转变;等等。

国内的外语教学创新是在学者们借鉴各种流派的语言理论基础上进行的,这些理论包括:生成语言学、建构语言学、神经语言学、认知语言学、社会语言学、应用语言学、语料库语言学、图示理论、文化语言学、对比语言学、功能语言学、批评语言学等。如詹洪华的《认知语言学与外语教学模式改革研究》、辛志英的《C. C. Fries的应用语言学模式及其对现代外语教学的启示》、杨雯的《建构语言学与外语教学》等。也有少数几位学者借鉴某一位理论家的单一语言观来进行外语教学模式创新的探索,如雒作龙的《从索绪尔的语言观看外语教学模式》、郭明慧的《索绪尔的语言言语观对外语语法教学的启示》、袁朝辉的《乔姆斯基语言观及其对外语教学的启示》、徐静的《布龙菲尔德语言起源观对多模态外语教学的启示》等。

从索绪尔的语言观出发,探索外语教学创新,是结构主义语言学对外语教学的贡献。我们看到,国内已经有雒作龙和郭明慧两位学者对此进行过研究。然而,到目前为止,从后结构主义代表人物雅克·拉康(Jacques Lacan,1901—1981)的语言理论出发,探索外语教学创新研究,国内尚没有学者涉足。本文拟从拉康的后结构主义语言观入手,探索外语教学的新方法,寻找提高学生语用能力的新路径。借鉴拉康的后结构主义语言观,探究我们外语教学中的盲点所在,从而有针对性地进行教学改革,是本文的创新所在。

二、拉康语言观的洞见

拉康是继弗洛伊德之后最伟大的精神分析学家,他一生致力于把精神分析建立成一个科学体系。拉康认为精神分析并不是治疗方法,而是倾听语言所反映的无意识真相的一系列技巧。对于语言,拉康的观点最初受到结构主义语言学创始人索绪尔的影响,也受到罗曼·雅可布森对隐喻和换喻的研究的影响,他也认同海德格尔提出的语言先于主体存在的观点。在这些前人对语言研究的基础上,拉康生命后期对语言的认识超越了自己前期研究的界限,提出了有别于前人,有别于自己前期的认识。

拉康一般被认为是结构主义的精神分析学家,这主要是因为他受到索绪尔结构主义语言学的影响,当然,拉康也了解结构主义人类学家列维-施特劳斯的研究成果,后者经常光顾拉康在巴黎高等师范学院开设的精神分析研讨班。结构主义探索表意系统背后的结构,索绪尔对表意系统的代表符号语言进行了开创性的研究,他提出语言符号可以分成能指和所指,能指是符号所产生的声音意象,所指是符号所代表的概念,它们依赖于同其他能指和所指的差异性来建立自己的意义。能指和所指的关系是任意性的,但一旦关系确立,符号就被固定下来,并且符号的这两个功能相互对称,互相依赖。拉康的精神分析经验让他无法满意于能指和所指的这种对称关系s/s,而代之以S/s,其中大写S代表能指,小写s代表所指。同索绪尔强调能指与所指的和谐稳定不同,拉康强调能指相对于所指所具有的优先性,没有一个能指会只固定在一个所指上,能指链不断地在所指链上滑动,而所指在能指下面隐秘地滑动,意义不断地被置换(Lacan,2001)。对于索绪尔而言,符号是能指和所指的结合;对于拉康而言,符号同能指相对——符号指涉不在场的事物,能指却指向语言链中其他的能指。

罗曼·雅克布森作为布拉格学派的领军人物,继承并发展了索绪尔的结构主义语言学,他对于语言象征维度中的隐喻和换喻的研究得到了拉康的认可。雅克布森认为隐喻发生在字面所指事物与它的替代物相类似的时候,换喻发生在字面所指事物与它的替代物相邻近的时候(Sarup,1992)。于是,拉康顺理成章地把雅克布森的隐喻和换喻的概念同弗洛伊德的压缩和置换的概念结合起来,提出隐喻压缩和换喻置换的新说法,用来分析无意识真相。

拉康的语言观也受到海德格尔的影响。海德格尔在《存在与时间》中认为语言是人存在的条件,他把语言分成"话语"和"闲谈",提出"话语"能够反映我们真实的存在,而"闲谈"则流变为人云亦云(海德格尔,2000)。"拉康接受海德格尔的这种观点,认为不是我们在表达语言,实是语言借助我们表达它自己;他还把海德格尔的这种存在主义语言观同他的主体性概念结合起来,提出语言建构人类主体性的观点。"(岳凤梅,2005)拉康认为,历史、文化、地理等事件通过语言对主体产生影响,主体与其他的主体也是通过语言相互影响,人们无法不通过语言谈论语言。由此可见,语言无法超越,语言先于主体存在,主体在语言中生成。

除与索绪尔为代表的结构主义语言观有所不同之外,拉康的语言观还具有"反对形而上学""反对二元对立""反对逻各斯中心主义""反对笛卡儿的理性主体""认为无意识具有语言结构""强调无意识是意义和真相之所在"等后结构主义特征。我们无法运用拉康全部的关于语言的观点来建设外语课堂,这里我们只局限于尝试应用拉康所提出的"反对二元对立""反对逻各斯中心主义""人类通过语言彼此建构主体性"这几个观点到外语教学当中。

三、后结构主义的课堂

在教学改革的浪潮中,大学英语课堂也发生着各种各样的创新和探索,其目的都是提高学生的语用能力,然而效果并不尽如人意。本文将继续进行这方面的探索,尝试通过改变大学英语课堂的学习内容,改变英语输入形式和输出形式,进而达到提高学生英语综合应用能力的效果。本文致力于通过大学英语课堂的创新设计,让学生深刻意识到出入于不同的文化是交际能力发展的前提,促使学生充分利用网络资源进行自主学习,逐渐提高他们的英语交际能力,以适应社会发展的要求。

目前,大多数大学英语课堂,还是单纯地以课文为中心,然而在互联网资源日新月异且无比丰富的今天,无数扇窗户正在向我们打开,若我们仍然只埋首于教材之中,显然是落后的。同时,与互联网技术相伴而生的国外以英语为母语的大规模开放在线课程(慕课)触手可及,那么充分利用这些网络资源,提高我们本科生、研究生英语课堂的教学效果,进而提高学生的语用能力,让我们学生的英语输出也能与时俱进,已经被提上日程了。本文基于互联网上存在大量可供选择的国外英语公开课资源这个背景,探索我国大学英语教学翻转课堂新形式,寻找提高学生英语语用能力的新路径。

笔者要做的是在可预测的教学内容之外,增加一些不可预测的、新鲜有趣的、理念独到的语言学习材料。在庞大的英语开放课程中,TED演讲对笔者来说有着特殊的魅力。TED演讲因为其合适的内容、时长、形式成为笔者多年来一直关注的开放性网络资源,且笔者认为TED演讲具有巨大的促进学生自主学习的可能性。这个演讲起源于1984年第一次在美国召开的TED(Technology,Entertainment,Design)大会,大会上每一个关于技术、娱乐、设计、文学、音乐等的演讲都有一个"值得传播的创意"。这些内容充实、观点独到的演讲还有一个优势,就是时长不超过18分钟,一般为15分钟,特别适合充当大学英语课堂上的视听说材料。TED演讲不仅可以在大学英语课堂上为中国学生营造一种地道的英语氛围,而且还会因为笔者的课堂设计而直接影响学生在英语学习的输入和输出方式上的改变。

本文首先要解决的问题是以何种方式在大学英语课堂上利用TED演讲才能达到提高学生英语水平的最佳效果。第二语言习得,不可避免地需要语言输入,而语言输入的最好方式,就是能栖居在这个第二语言的国度里,时时刻刻受着这一语言的熏陶。然而,现实是,我们大多数学生只能在课堂上学习外语,那么在有限的课堂时间里,抽出一点时间,为他们营造语言学习氛围,就更是我们外语教师应该做的事情了。

为此,笔者重新设计了英语课堂的输入环节,要求在每一次大学英语课上,都精心挑选一个TED演讲视频。精心挑选过的演讲需要符合下面的条件:演讲时长为10—15分钟,演讲者的母语为英语,演讲语速以慢为宜,需要提供英文字幕,演讲内容必须积极、正面,其中的理念必须让人耳目一新。

笔者把TED演讲的展示任务交给学生,让师生角色互换25—30分钟,改变常规的英语输出方式。具体展示要求如下:在TED演讲展示前,学生需要用英语介绍演讲者和演讲内容的相关信息,需要准备演讲中出现的5—10个生词,且呈现单词所在的句子,并就演讲内容准备2—3个英文问题。然后展示10—15分钟的TED演讲。在展示结束后,要求其他学生对问题进行回答,以此完成全班学生的英语视听说训练,还可以增加翻译训练。

每个学期每个学生进行至少一次这样的英文展示,以4个学分64个课时的"大学英语"课程为例,一个学期全班同学基本上会有30次这样的视听说训练,这对于第二语言学习是必不可少的练习。笔者将在学期末设计一些听说测试题与问卷来检验课堂创新的效果。

本文只是对90分钟时长的大学英语课堂中近30分钟课堂活动进行展示,其余60分钟的课文学习也有基于学生需求的精心设计,但这不是本文涉及的内容,所以暂且不提。

笔者对外语课堂中这个视听说环节的设计,就是在拉康的后结构主义语言观的引导下进行的。这种教学模式打破了传统的教师与学生之间的二元对立,每一个主体都在与其他主体的交际中丰盈自己,在主体间性的交往中提升他们的外语语用能力;也打破了逻各斯中心主义,这种后结构主义指导下的课堂没有中心,而每一个主体又可以是中心。学生在语言的学习中建立起属于他们自己的主体性,而这种主体性绝对不是凭空生成的,只能在参与课堂、建设课堂、交际交往的过程中生成。笔者尝试在课堂上使用TED演讲已经很多年了,学生很喜欢这种让他们轮流参与讲课的形式。笔者仍在不断地思考怎样改进设计才能达到最好的效果,希望笔者的教学设计能够得到认可与推广,进而惠及更多的学生。

参考文献

海德格尔,2000.存在与时间[M].陈嘉映,王庆节,译.北京:生活·读书·新知三联书店.

岳凤梅,2005.拉康的语言观[J].外国文学(3):48-53.

LACAN J, 2001. Ecrits: a selection[M]. SHERIDAN A, trans. London: Routledge.

SARUP M, 1992. Jacques Lacan[M]. New York: Harvester Wheatsheaf.

方位隐喻 up—down 的课堂教学
——以证券英语方位隐喻为例

梅桂能[①]

一、Lakoff 和 Johnson 方位隐喻分类

根据 Lakoff 和 Johnson 方位隐喻的研究，英文中方位隐喻 up-down 共包含十个：第一，幸福为上，悲伤为下。例如："He is feeling up.""You are really low these months."。第二，清醒为上，不清醒为下。例如："Wake up!"She is dropping off to sleep."第三，健康为上，疾病为下。例如，"The young girl is in top shape.""The old man fell ill."。第四，多为上，少为下。例如："The number of employees in this company is high.""People's income fell last year."。第五，控制为上，被控制为下。例如："We are on the top of the situation.""They are under your control."。第六，可预见的事为上，不可预见的事为下。例如："What's coming up next week?"。第七，地位高者为上，地位低者为下。例如："Recently, he will rise to the top.""She fell in status."。第八，好为上，坏为下。例如："All things are going to look up." She does low-quality work."。第九，理性为上，感性为下。例如："We are going to put our feelings aside and had a high-level intellectual discussion of the matter."。第十，美德为上，迂腐为下。例如："Mary is upright.""Don't be underhanded."。(Lakoff & Johnson, 1980)

---

① 梅桂能，硕士，浙江工商大学外国语学院副教授，研究方向为语言学与应用语言学。

二、证券英语方位隐喻的类型及其物理基础

先让学生课前预习有关方位隐喻的资料,熟悉一下前面十种方位隐喻,并说出这些隐喻的物理基础。为了让学生深刻了解和掌握这些隐喻,课堂上再举一些实例,以说明其物理基础。

(一)幸福为上,悲伤为下(happy is up；sad is down)

1. 实例

(1)Consumer discretionary shares also lifted the market, with the stock of Gap Inc. (GPS. N) up 3.3 percent at $40.52 after the apparel retailer reported **upbeat** April sales and gave a profit forecast that surpassed Wall Street's expectations.

(2)Despite Wednesday's **downbeat** finish, the market is still off to a roaring start to the year.

(3)Will old age kill this super long bull market? Saturday was its 10th birthday, and an **unhappy one**.Why? Most envision it dying soon.

(4)Central bank support has helped reflate an economy that was close to a **depression** back in 2008 in the depths of the banking credit crisis.

2. 物理基础

蹲伏的姿势往往与悲伤和低落相伴,直立的姿态往往与积极的精神状态相伴。

(二)清醒为上,不清醒为下(conscious is up；unconscious is down)

1. 实例

(1)Easy money policy **wakes the stock market up**.The rate-friendly environment will continue to provide the backdrop the market needs to grind higher.

(2)In 2015, the Dow **swooned** 6.6% in August and 1.5% in September amid fears that the economy in China, the world's second-largest, was on the verge of a major slowdown after Beijing devalued its currency.

（3）Oil prices plunged below zero on Monday, the latest never-before-seen number to come out of the economic **coma** caused by the pandemic.

2. 物理基础

大多数哺乳动物睡觉时是躺着的,醒来时是站着的。

（三）健康为上,疾病为下(health and life are up; sickness and death are down)

1. 实例

（1）The Wall Street bull did its best imitation of a cat with nine **lives**, dodging danger and notching yet another record close.

（2）I think markets are a little too rosy now. There is this assumption that the actual impact won't be much, and if there is one, central banks will be able to step in and keep markets **alive**.

（3）The **death** cross is a technical chart pattern indicating the potential for a major sell-off while the golden cross a major buyout.

2. 物理基础

严重的疾病会让人躺下,当人死亡的时候,人的身体是躺着的。

（四）多为上,少为下(more is up; less is down)

1. 实例

（1）The Dow Jones industrial average **increased** 67.18 points, or 0.4 percent, to 17,073.95. The S&P 500 edged up 1.77 points to 2,001.76.

（2）Benchmarks **gain** despite stocks' scary week.

（3）Gainers and losers closed nearly even on the New York Stock Exchange.

（4）Stocks closed broadly higher on Wall Street Tuesday, reversing a big slice of the market's **losses** from a sharp sell-off the day before.

（5）While the S&P closed in **positive** territory, it was well off its session highs of more than 1 percent and did little to put investors at ease about the market's recent sell off.

（6）The Dow and S&P 500 ended in **negative** territory for the year, with the S&P 500 **off** 3.5 percent from its March 2 record closing high.

（7）Markets **swell** around the world; Nasdaq sets another record.

（8）Harley-Davidson jumped 15.2% after laying out plans to **slash** costs and preserve cash, including a **cut** of its dividend and a halt to its stock buyback program.

2. 物理基础

如果你往容器或者物品堆上添加更多的物质或物体，其高度会增加。

（五）控制为上，被控制为下（having control or force is up; being subject to control or force is down）

1. 实例

（1）This is testimony to the ability of U.S. companies to **keep costs under control** and maintain high profit margin.

（2）The market rebound has also propelled the Standard & Poor's 500 stock index and tech-stock **dominated** Nasdaq composite to fresh highs.

（3）Any actions or signs that things **won't spiral out of control** should be seen as a positive for stocks.

（4）The market rallied in the early going as investors weighed a batch of encouraging economic reports. The positive data **reinforces** the outlook from the Federal Reserve.

（5）U.S. Stocks finish higher, Dow hits 5-day **win** streak.

（6）The market has been **soft** since they announced the reopening of the IPO markets.

（7）Chinese yuan **strengthens** to 3-month high.

（8）The euro **weakened** to $1.0842 from $1.0858.

2. 物理基础

身体的大小往往与力量的大小呈正相关,战斗中的胜利者往往在上面。

(六)可预见的事为上,不可预见的事为下[foreseeable future events are up (and ahead); unforeseeable future events are down]

1. 实例

(1) Long good stock market will **come up**.

(2) Geopolitical risks and fear of coming interest rate hikes make the markets around the world **uncertainty**.

2. 物理基础

通常我们的眼睛正视我们运动的方向(向前面,往前)。当物体靠近人时(或者人靠近物体时),物体看起来会增大。因为在感觉上地面是固定的,所以物体的顶端在人的视野里会增高。

(七)地位高者为上,地位低者为下(high status is up; low status is down)

1. 实例

(1)The amazing rally for stocks that ensued altered the make-up of the market, **elevating technology stocks** to **a dominating position** and **lessening the weight of industrial and energy companies**.

(2)Thanks to its **leadership position**, strong profits and continued growth, Veeva has long been considered a **buyout** candidate.

(3)Buffett's Berkshire **boosted its position** in Monsanto while **trimming his position** in his former biggest holding, Wells Fargo.

2. 社会和物理基础

地位与(社会)力量呈正相关,而其在(物理)力量方面是向上的。

(八)好为上,坏为下(good is up;bad is down)

1. 实例

(1)The S&P 500 was up 3.3%, on track for its **best** day since early April.

(2)Stocks had rebounded from last week's 4.8% drop, the **worst** in nearly three months, in large part because of a report showing U.S. shoppers spent much more last month at stores and online retailers than economists expected.

2. 个人福利物理基础

高兴、健康、生命和控制等对于个人来说意味着好的事物,都是积极向上的。

(九)理性为上,感性为下(rational is up;emotional is down)

1. 实例

(1)The market is getting too **emotional** about the interest hike.

(2)The market's recent slide looked more like **panic selling** than investors making rational investment decisions.

(3)It took the Dow just five trading days to recover from its latest "**panic attack**?" a one-day, 373-point dive May 17 when President Trump's political troubles were being compared to Watergate and the "I" word——impeachment——was being thrown around.

(4)S&P 500 posted profit growth of 8.4%.Strong incoming data on the economy has enabled investors to shrug off geopolitical **worries**.

2. 物理和文化基础

在我们的文化里,人类能够认识和改变动物、植物以及其物理环境,并且正是他们独特的智力使得他们自己比其他动物更高级。这为"理性为上"提供了基础。

(十)美德为上,迂腐为下(virtue is up；depravity is down)

1. 实例

(1)Nasdaq has been **upstanding** even in the eventful year.

(2)Many European companies reported drab earnings in the first quarter of 2014 and analysts are lining up to **downgrade** their profit targets for the rest of the year. But the region's stock investors don't seem to care.

2. 物理和社会基础

道德是上,因为从社会、个人的观点来看,道德的行为与社会福利是正相关的。基于社会的隐喻是文化的一部分,这正是社会、个人的观点在起作用。

三、其他证券英语方位隐喻的类型及其物理基础

接下来的方位隐喻是书上没有的,是笔者根据证券资料概括的。为了让学生掌握这些隐喻,可以充分发挥课内外时间让学生消化此类知识。

(一)绿色为上,红色为下(green is up；red is down)

1. 实例

(1) St. Patrick's Day is normally known for green beer, green shamrocks—and in the past 20 years **stocks flashing green**, but Friday's tiny 3.13-point, 0.13% drop for the Standard & Poor's 500 index bucked the historical trend.

(2) Investor skittishness over coming policies under soon-to-be-president Donald Trump just days before his inauguration **put stocks in the red** Tuesday and pushed the Dow down for a third straight session.

2. 物理和社会基础

绿色代表生机盎然和安全,红色代表危险。

（二）白色为上,黑色为下(white is up;black is down)

1. 实例

（1）**Three White Soldiers** in candle stick chart shows the stock is in the uptrend while Three Crows the downtrend.

（2）Both the 1973−1974 bear market and the 1987 **Black Monday** (market crash) were preceded.

2. 物理和社会基础

白色代表圣洁无瑕,黑色代表悲哀。

（三）北为上,南为下(north is up;south is down)

1. 实例

（1）Global stocks **go north** as oil prices rally.

（2）Because of the scandal, the company's stock continue **going south**.

2. 物理和社会基础

人们在看地图时,南面往下看,北面往上看。

（四）牛市为上,熊市为下(bull is up;bear is down)

1. 实例

（1）While stocks kicked off the first trading day of May **in bullish fashion** Monday, with the Dow gaining 118 points, the blue chip stock gauge reversed course and gave back all of those gains.

（2）The stock was in a **bearish** mode for its downbeat earnings.

2. 物理基础

牛强劲有力,且其牛角一直是往上生长的;熊代表胆小怕事,畏缩不前。

(五)固体为上,气体为下(solid is up；gas is down)

1. 实例

(1)Coach，the high-end maker of leather goods and handbags，also is **a solid pick**，gaining 5.5% on average since 2005 and rallying more than 5% this week.

(2)Tencent's market value **evaporated** more than 200 billion a day.

(3)And after the Internet stock **bubble** burst in 2000，stocks fell 49.1%.

(4)It has become **an air pocket stock** that falls sharply for its fraud in financial statement.

2. 物理基础

固体的东西比较坚实,而气体容易蒸发和泄漏。

(六)温暖为上,寒冷为下(warm is up；cold is down)

1. 实例

(1)Two of the **hottest** and best performing sectors of the last few years happen to be healthcare and technology stocks.

(2)The outbreak has killed more than 100 people，putting a **chill** on travel and tourism in China.

(3)Amazon.com has been ripping higher with profits that are **on fire**.

(4)That means many could be back to work sooner，once the economic **freeze** eases.

(5)Dow，S&P end at records in **fireworks** before the Fourth.

(6)12 big stocks set to **sizzle** this summer.

2. 物理基础

天气与万物生长密切相关,天气暖和适合万物生长,而寒冷的天气会阻碍植物的生长发育。

(七)好吃为上,不好吃为下(good taste is up;bad taste is down)

1. 实例

(1)Since Election Day, Donald Trump and Wall Street have enjoyed a **honeymoon-like** romance.

(2)The idea of less regulation of banks, a better economy and the prospect for rising interest rates put banks in the **sweet** spot.

(3)Stocks **sour** after weak report on U.S. manufacturing: Dow drops more than 300 points.

2. 物理基础

好吃的东西人们都喜欢吃,越好吃,人们吃得越多;不好吃的东西人们吃得少甚至不吃。所以好吃的东西会增多,不好吃的东西会减少。

(八)天为上,地为下(sky is high;earth is down)

1. 实例

(1)The best performer for the Dow Wednesday was Boeing, whose stock **skyrocketed** more than 24%, possibly on news of a bailout package included in the stimulus plan.

(2)Call it a **moonshot**, or Wall Street euphoria, or a "Trump Rally," as investors are pricing in better earnings and economic growth, thanks to the president-elect's promises to cut corporate taxes, reduce business red tape and spend heavily on infrastructure.

(3)Every time technology stocks soar into the **stratosphere**, comparisons to the Internet stock bubble of 1999 inevitably follow.

(4)We hit that huge psychological barrier and busted through it when we hit (Dow) 20,000 ... but today's GDP number came in, for the most part, below expectations and brought everyone back **down to earth**.

(5)Technology stocks had the sharpest drops after a better-than-expected profit report from Microsoft failed to satisfy investors expecting even more from the company，whose stock has largely defied **gravity** this year.

2. 物理基础

飞行物飞上天是上升的,而它们被打落后就会跌落在地上。

(九)前进为上,后退为下(moving ahead is up；moving back is down)

1. 实例

(1)Asian shares **push ahead** on hopeful signs for global growth.

(2)We had a near 30% **advance** from the March 23 low to April 17.

(3)In Asia, Hong Kong's Hang Seng added 0.3%, and the KOSPI in Seoul **advanced** 0.7%.

(4)S&P 500 **takes a step back** after setting record；yields rise.

(5)The S&P 500 **pulled back** from its newly set record on Wednesday after a meandering day of trading took a late turn lower.

(6)Tuesday's modest market **pullback** came a day after the S&P 500 hit an all-time high.

(7)The yield on the 10-year Treasury **gave back** a bit of its big rise from the day before，dipping to 0.73% from 0.74% late Thursday.

2. 物理基础

进步就是向前走,退步就是往后走。

(十)阳光为上,暴风雨为下(sunny is up；stormy is down)

1. 实例

(1)Cheaper valuations become more attractive during rebounds，allowing value stocks to **shine**.

(2)Fed rate hike cycles dating back to 1962，the types of large-company stocks that **shine** include technology names, energy producers, as well as industrial and transportation firms.

(3)Stocks held steady in a calm day of trading Monday，but the **storm** may be coming.

（4）Asian **financial storm** happened in 1997.

2. 物理基础

万物生长靠太阳,阳光促使各种生物生长,而暴风雨则会破坏和摧毁万物的生长。

通过这些实例,学生可以深刻理解和应用这种类型的方位隐喻。课后要求学生分组讨论,每组举出三个以上的这类方位隐喻的例子。

四、方位隐喻分类的结论

根据方位隐喻的经验基础,我们对 Lakoff 和 Johnson 的结论做出如下补充。

（一）具有高度的抽象性和概括性

根据以上内容可知,方位隐喻是一个连贯的、系统的统一整体,具有高度的抽象性和概括性。

（二）Lakoff 和 Johnson 关于方位隐喻的分类不是绝对的

首先,隐喻与文化密切相关,每一类方位隐喻在不同文化中都有不同的映射。西方用绿色表示 up,红色表示 down;而我们用红色表示 up,绿色表示 down。在同一文化的不同语境中,也有不同的情况。其次,隐喻如颜色词一样具有"双重心理意象",被赋予了特定的文化价值——正与反、善与恶、褒与贬的文化价值(陈家旭,2007)。同一个隐喻即使在相同的文化中,只要语境不同,也会有不同的甚至截然相反的意象。例如:

I'm feeling **upset**.

从这句话来看,我们就不能说"happy is up",而应该说"sad is up"。又如:

Stocks closed higher in Asia, following the lead of Wall Street's surge Thursday. Stocks in Japan and China all finished solidly **in the black**.

这里的black则表示"上涨"的意思,所以我们应该说"black is up"。再如:

Stocks **swoon** on Trump remarks; Nasdaq at new high.

这句话的swoon表示"暴涨"之意,因此,我们不能绝对地说"unconscious is down"。

五、结语

方位隐喻是一个统一的整体,具有高度抽象性和概括性。总的说来,Lakoff和Johnson对方位隐喻的分类是合理的、完整的,但由于隐喻具有双重性以及民族文化和语境的多样性,Lakoff和Johnson关于方位隐喻的分类需要补充和完善。课堂上展示大量的方位隐喻实例可以扩大学生的视野,培养学生的自主创新能力。

参考文献

LAKOFF G, JOHNSON M, 1980. Metaphors we live by[M]. Chicago: University of Chicago Press.
陈家旭,2007.英汉隐喻认知对比研究[M].上海:学林出版社.
梅桂能,2017.证券英语语言特色研究[M].杭州:浙江工商大学出版社.

专业学生英语写作词组复杂度发展的个案研究[*]

陈映戎[①]

一、引言

专业语言输出能力是科研交流、国际合作的基础,是一流学科建设的必要条件。用于学术交流的英语输出能力一直是中国学者的短板,而大学生的专业英语输出能力也存在很多不足。随着对语法、句法复杂性及高端语言输出的深入考察,研究发现学习者的词组复杂度(phrasal complexity)随着学术写作水平的发展而提高,而从句复杂度却随着学术写作水平的升高而下降(Staples et al.,2016;Kyle & Crossley,2018)。学界对于口头话语和学术写作的语法差异性研究也表明,学术写作语言倾向于使用大量的名词词组结构(Biber, Gray & Poonpon,2011;Biber, Gray & Staples,2016)。因而词组复杂度已成为衡量英语学术写作发展的重要指标。本文通过个案探究浙江工商大学英语专业二年级学生写作词组复杂度的历时变化,并分析其成因,对深化语言复杂性研究、提升学生专业语言输出能力、推动一流学科建设下写作教学的发展具有重要的意义。

二、词组复杂度研究

(一)国外词组复杂度研究

词组复杂度是语言语法复杂度的重要组成部分。当前国外研究对于

* 基金项目:本文系浙江工商大学2019年度校高等教育研究课题"基于英语词组复杂性的一流学科专业输出能力发展研究"(编号:Xgy19011)的研究成果。
① 陈映戎,博士,浙江工商大学外国语学院副教授,研究方向为二语习得与语言教学。

词组复杂度,尤其是名词词组的变化和复杂度已进行了多维度的深入分析。研究主要集中在以下五个方面。

1. 词组复杂度测量方法和观测指标

Biber,Gray & Poonpon(2011)在对两种语体语言复杂度的考察中发现,书面语较口语存在大量依存词组。他们提出的写作复杂度五阶段发展假设为后续研究提供了集句法、词组复杂度于一体的探讨框架。Kyle & Crossley(2018)通过比较写作质量的三种评价指标,发现词组复杂度精细指标对写作质量的评价最为准确,从而进一步佐证了Biber等(2011)的研究结论。多面分析(Multi-dimensional analysis)的复杂度测量方法则受到推崇(Biber et al.,2016)。

2. 写作质量与词组复杂度

写作质量与词组复杂度方面的研究具有词句综合、长期追踪的特点:或基于大量文本及不同语言水平考察句法层面(句子、从句和词组)和整体写作质量的关联性(Martínez,2018);或使用计算工具发掘二语句法发展特征(包括名词词组复杂度)与论文质量人为评判之间的相关性(Crossley & McNamara,2014);在名词词组复杂度和二语写作水平的关联性研究中,部分复杂名词修饰语类型的出现频率与写作水平或成绩高低评定显著相关(Casal & Lee,2019;Lan & Sun,2019)。

3. 语言水平与词组复杂度

语言水平与词组复杂度方面的研究对不同语言水平群体(研究生 vs 国际发表的专家学者,参加学术英语培训的中、高级水平受训者,准备读研的学生 vs 研究生)的学术论文词组特点、名词结构等进行比较,发掘异同或使用上的发展变化。研究认为成熟学术论文的名词修饰语使用频次远高于二语学习者或新手论文,研究也证实了Biber等(2011)提出的语法复杂度发展阶段假设(Ansarifar et al.,2018;Parkinson & Musgrave,2014)。

4. 母语背景与词组复杂度

将不同母语背景的学生与英语本族语学生的口头输出或笔头论文进行比较,发现两个群体在多个句法(包括词组)复杂度指标上或特定词组结构运用上呈现显著差异(Staples & Reppen,2016;Lu & Ai,2015;Jiang,

2015），本族语者在写作中使用更多包含较长词数及修饰语的复杂名词词组（Bartning et al.，2015）。

5. 文本体裁与词汇句法复杂度

对文本体裁与词汇句法复杂度的研究，或将母语背景和体裁因素结合起来探讨学生写作中词汇语法的使用特点（Staples& Reppen，2016）；或对非英语本族语学习群体输出的不同体裁英语文本进行比较，发掘不同体裁文章质量的测评要素（Qin & Uccelli，2016）。

（二）国内词组复杂度研究

词组复杂度的国内研究缺少焦点，取而代之的是对词汇复杂度和句法复杂度的研究。词汇复杂度方面，无论是考察词汇丰富性与二语写作质量，还是基于语料库的二语词汇丰富性历时发展研究，抑或是母语或二语为汉语的词汇丰富性研究，分析维度主要都基于Read（2000）词汇丰富性框架中的词汇多样性、复杂度、密度、词频概貌和词汇错误。另有研究考察词汇复杂度与语言水平、语体等因素的交互作用，但皆聚焦词汇复杂度，而非词组复杂度。

句法复杂度与二语写作的研究则主要集中于句子层面，包括单位句子长度、子句密度，各类从句等话题链数量、分句数、零形成分数量被认为是汉语学习者写作句法复杂度的有效测量指标（吴继峰，2016）。杨莉芳、王兰（2016）的研究虽涉及复杂名词词组的比较，但只做了简单阐述，且研究涉及的两个群体在该方面没有差异。郑咏滟、冯予力（2017）的研究是迄今唯一一项将词组复杂度纳入句法复杂度内部作为观测指标的研究，他们发现学生作文后期呈现词组复杂度弱化趋势，也存在复杂名词词组比例跳跃式增长的个体发展差异。

总而言之，国际学界在学术写作词组复杂度研究上不仅确立了研究框架，而且开展了多因素的交叉研究。而国内研究则非常薄弱。鉴于国家科技创新国际传播与交流的迫切需要，词组复杂度对于学术写作的重要性，以及国内英语学习者学术语言输出能力欠缺、专业英语写作教学事倍功半的现状，聚焦词组复杂度研究显得十分必要和紧迫。本文采用个案追踪方法,探究两个问题:(1)对于英语专业语言能力较强的学生,其英语写作词组复杂度发展情况如何?(2)研究对写作教学有什么反馈和启示?

三、研究设计

(一)研究对象

本研究对象为8名英语专业二年级本科生4次集中写作实验下产出的32篇英文习作,其中议论文16篇,记叙文16篇。我们根据英语专业一年级第二学期2门专业核心课程——"综合英语"和"语法实践"的期末成绩(均≥85分)在英语专业二年级学生中筛选出英语语言及语法水平相对较高的学生8人(1名男生,7名女生)。并在一年内让他们进行了4次集中英语写作,收集了32篇作文。这些作文作为本文词组复杂性的研究对象。

(二)研究工具

1. 集中限时写作

本研究采用集中写作实验收集个案作文语料。我们在大二年级2个学期中召集8名学生进行了4次限时议论文和记叙文集中写作,每次写作时长为30分钟。议论文写作题目选自国际大型正规语言水平考试雅思作文题库,主题为"工作压力"和"养老";记叙文的主题为"昆曲"和"印象深刻的人"。

2. 访谈

根据数据处理结果,我们对被试进行访谈,旨在了解被试写作某些句子时的思维过程,并了解其平时接受写作教学指导和课外自主写作的情况。

(三)数据收集与统计

32篇论文收集好后以纯文本格式保存。我们利用在线二语句法复杂度分析工具（Web-based L2SCA[①]）对学生作文进行语言复杂度分析。L2SCA是Lu（2010）设计的对书面语言样本中的句法复杂度进行专门分析的工具，共14个指标，涵盖4个方面：（1）产出单位的长度（length of production units）；（2）并列、联合结构的数量（amounts of coordination）；（3）从属结构的数量（amounts of subordination）；（4）词组和整句的复杂程度（degree of phrasal sophistication and overall sentence complexity）。本研究只关注与词组复杂度相关的7个指标。议论文和记叙文分析数据分别由SPSS Statistics 24软件进行统计处理。

四、研究结果与讨论

（一）统计结果

32篇作文平均字数为320个单词，平均每篇作文含16个句子（sentence），31个从句（clause）。经在线L2SCA计算，并通过SPSS Statistics 24统计处理，2次议论文写作和2次记叙文写作中英语词组复杂度7个指标的变化分别如表1和表2所示。

表1　2次议论文写作7个词组复杂度指标差异

	议论文1（n=8）		议论文2（n=8）		MD	t（14）	Sig.（2-tailed）
	M	SD	M	SD			
Verb Phrase（VP）	37.130	8.026	45.880	10.562	−8.750	−1.866	0.916
Coordinate Phrase（CP）	8.130	4.794	7.880	4.486	0.250	0.108	0.083
Complex Nominal（CN）	32.50	7.251	40.88	9.804	−8.375	−1.943	0.072
Coordinate Phrase per T-Unit（CP/T）	0.546	0.288	0.447	0.207	0.099	0.789	0.443
Coordinate Phrase per clause（CP/C）	0.333	0.204	0.244	0.128	0.089	1.041	0.316

---

①本研究使用的L2SCA是在线版本（Web-based L2 Syntactical Complexity Analyzer），网址为https://aihaiyang.com/software/l2sca/。

续　表

	议论文1（n=8）		议论文2（n=8）		MD	t（14）	Sig.（2-tailed）
	M	SD	M	SD			
Complex nominal per T-unit（CN/T）	2.234	0.624	2.434	0.316	−0.200	−0.809	0.432
Complex nominal per clause（CN/C）	1.305	0.356	1.258	0.216	0.047	0.318	0.755

表2　2次记叙文写作7个词组复杂度指标差异

	记叙文1（n=8）		记叙文2（n=8）		MD	t（14）	Sig.（2-tailed）
	M	SD	M	SD			
Verb Phrase（VP）	46.880	18.106	40.000	11.452	6.875	0.908	0.379
Coordinate Phrase（CP）	10.500	3.162	7.880	3.399	2.625	1.599	0.132
Complex Nominal（CN）	36.250	15.397	45.250	11.411	−9.000	−1.328	0.205
Coordinate Phrase per T-Unit（CP/T）	0.637	0.278	0.488	0.173	0.149	1.284	0.220
Coordinate Phrase per clause（CP/C）	0.316	0.128	0	0.092	0.046	0.818	0.427
Complex nominal per T-unit（CN/T）	2.154	1.079	2.848	0.564	−0.694	−1.612	0.129
Complex nominal per clause（CN/C）	1.026	0.285	1.590	0.312	−0.564	−3.775	0.002

　　每个词组复杂度指标都经过独立样本t检验。结果显示:除2次记叙文写作比较中指标CN/C（每个从句所含复合名词数量）有显著差异（t=−3.775,df=14,p<0.05）之外,其他词组复杂度指标的变化都不显著。这说明被试在历时研究阶段的写作语言复杂性发展上没有太大的进步。

（二）写作词组成熟度变化不显著的原因及教学启示

　　通过英语词组复杂度各项指标数据的反映,被试在为期一年的研究时段中其英语写作没有质的提高。究其原因,主要是写作教学偏重结构性指导,课外写作训练量不足,以及对汉英思维差异的关注不够,导致学生英语写作能力没有发生质的飞跃。这些反馈为我们的专业英语写作提供了教学启示。

1. 写作教学应以结构指导与选词组句并重

根据被试的访谈，本科生二年级写作课上教师会提供写作策略和英语专业四级作文培训，但是写作课偏重篇章结构的指导，对如何选词组句、运用句型、组织段落指导不多。教师对课后写作作业的批改大多针对语法做一些修正，很少在用词成句上给出建议。因而被试认为大学期间在英文写作方面改变最大的是行文结构，在用词组句、提升书面语言成熟度等方面没有感到特别明显的进步。

而《普通高等学校本科外国语言文学类专业教学指南（上）——英语类专业教学指南》（以下简称"《指南》"）对写作词句提出了明确的教学要求。《指南》对专业核心课程"英语写作"设置的教学目标之一是"了解学术写作的基本规范和方法，并能独立撰写小型课题研究报告及论文"（教育部高等学校外国语言文学类专业教学指导委员会，2020）。在写作课程教学内容中规定"本课程主要包括写作知识、写作策略和写作能力三个方面的教学内容。写作知识主要包括选词组句、标点使用、篇章结构、文体特点、文章修改等方面的知识，写作策略方面强调句型运用、段落组织、篇章布局、范文模仿等写作技能和方法，写作能力培养主要包括立意构思、观点论证、修改评阅以及思辨能力。教学内容按任务难度依次进行句段写作、多体裁写作和初级学术写作教学……"（教育部高等学校外国语言文学类专业教学指导委员会，2020）。对照2020新版《指南》，我们当下的写作教学还不够全面，内容上还需要调整、平衡，篇章架构与用词成句都应该成为教学的重点，不可偏废其一。

2. 写作教学需要加强学生课外自主写作意识

根据访谈，本科二年级学生每周2节写作课，课后通常会有1次写作任务。学生两两成组，互评作业，修改后的作文再上交教师批改，批改重点在于语法和篇章结构。除写作外，高级英语课每学期会有3篇左右的议论文写作训练，阅读课会有1篇书评写作任务，主要关注的是立意构思和观点论证，而非遣词造句。除了课程写作要求，课外自主写作训练基本没有,这说明学生自主训练英语写作的意识十分淡薄。写作课教师应该采取必要的激励机制,或者建立学习共同体,推动学习个体开展课外自主写作训练。

3. 写作教学应强化英汉对比,削弱汉语思维的跨语言影响

在被试的作文中随处可见汉语思维的痕迹,例如:

> Have you ever heard someone beside you complaining about the heavy load of their job or the frequent overtime working? It is true that people nowadays are working under more pressure and have less leisure time of their own. There are some necessities in this trend.

这段中,heavy load of their job 是被试对于汉语"繁重工作量"的英语表述,汉语痕迹明显,其实可以以 heavy workloads 替换。第3句是汉语"这种趋势有其必然性"的翻译。学生的英语写作明显受到了母语思维的跨语言影响。第2、3句本可以合二为一,并在句式和用词上更加精练:

> It's a trend that people nowadays work with greater pressure and enjoy less leisure time of their own.

被试访谈中透露至今写作习惯仍然是"用汉语先想好那个点,然后再用英语写出来"。

为削弱汉语思维的跨语言影响,专业写作课应该强化英汉对比教学,使学生明确英汉思维概念及语言表达体系的差异,从而在写作中尽量避免"中式英语"的输出,尤其是词组层面。这也对写作课教师自身提出了较高要求。写作课教师应该具备较高的专业英语输出能力,并且熟悉汉英两种语言思维概念及输出方式的异同,从而为学生写作提供有效的指导。

五、结语

英语词组使用的复杂程度体现了语言的成熟水平。作为专业学生，要培养一流的英语写作输出能力，需要具备灵活运用各种词组、架构不同句法结构的能力。而本研究发现即使是专业成绩优秀的学生，其习作中词组复杂度变化也不大，写作输出能力有限，这为我们的专业写作教学提供了必要的反馈。如何发展学生的写作能力，增强写作语言的成熟度和复杂度，培养具有专业书面语言输出能力的外语人才，值得我们思考。

参考文献

吴继峰,2016.英语母语者汉语书面语句法复杂性研究[J].语言教学与研究(4):27-35.

杨莉芳,王兰,2016.中国高中英语学习者议论文句法复杂性研究[J].外国语文(双月刊),32(6):143-149.

教育部高等学校外国语言文学类专业教学指导委员会,2020.普通高等学校本科外国语言文学类专业教学指南(上)——英语类专业教学指南[M].北京:外语教学与研究出版社.

郑咏滟,冯予力,2017.学习者句法与词汇复杂性发展的动态系统研究[J].现代外语,40(1):57-68.

ANSARIFAR A, SHAHRIARI H, PISHGHADAM R, 2018. Phrasal complexity in academic writing: a comparison of abstracts written by graduate students and expert writers in applied linguistics[J]. Journal of English for academic purposes (31): 58-71.

BARTNING I, ARVIDSSON K, FORSBERG L F, 2015. Complexity at the phrasal level in spoken L1 and very advanced L2 French[J]. Language, interaction and acquisition (6): 181-201.

BIBER D, GRAY B, POONPON K, 2011. Should we use characteristics of

conversation to measure grammatical complexity in L2 writing development?
[J]. TESOL quarterly (45): 5-35.

BIBER D, GRAY B, STAPLES S, 2016. Predicting patterns of grammatical complexity across language exam task types and proficiency levels [J]. Applied linguistics (37): 639-668.

CASAL J E, LEE J J. Syntactic complexity and writing quality in assessed first-year L2 writing[J]. Journal of second language writing, 2019, 44: 51-62.

CROSSLEY A S, MCNAMARA D, 2014. Does writing development equal writing quality? A computational investigation of syntactic complexity in L2 learners[J]. Journal of second language writing (26): 66-79.

GE L, KYLE L, SUN G, 2019. Does L2 writing proficiency influence noun phrase complexity? a case analysis of argumentative essays written by Chinese students in a first-year composition course [J]. System (85): 102-116.

JIANG F, 2015. Nominal stance construction in L1 and L2 students' writing [J]. Journal of English for academic purposes (20): 90-102.

KYLE K, CROSSLEY S A, 2018. Measuring syntactic complexity in L2 writing using fine-grained clausal and phrasal indices [J]. The modern language journal (102): 333-349.

LU X F, 2010. Automatic analysis of syntactic complexity in second language writing[J]. International journal of corpus linguistics, 15(4): 474-496.

LU X F, AI H Y, 2005. Syntactic complexity in college-level English writing: differences among writers with diverse L1 backgrounds [J]. Journal of second language writing (29): 16-27.

MARTÍNEZ A C L, 2018. Analysis of syntactic complexity in secondary education EFL writers at different proficiency levels [J]. Assessing writing, (35): 1-11.

PARKINSON J, MUSGRAVE J, 2014. Development of noun phrase complexity in the writing of English for academic purposes students［J］. Journal of English for academic purposes（14）: 48-59.

QIN W J, UCCELLI P, 2016. Same language, different-functions—a cross-genre analysis of Chinese EFL learners' writing performance［J］. Journal of second language writing（33）: 3-17.

READ J, 2000. Assessing vocabulary［M］. Cambridge: Cambridge University Press.

STAPLES S, EGBERT J, BIBER D, et al., 2016. Academic writing development at the university level［J］. Written communication（33）: 149-183.

教师专业发展

"后方法"时代大学英语教师的专业发展探究*

徐玉苏①

一、前言

在我国高校教育中,英语教师面临最大的教学群体,最为繁重的教学任务,肩负着培养国际化交流人才的神圣历史使命。教师专业发展不仅关系到中国英语教学的质量和教学改革的成败,涉及每位英语教师职称晋升等切身利益,而且与教师的职业幸福感和个人价值认同息息相关。因此,在教学任务繁重和进修资源紧缺的情况下,如何促进中国大学英语教师的专业发展已成为英语教育界亟须研究的重要课题。

二、教师发展研究现状

目前我国大学英语教师的发展现状和前景都不容乐观。首先,在教育日益市场化的形势下,大学英语教学的专业地位逐渐被边缘化。为数众多的英语教师也成为高校的"弱势群体"。其次,我国英语教学的学科发展、教师教育和专业发展研究相对落后。教师个人在知识结构、科研意识和发展行动中存在的问题也限制了其进一步发展的空间。

孟春国(2011)认为提高自己的教学水平是教师专业发展最根本的诉求。教学是广大英语教师基本的生存方式和生命的价值体现。在教学上的成就感和满足感直接影响教师的情绪、心态和生存质量。"在教师发展

*　项目资助:本文系2021年度校高等教育研究一般课题"'后方法'时代高校英语教师专业发展的叙事探究"(编号:XGY21018)的阶段性成果。
①　徐玉苏,硕士,浙江工商大学外国语学院讲师,研究方向为英语教学和教师发展。

问题上,教学研究是关乎教师学术生命和保证教学效益的重要环节。"(夏纪梅,2006)周燕对中国高校英语教师的发展需求做了问卷调查,其研究也证实"绝大多数教师(96%)经常考虑的是如何上好英语课;如果有一节课没有上好,他们会感到不安,会进行反思或寻找其他老师的帮助"(2005)。付安权(2009)认为,重视每一位教师的每一个教学经验,唤醒每一位教师的专业发展主体意识,是英语教师专业发展的核心内涵。贾爱武(2005)指出,教师应该参与管理与开发教学理论,真正成为教学的决策者、观察者、反思者和研究者。这些思想均与Kumaravadivelu的"后方法"理论不谋而合。

1994年,印裔美籍学者Kumaravadivelu在其论文《后方法条件:萌芽中的二语/外语教学策略》(*The Post-method Condition: (E)merging Strategies for Second/foreign Language Teaching*)中提出了"后方法"(post-method)的概念。2001年,Kumaravadivelu在《英语教学季刊》(*TESOL Quarterly*)发表文章《走向后方法教学法》(*Toward A Post-method Pedagogy*),建构了"后方法"外语教学理论框架——一个以教师自主为核心的三维系统。2002年在英国约克大学的国际学术年会上,他再次批判了纯教学方法的研究,提出了"反方法""超越方法""后方法"的理论观点。之后他在2003年和2006年出版的两本专著《超越教学法:语言教学的宏观策略》(*Beyond Methods: Macrostrategies for Language Teaching*)、《理解语言教学:从方法到后方法》(*Understanding Language Teaching: From Method to Postmethod*),以及2006年发表的综述文章中进一步调整和丰富了这一理论,使"后方法"外语教学思想日趋系统化和完善(陈力,2009)。

Kumaravadivelu提出,在21世纪初,"后方法"时代已经来临。其主要特点如下:第一,"后方法"时代的外语教学将课堂视为多种因素互动的场所,外语教学是一个能动的、发展的过程;第二,"后方法"时代的外语教学认为课堂教学诸多因素中最重要的是教师与学生;第三,"后方法"时代的外语教学不仅注重学生外语水平的提高,而且注重培养他们独立自主学习与合作学习的能力,使他们成为合乎新世纪需求的一代新人;第四,"后方法"时代重视教学理论、策略与方法等多方面的研究,教学方法的改革已不再是唯一追求的目标。本文旨在"后方法"思想的指导下探寻我国大学英语课堂的有效教学方法以及大学英语教师的专业发展之路。

三、"后方法"与教师发展

(一)教学方法

"后方法"提出了对传统外语教学法的批判。20世纪的外语教学史见证了各种教学法(直接法、听说法、交际法、语法翻译法、自然教学法、沉默法、暗示法等)的兴起、流行甚至消亡。但各种流派的教学法都只是对理想化、概念化外语教学的静态、片面、抽象的描述(孟臻,2012),到目前为止还没有找到一种最适合外语教学的方法。Kumaravadivelu也发现从事教学实践的教师们在课堂教学中并没有刻板地遵守教学法的理论原则和教学程序。对教学复杂性和教学法局限性的认知使他们在实践中往往依赖自己的直觉和经验。因此,他大胆地提出"超越方法"或"后方法"。

"后方法"主张打破各种传统的教学法的束缚,但也提出教学不能流于"无原则、无系统、无批判"的折中主义。因此,Kumaravadivelu建构了"特殊性(particularity)""实践性(practicality)""可能性(possibility)"这三个教育参数作为原则来组织外语教学。"特殊性"认识到"特定的教师是在特定的社会文化大环境中和特定的教学情景下,为了某些特定的目标而教授一批特定的学生",即任何外语教学都必须根植于其所处的特殊的社会文化背景、特殊的教学环境和追求特殊目标的教师及学生。"实践性"强调实践性理论只能在实践中产生,它拒绝把"理论家视为知识生产者,把教师视为知识消费者"的两分法。因此,教师必须通过自己的实践与反思力图建构以教师为基础的"自下而上"的适合教学实践的理论体系。"可能性"强调社会、政治、教育等因素在教学中的运用。从教师方面看,教师的经验不是在课堂上形成的,而是在更宽广的社会、经济和政治环境中形成的。从学习者方面看,教师应重视对学习者身份形成有重要作用的社会文化现实,不能把语言教学的作用局限于课堂内,也不能把学习者的语言需求和社会需求分离开来。在这三大教育参数建构的宏观原则指导下,

Kumaravadivelu整合了心理语言学、社会语言学、认知心理学、二语习得等诸多学科的观点,并结合教师教学的理论和经验,提出了十大宏观策略。这十大宏观策略分别是:(1)学习机会最大化;(2)感知失配最小化;(3)促进协商互动;(4)促进学习者自主;(5)培养语言意识;(6)激活直觉探索;(7)语言输入语境化;(8)语言技能综合化;(9)确保社会关联;(10)提高文化意识。从"后方法"的三大教育参数和十大宏观框架不难看出,"后方法"外语教学不是封闭的,而是一种开放的、创造性的动态理论。"后方法"的提出并不是抛弃教学法,而是超越教学法,要求教师找到一条符合国情、校情、学生现状、学生需求等的有效之路。

因此,"'后方法'时代是方法时代推陈出新,是外语教学法经历自身成长中否定之否定后的更高的水平发展,是外语教学法极其重要的发展阶段,它的到来将会使外语教学法重新焕发生命的活力,带来新的繁荣"(袁春艳,2006)。

(二)专业发展

"后方法"的思想精髓不仅破除了对各种传统教学法的迷信,把对教学法的应用和研究引入更科学、更宽广的视域,而且与大学英语教师专业发展的基本理念不谋而合。Kumaravadivelu指出从"方法"到"后方法"的转变将重新界定理论家和教师之间的关系。"后方法"外语教学框架下,教师不再是知识的接受者和理论的执行者,而是教学研究者、实践者和理论构建者的统一。教师应被赋予权力与自主性,从课堂实践的经验中建构自己系统的、一致的、与教学密切联系的理论,以取代理论家施加于教师的那些教学方法。Kumaravadivelu力主以"后方法"理念为指引,以教师与学生为主体,立足特定教学环境和需求,赋予教学实践者建构自身教学实践理论的权力和能力,旨在帮助教师们树立"教学理论实践化、教学实践理论化"的信念。他认为作为一个成功的教学实践者,教师必须成为策略的思考者(strategic thinkers)和策略的实践者(strategic practitioners)。作为策略的思考者,教师必须宏观了解教室里发生的一切,系统观察教学,解释教学事件,评估教学成果,反思具体的需求、形势、教与学的过程;作为策略的实践者,教师必须培养和发展自我观察、自我分析和自我评价教学行为的知识和能力。同时,教师还要学习和检验各种理论,教师的教学经验应当通过自我反思不断升华为教学理论,用以指导实践,而教学理论又通过教学实践得以不断修正和发展。

可见,在"后方法"思想的指导下,教师不再是单纯的传道授业解惑者和各种语言理论的接受者、执行者,而转化为教学实践者、研究者和理论建构者。教师角色认知的转型是质的飞跃,确立了教师专业发展的自主意识。因此,教师应摆脱对理论权威的一味盲从,对教育培训的过度依赖,从自身出发,积极探索发展有效的途径。教师只有坚持不懈地学习、进步、发展,才能与时俱进,才能不被高速发展的社会淘汰,才能肩负起教书育人的神圣使命。

在谋求发展的历程中,每位教师都应立足自身的课堂,不仅要把课堂作为传授知识的场所,还要把课堂视作提高教学的研究基地。教师应密切观察和时刻反思自己的课堂行为和教学成效,随时记录课堂中的成功经验,作为日后借鉴或供他人分享的成果。而对教学中出现的各种困难和问题,如学生的自主学习积极性不高、课堂讨论流于形式等,更应将其确定为自己的研究课题,从大量文献的阅读中,与同行的探讨中及对教学方法的改变和新方法的尝试中,努力探索问题的解决方案。至此,教师真正成为策略的思想者、策略的行动者、问题的解决者和教学的研究者。教师最后还应把解决问题的宝贵经验升华为理论或转化为文字著书出版。如果教师对教学中的各种问题都能自觉自主地反思探索,相信教学水平一定会在"发现问题—研究问题—解决问题"的循环往复中良性发展。同时,教师的科研能力和水平也会得到不断提升,让大学英语教学谈之色变的科研不再那么遥不可及,令人生畏。另外,对教学实际问题的探究也解决了长久以来教学与科研相对立、相脱离的"悲惨"局面,使科研能真正服务教学、指导教学。

四、结论

我国大学英语教师的专业发展之路并不平坦,仍存在不少的障碍与困难。如何克服环境中的不利因素,积极促成自身的专业发展是与每位大学英语教师切身相关、值得深刻思考的命题。每一位英语教师都应深刻地意识到自己肩上的责任和重担,树立正确的职业道德和专业认同感,努力进取,不断学习先进的科学理论知识,并在教学实践中不断学习、反思、探究,用理论指导实践,并在实践中提取、生成自己的教学理念,甚至提出对中国本土英语教学具有指导意义的科学理论。

参考文献

KUMARAVADIVELU B, 2003. Beyond methods: macrostrategies for language teaching[M]. New Haven: Yale University Press.

KUMARAVADIVELU B, 2005. In defence of post-method[J]. ILI language teaching journal (1): 15-19.

KUMARAVADIVELU B, 1994. The post-method condition: (E)merging strategies for second/foreign language teaching[J]. TESOL quarterly (28): 27-48.

KUMARAVADIVELU B, 2001. Toward a post-method pedagogy[J]. TESOL quarterly (35): 537-560.

KUMARAVADIVELU B, 2006. Understanding language teaching: From method to post-method[M]. London: Lawrence Erlbaum Associates.

陈力,2009.外语教学法的"后方法"时代[J].基础英语教育(3):3-8.

付安权,2009.论英语学科教师专业发展的再概念化[J].外语界(1):23-29.

贾爱武,2005.外语教师的专业地位及其专业发展内涵[J].外语与外语教学(4):57-59.

孟春国,2011.高校外语教师反思教学观念与行为研究[J].外语界(4):

44–54.

孟臻,2012."后方法"对我国外语教育研究的启示[J].宁波广播电视大学学报(1):75–78.

夏纪梅,2006.外语教师发展问题综述[J].中国外语(1):62–65.

袁春艳,2006.当代国际外语教学法发展研究[D].南京:南京师范大学.

周燕,2005.高校英语教师发展需求调查与研究[J].外语教学与研究(3):206–210.

培养文化信念，讲好中国故事*

邬易平①　汪露秋②

一、引言

教育部出版的《大学英语教学指南》(2017)着重强调大学英语课程"人文性的核心是以人为本，弘扬人的价值，注重人的综合素质培养和全面发展。社会主义核心价值观应有机融入大学英语教学内容"。其教学目标应该在致力提高教学质量的基础上，努力实现全人教育。大学英语教育需要实现工具性和人文性的有机统一，"加强中外人文交流，以我为主，兼收并蓄。推进国际传播能力建设，讲好中国故事，展现真实、立体、全面的中国，提高国家文化软实力"(习近平，2017)。这样，在帮助学生学习和了解世界优秀文化与文明的同时，有助于增强国家语言实力，有效传播中华文化，提升国家软实力(教育部高等教育司，2017)。

然而，"中国文化失语症"在大学生日常英语学习中以及跨文化交际中较为普遍，不容忽视。首先，学生对目的语文化的了解日益增多，且兴趣超出母语文化。在对2017级新生期中教学检查进行的问卷调查中，关于希望英语课程开设的主要内容方面，有50%的学生选择英语国家文化类学科课程，只有38.16%的学生选择英语讲解中国文化类课程。关于英

* 基金项目:本文系中国外语教育基金资助项目"新时代大学外语教师核心素养自我民族志研究"(编号:ZGWYJYJJ10A038)、杭州市外文学会重点项目"基于'互联网＋'背景下大学英语教师职业发展的自我民族志研究"(编号:HWZD2019001)、省级平台校级教学项目"教育生态模式创新研究——基于混合式英语教学理论与实践"(1070XJ0520111-11)的阶段性成果。
① 邬易平,硕士,浙江工商大学外国语学院讲师,研究方向为英语教育与教师发展。
② 汪露秋,硕士,浙江工商大学外国语学院讲师,研究方向为英语教育。

语学习的主要动机方面,40.79%的学生希望对英语国家有更深入的了解,只有27.63%的学生希望帮助别国加深对本国的了解。究其原因,首先是学生片面的语言文化观。他们能理解"语言是文化的载体,文化是语言的内容,语言习得意味着文化的移入"(徐平,2013),认为母语文化应该在中国语文的课程中学习,而非在英语课堂上学习。在大学英语课程中,他们更倾向于目的语文化的学习。其次,学生对中国文化知识的英文表达缺失。学生在课堂讨论发言时,遇到中国特色的词语表述时,往往一筹莫展,不知如何用英语进行表达和交流。思维、内容和语言之间的断层,凸显了大学英语教学中母语文化的缺失。探其根源,教师的文化信息素养是关键。英语教师由于自己专业素养的需求,对目的语文化的了解和认知往往较为深入,但缺乏对母语文化的深入研究,缺乏两种语言文化之间的对接知识。最后,大学英语学科培养意识中缺乏对学生中国文化意识的培养。

因此,现阶段如何改善中国文化失语症的现状,培养学生中国文化意识,是作为课堂主导者、改革者的大学英语教师首要思考的问题之一。而教师对于中国文化意识培养的认知,即教师的文化信念将直接作用于学生的文化信念,影响学生的学习和发展方向。通过树立教师文化信念,培养学生文化信念,讲好中国故事,发扬中国文化,提升国家文化软实力。

二、"讲好中国故事"的文化导入原则

中国文化,是以中华文明为基础,充分整合全国各地和各民族文化要素而形成的文化。2013年12月30日习近平总书记在中央政治局集体学习中指出:"让13亿人的每一分子都成为传播中华美德、中华文化的主体……要加强国际传播能力建设,精心构建对外话语体系,发挥好新兴媒体作用,增强对外话语的创造力、感召力、公信力,讲好中国故事。传播好中国声音,阐释好中国特色。"而如何讲好中国故事,至关重要。

首先,讲好中国故事,需要树立正确的语言文化观。讲好中国故事是时代使命,要立足于中国国情,传播中国优秀文化,提升我们的文化软实

力。语言是文化的载体,传承文化。大学英语的课程教学不能仅仅停留在英语语言技能的训练层面,还需要在目的语文化、母语文化以及其他语言文化之间搭建桥梁,在学习他国文化的同时,也传播优秀的母语文化。

其次,讲好中国故事,需要培养正确的对话意识。通过话语分析等语言学习途径,一方面引导学生正确阐释和理解西方媒体中的当代中国故事,另一方面通过增加中国文化的教学内容,丰富中国文化的英语表达,提升学生用英语交流的语言资本,对外传播我国文化,增进与世界文明的交流互通(张珊,2017)。

最后,讲好中国故事,需要培养合适的思维习惯。要了解中英两种语言的思维习惯。面向世界讲述中国故事,要用海内外听众易于理解的语言讲述,让世界了解文明、和平和开放的真实的中国形象。

综上所述,目前大学英语课程学习应该在了解和认知目的语文化的基础之上,加强母语文化的学习和输出,重点关注如何运用目的语,即英语来讲述中国故事,传播中国声音。"培育和践行社会主义核心价值观,不断增强意识形态领域主导权和话语权,推动中华优秀传统文化创造性转化、创新性发展,继承革命文化,发展社会主义先进文化,不忘本来、吸收外来、面向未来,更好构筑中国力量、中国精神、中国效率。"(习近平,2017)

三、"讲好中国故事"的教学实践

教师通过自身文化信念的培养,在教学实践中有效指导并帮助学生进行中国故事的讲述和传播。下面摘选一例来展示英语教师如何通过具体的课堂教学实践,帮助学生讲好中国故事,实现育人目标。教学对象为商务专业2019级1班,教学内容为第二学期"大学英语3"课程,教材为上海外语教育出版社季佩英等编著的《全新版大学英语 综合教程3》(第2版)。这里主要节选教师引导、课堂讨论以及学生反馈三个环节进行展示。

(一)教师引导

课堂教学单元为第二单元,教学主题为"民权运动",内容是"地下铁路"中默默无闻、艰苦奋斗给人以自由的英雄们。教师围绕"英雄"这一关键词,启发学生进行讨论。导入问题如下:

What's your definition of HERO? (personal definition)

Who is your HERO? And why? (detailed information, specific story)

Your personal view on HERO.

学生在回答英雄的定义时,往往借助词典,准确但缺乏自己的思考和理解。教师在肯定他们搜索到的词典中的权威解释之后,继续引导学生一起探讨他们自己心目中的英雄。

教师在课堂上带领学生一起借助思维导图,梳理和归纳大家的讨论过程和结果(如图1所示)。

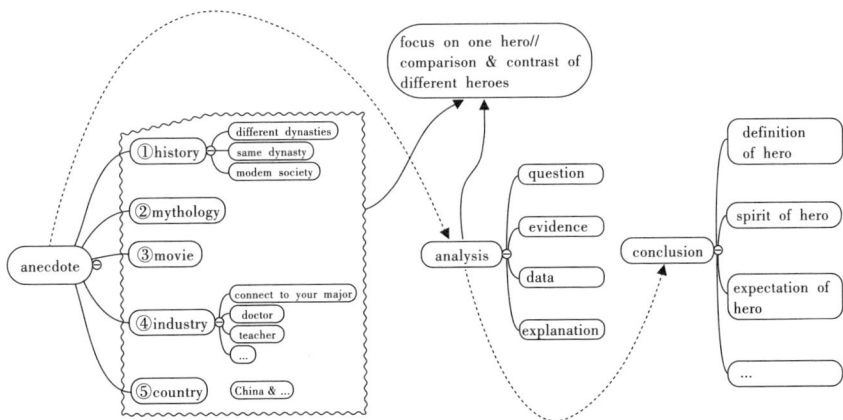

图1　思维导图

首先,师生一起确立本次讨论的逻辑框架:讲述故事—分析故事—归纳总结。

其次,师生深入探讨如何进行故事的讲述。正如课文中对历史事件的描述,一个抽象的概念通过具体的人物形象、故事事件才能鲜活起来。教师鼓励学生在自己较为熟悉的现实人物、神话故事、历史事件、文学作品、影视作品中寻找答案。

再次,师生一起商讨分析方法。大家确定了分析的框架与思路:根据想要探讨的主题问题,寻找相关证据,引用相关数据进行深入解析。

最后,师生归纳总结要点,主要聚焦我们自己对英雄的理解,英雄的内涵是什么,我们对于英雄的期待以及他们对我们的影响。在这一环节,重点关注的是英雄与我们之间的联系。

(二)课堂讨论

课堂讨论以小组为单位,要求学生围绕"中国英雄"主题,通过多渠道、多维度、多视角的故事描述(anecdote)、分析(analysis)和归纳(conclusion),从介绍中国英雄的事迹入手,分析中国英雄的定义、内涵以及中国英雄所蕴含的中国精神,凸显中国英雄对于年轻一代的精神引领。因为有了讨论的基本框架和思路,讨论非常热烈。学生的思路也非常开阔,并不局限于课堂上教师的引导。讨论后确定的"中国英雄"小组主题活动展示如表1所示。

表1 小组主题活动展示

小组号	讲述英雄故事	探索英雄内涵
1	世界杂交水稻之父袁隆平一生致力于杂交水稻技术的研究、应用与推广事迹	一生专注做一件事情,解决一个难题,服务世界人民
2	一只口罩的故事	每个普通人也能从自我做起,关心他人,关爱生命
3	维和部队申亮亮的优秀事迹	和平来之不易,是因为有人在为人民负重前行
4	讲述花木兰代父从军的故事	女性英雄的坚毅、隐忍、勇敢和坚持不懈的精神
5	讲述最美逆行人的故事	危难当头,不同行业的人兢兢业业,认真付出,努力为他人、为社会、为国家、为世界献出一份力量

续　表

小组号	讲述英雄故事	探索英雄内涵
6	讲述中国机长于危难关头挽救生命的事迹	英雄以沉着冷静的态度、高超的专业素养解救人们于紧要关头
7	讲述消防员的故事	英雄沉着冷静的态度、高超的专业素养、不怕危险勇往直前的精神挽救生命
8	讲述韩红坚持做慈善的故事	明星在事业的光环之下有自己对慈善的坚持和理解,是生活中的英雄

(三)学生反馈

学生在课堂讨论的过程中收获良多。他们不仅学会了在主题讨论中如何去建构思维的逻辑架构、凸显主题思路、搜索相关信息,学会了如何生动活泼地用英文讲述中国故事,还学会了如何用事实、数据或者图片来分析和佐证,如何清晰明确地归纳自己的观点。

同时,在主题活动中他们也受到了文化的洗涤、精神的熏陶。有的同学说:"看到一些跟消防员有关的暖心小故事,看着看着就为之动容……人性的光辉是永恒的。"有的同学说:"我感受到我们安逸的生活是许许多多的人的付出换来的,会对生活更加感恩。"有的同学说:"这是一种不靠血缘关系也可以维持的大爱,是在困难之际,可以毫不犹豫伸出援手的中国精神。"有的同学说:"我们被他们的情怀所感动,那一份情怀留在心中,在关键的时刻能化为坚定的行动。"

四、教师文化信念的培养

作为课堂教学的组织者、决策者和实施者,教师在多大程度上接受并贯彻教学改革倡导的新理念对教学改革具有决定性影响和作用(项茂英,郑新民,邬易平,2016)。教师关于英语教学中文化教学的认知体系,是其文化信念,是对影响人们行为和观念的自身文化和其他文化的理解,包括对人类行为的表现和文化模式差异的理解。教师文化信念主要包括教师对教学目标的理解以及教师文化素养、文化意识、文化能力及文化教学策略等方面的内容(郭乃照,2014)。树立高校英语教师对文化教学的信念是确保有效实施大学英语课程思政文化教学的关键,是讲好中国故事的有效途径。

首先,教师在教学中要支持鼓励学生运用英语向外界阐述中国思想、中国道路和中国方案,同时也要让他们熟悉与我国频繁交往的朋友和对手的文化传统与思维方式。教师在引导学生进行语言学习的同时,要注重培养他们的中国文化意识。这有助于增强学生的人文素养,提高他们的语言交际能力,使他们能够尽量准确地运用英语表达自己的思想内容,以弘扬中国文化(文秋芳,2014)。

其次,教师应培养自身文化自觉与文化自信。"文化自觉是指文化主体对其文化有自知之明,明白它的来历、形成过程、所具的特色和它发展的趋向。"(费孝通,2010)在多文明共同生存、共同发展的今天,英语教师更需要正确认识英语教学的工具性和人文性相辅相成的特质,既要了解目的语国家的文化及其发展,也要增进母语文化的认知,促进不同文明和文化之间的有效理解与沟通。在教学相长的过程中,建立文化自信。在回答如何提高自己的文化教学水平以满足学生文化学习及综合素质提高的需要之前,教师首先必须面对的是如何树立正确的文化信念。"文化自信是一个国家、一个民族发展中更基本、更深沉、更持久的力量。"(习近平,2017)大学英语教师对待英语学习中文化教学的信念与理解是关键。

再次,教师应提高自身的文化素养,树立合理的语言与文化观。大学英语教师需要有丰富而扎实的目的语文化和母语文化的沉淀。大学英语教师由于自身专业素养和研究方向的限制,往往更了解目的语文化。教师应加强文化意识的培养。由于语言工具性的特征,大学英语教师在课程教学中,容易强调语言知识教学,忽视文化输入,特别是母语文化的输入和输出。大学英语教师不仅要注重培养学生的文化意识,同时也应该加强自身的文化意识培养。鼓励学生学习目的语文化、本国文化以及其他异国文化(文秋芳,2006)。

最后,教师应该努力创新教学方法。教学方法是教师文化信念的具体呈现。结合中西方跨文化交际,加强母语文化的导入,"深入挖掘中华优秀传统文化蕴含的思想观念、人文精神、道德规范,结合时代要求继承创新,让中华文化展现出永久魅力和时代风采"(习近平,2017)。教师应利用自身专业知识,适当补充文化资源,将中国优秀的传统文化和当代文化编入大学英语教材或学习素材中,尽量在课堂教学活动的设计和课程设置中融入世界多元文化内容;英语教师应根据自己的专业特长,开设中国文化类的双语课程,在语言测试方面适当增加对学生跨文化意识和能力的评估。

讲好中国故事是培养大学生中国文化意识的途径之一。只有教师树立正确的语言文化观,提升自身文化素养,创新跨文化教学方法和策略,才能引导和培养学生讲好中国故事,传播中国声音,提升文化软实力。

参考文献

费孝通,2010.文化与文化自觉[M].北京:群言出版社.

郭乃照,2014.教师文化信念与大学生跨文化交际能力培养[J].中国高教研究(4):106-110.

教育部高等教育司,2017.大学英语教学指南[M].北京:高等教育出版社.

项茂英,郑新民,邬易平,2016.国外语言教师信念研究回顾与反思——基于对6种应用语言学期刊的统计分析(1990—2014)[J].外语界(1):79-86,95.

文秋芳,2006.在英语通用语背景下重新认识语言与文化的关系[J].外语教学理论与实践(2):1-7,1.

文秋芳,2014."认知对比分析"的特点与应用[J].外语教学理论与实践(1):1-6.

徐平,2013.二语习得与跨文化交际意识的融合[J].东北师范大学学报(哲学社会科学版)(6):135-138.

张珊,2017.中国外语教育的文化自觉[J].外语教学(3):7-11.

从线上教学实践个案看大学英语教师的TPACK能力现状及提升

郭 宁①

一、引言

近年来,各教育部门高度重视信息技术在各级各类学校中的革命性影响。2010 年颁布的《国家中长期教育改革和发展规划纲要(2010—2020)》明确指出要建设教育信息化体系,"强化信息技术应用"。教育部于 2018 年颁布了《教育信息化 2.0 行动计划》,提出要"积极推进'互联网＋教育',坚持信息技术与教育教学深度融合的核心理念","推动我国教育信息化整体水平走在世界前列,真正走出一条中国特色的教育信息化发展路子"。在英语教学领域,2017 年的《大学英语教学指南》指出:"在互联网时代,计算机网络技术已成为外语教学不可或缺的现代教学手段。""大学英语应大力推进最新信息技术与课程教学的融合,继续发挥现代教育技术,特别是信息技术在外语教学中的重要作用。"这一系列规定对大学英语教师的核心素养提出了更新、更高的要求。在"互联网＋"背景下,大学英语教师应与时俱进,通过积极提高自身 TPACK(Technological Pedagogical Content Knowledge)水平等方式,主动适应技术变革,更有效地完成教学任务。

---

① 郭宁,硕士,浙江工商大学外国语学院讲师,研究方向为语用学、教学法。

二、TPACK框架和大学英语教学

TPACK,即整合技术的学科教学法知识,是由美国学者 Koehler & Mishra在前人研究基础上提出的教师知识发展框架。该框架包含3个核心要素:学科内容知识(Content Knowledge,CK)、教学法知识(Pedagogical Knowledge,PK)、技术知识(Technology Knowledge,TK)。这3个核心要素相互融合产生4个复合要素:学科教学法知识(Pedagogical Content Knowledge,PCK)、整合技术的学科内容知识(Technology Content Knowledge,TCK)、整合技术的教学法知识(Technology Pedagogical Knowledge,TPK)、整合技术的学科教学法知识(TPACK)。TPACK框架要求教师不仅要知道教什么(所教授的特定学科的知识)、怎么教(教学过程中涉及的策略、方法等),还要熟练掌握相关信息技术(计算机、互联网、数字化教学资料的运用和制作等);教学实践中,CK、PK、TK是相辅相成、有机融合的。

对大学英语教师而言,CK 主要指和英语语言、英语国家文化等相关的知识,PK 主要指二语教学的理论知识和实践能力,TK 主要指现代信息技术的运用能力。如果说CK 和PK 是对教师必备能力在传统意义上的要求,TK 则是时代发展对教师提出的新要求。在大学英语教学实践中,这三者不是简单叠加,而是相互影响、动态融合的,这就要求教师思考如何提升自己的现代信息技术,如何适当地利用信息技术为学生创造良好的语言学习环境并培养其良好的语言学习习惯。

三、大学英语教学案例

2020年上半年,各行各业都面临新的挑战,大学英语教师也不例外。在学生不能返校的情况下,原本以线下课堂教学为主的授课模式无法继续,对于新的线上授课模式,即使是有着丰富混合式教学经验的教师,也觉得很难适应。本案例简单介绍了笔者2个月的线上教学过程和体会(之前从未尝试过线上教学),以期从个案反映大学英语教师在TPACK能力方面存在的问题和挑战,探索如何提升教师的TPACK素养,在教学效果最优化的同时实现自身的专业发展,实现自我价值。

(一)教学准备

本教学案例的主要教学对象为注册会计师专业2019级2班、工商类2019级3班、法学类2019级2班和3班,授课时间为大学一年级第二学期(2020年3—4月),每周3个课时。

本案例所用教学工具如下:教材《全新版大学英语 综合教程4》(第2版)和《全新版大学英语 听说教程4》(第2版)、学银在线《全新版大学英语 综合教程4》慕课(第1单元—第3单元)、泛雅网络教学平台、批改网、词达人微信公众号、爱听外语App、钉钉群等。

(二)教学设计

2个月的线上教学中,在TPACK框架下,笔者尝试建立以产出导向法为基础的教学模式,在提升学生英语应用能力的同时,发现自身在TPACK能力方面的不足之处并加以改善。

按照教学大纲,2个月应完成《全新版大学英语 综合教程4》第1单元到第3单元的教学,同时学生还应自主完成《全新版大学英语 听说教程4》第1单元到第7单元的听力训练。感谢各大网络学习平台间的互助合作,笔者得以把学银在线的慕课资源"克隆"到浙江工商大学学生更常用的泛雅网络教学平台,作为线上教学的主要网络资源。该慕课每个单元都设有文化背景知识、高频重点词汇、核心句型结构、翻译技巧和写作技法等5个板块,每个板块配有小段教学视频、相关内容的PPT课件和形式多样的课后练习,适合学生进行线上自主学习。虽然短视频限制了教学内容,但在泛雅网络教学平台上,教师可将自制课件加入相关模块,供学生自学,毕竟大一学生在词汇、句法方面还是需要多多积累、练习的。同时辅之以移动端公众号、应用软件、社交软件,如在钉钉群发布每日朗读打卡,在爱听外语App上为学生提供移动端的听力练习,等等,为学生构建一个多维的语言学习空间。每个单元2篇课文(Text A、Text B)共计9个课时,大致安排如下。

1. **课前**

学生自学该单元慕课的文化背景知识、高频重点词汇两个板块,完成课后练习;由于慕课只关注每篇课文的3—5个重点词汇,在词汇板块,笔者还会在泛雅网络教学平台的课程资源中加入自制课件,要求学生预习,并完成笔者布置的词汇练习。

教师通过微信词达人公众号布置课文相关词汇预习,可以根据大纲要求选择重点词汇,再根据学生水平和薄弱环节选择不同难度的题型。一般要求一周内完成,教师可设定学习截止时间,并随时通过公众号了解学生的完成情况。

教师可以在泛雅网络学教学台上传与课文主题相关的视听资料,并布置相应作业,使学生在进一步了解课文主题的同时,增加语言输入,消化吸收之后以完成作业的形式进行语言输出。这类作业的完成时限,教师可根据其难易程度灵活处理。如第一单元 Text A《冰雪卫士》以严寒的冬天如何帮助俄罗斯人民击退入侵敌人为例,介绍大自然对人类社会的影响,笔者在泛雅网络教学平台的资料板块上传了一段列宁格勒保卫战胜利70周年的新闻报道,布置了听新闻填空的作业,要求学生一周之内完成。学生普遍反映该任务既练了听力,又让大家对这段历史有了更清晰的认识。再如第二单元的两篇课文都是关于智能汽车的,笔者挑选了谷歌无人车部门的核心创始人 Chris Urmson 所做的 TED 演讲"How a Driverless Car Sees the Road",设计的作业是问答题(What do you think is the most impressive about the driverless car? What would you like to discuss with the speaker if you had the opportunity?)。因为听懂演讲难度较大,且第二个问题相对开放,笔者给了学生2周的时间,可以慢慢磨耳朵练听力,也可以在学习课文后进一步思考。从学生提交的作业看,大部分学生能基本听懂演讲内容,并结合课文提出诸如极端情况下的安全保障、事故责任认定等各种讨论话题。

2. **课中**

每个单元有9个课时的线上课堂教学,笔者一般通过钉钉群直播。和录播相比,直播和线下课堂更接近,教师几乎可以实时和学生互动,把握学生的学习状态和知识理解程度,随时调整教学方法及进展,更好地为学生答疑解惑。

(1)1—3课时。讲解该单元慕课前两个板块,即文化背景知识、高频重点词汇(Text A)。学生课前已对Text A的主题、词汇做过预习,所以教师的主要任务是检查并讲解重点、难点,针对作业反映出的易错点和学生反馈的疑惑之处进行讲解,也可以在文化背景知识板块,引导学生拓宽思路。如第一单元Text A,笔者先让学生分组做brainstorming,列举其他自然之力影响人类社会的例子。有些小组从军事、经济、生活等方面举例,有些小组则从有害影响、有利影响来举例,从草船借箭、滑铁卢战役,到气候对农业生产、人类饮食习惯的影响,学生们以语音或文字形式,在班级钉钉群里回复小组的讨论结果;然后笔者在泛雅网络教学平台讨论区提出问题:

> What do you think is the role of the forces of nature in the course of history? Please make a list of instances where man conquers nature and come up with cases where the forces of nature are too powerful to resist.

请学生们留言讨论。

第一次课后笔者会布置学生在词达人公众号完成Text A词汇测试,自学泛雅网络教学平台慕课核心句型结构、翻译技巧两个板块并完成课后练习,准备该单元和口语考试相关的小组讨论。

(2)4—6课时。结合慕课核心句型结构板块讲解Text A课文,重点引导学生关注篇章结构和写作技巧。如:第三单元以求职为主题,Text A作者以自身经历引出主题,并提出4条建议帮助求职者得到理想工作。大多数学生能注意到以小标题形式出现的4条建议,但对作者举例论证的写法及每个例子不同的写作特点就只能在教师引导下才会关注。英语阅读中,学生往往过度关注词句层面,对段落或更长的篇章则不够重视。笔者希望能通过对语篇分析能力的培养,引导学生不再一味采用偏重语言因素的bottom-up阅读模式,而是能结合关注逻辑思维的top-down阅读模式,从而潜移默化地提高学生的语言输出质量和逻辑思维能力。

　　翻译技巧板块是以往的线下课堂常常忽略的,虽然慕课中每个单元只安排了一种翻译技巧的简单介绍,但结合课文句子的讲解方式更容易使学生掌握该技巧的特点。学生普遍反映做翻译练习很烧脑,但能锻炼自己灵活运用语言的能力;而且网络平台上的翻译题,比课本里的同类练习更丰富、更有针对性。

　　本次课中,学生们还会用钉钉群的视频会议功能,开启摄像头,共同讨论练习和单元主题相关的内容,组员们虽然不能和以前一样围坐在一起进行讨论,但通过视频会议,也能看到同伴的表情、动作,在电脑、手机等硬件及网络正常的情况下,这类口语活动可以如常进行。

　　第二次课后,笔者会布置学生在词达人公众号完成Text B的词汇测试,自学泛雅网络教学平台慕课写作技法板块、自制Text B部分课件并完成课后练习,以及其他可以通过网络教学平台或钉钉群提交的作业。如预习第二单元Text B时,笔者请学生们根据课文内容绘制思维导图,从大家提交的作业可以看出大部分同学对课文内容及各信息点之间的关联有比较好的把握。

　　(3)6—9课时。讲解慕课写作技法板块,或结合所学课文,或适当补充课外材料。如第二单元该板块介绍因果关系,笔者在泛雅网络教学平台的资料部分上传了一段英语视频,介绍了英语说明文的类型和写法。这样,学生在学习写作技巧的同时,也练习了听力。

　　Text B一般由学生自主学习,笔者会根据学生作业完成情况及学生通过钉钉群、微信给笔者的反馈,讲解某些重点词汇或长句、难句。

　　第三次课后,一个单元的教学任务就基本完成了。3周时间里,教师以任务驱动、产出导向的方式培养学生自主学习能力,通过网络教学平台、公众号、社交软件等信息手段,发布学习资料,推送学习任务,还可以在网络平台监控学生的学习进度,跟踪作业及测试成绩,了解学生的薄弱环节,及时调整课堂教学重点、难点,并有针对性地布置课后练习。学生可以和小组成员进行线上讨论,向教师反馈学习成果。整体教学活动是笔者对TPACK框架下大学英语课程整合技术,构建师生、课程内容以及信息技术之间的动态交互网络所进行的粗浅尝试。

(三)教学反思

两个月的线上教学,使笔者深切体会到了信息技术对大学英语教学的深远影响。在以前的教学活动中,笔者也会制作PPT课件,利用多媒体手段,在互联网上搜索相关教学材料,但更多的时候,PPT课件不过是较为美观地对知识点的呈现,笔者不过是多媒体教室里的幻灯片放映员,线上资源不过是英语学习的调味剂。只有将信息技术、教学法、学科内容有机整合,才能达到最佳教学效果。两个月的线上教学,最初笔者是不得已而为之,到后期收获满满。在笔者看来,TPACK模式最重要的影响体现在师生角色的变化上:TPACK框架下的线上教学对教师的能力和作用提出了更高、更新的要求。要实现技术与课程的融合,教师除了"传道、受业、解惑",还要成为信息技术的掌握者、技术与教学的融合者以及"学习共同体"的构建者。同时,学生通过网络自主学习平台和小组合作学习实现师生、生生互动,从被动的知识接受者转变成主动的学习参与者与知识创造者。这一点,从两个月来钉钉群的学生消息回复数、泛雅网络教学平台的各种学习数据中都能看到。

当然,这段时间的教学,也有不尽如人意之处,如:线上教学对师生的硬件设备、网络条件及网络平台的建设水平都有较高要求;要达到线上教学的最佳效果,学生的配合不可或缺,这需要学生有一定的自控力和学习热情;最重要的是笔者自己的TPACK能力有待提高,一方面是多年来对文科教师不需要精通电脑或网络技术的错误认识导致的自身信息技术不足,另一方面是缺乏实践经验造成的不擅根据教学内容和教学法恰当地使用技术(何克抗,2012)。

四、结语

　　线上教学的时间是短暂的,然而随着信息技术的迅猛发展,目前包括大学英语在内的很多课程,教学模式发展的趋势是线上线下混合教学,这也对教师的TPACK水平有更新、更高的要求,大学英语老师应与时俱进,充分重视培养自身的TPACK能力。只有在这一理论的指导下,有效地整合并优化学科知识、教学法和现代信息技术,教师才能为学生创造最优的英语习得环境,让自己走上专业发展的道路。

参考文献

MISHRA P KOEHLER M J, 2005. What happens when teachers design educational technology? The development of technological pedagogical content knowledge [J]. Journal of educational computing research, 32(2): 131-152.

何克抗,2012.TPACK——美国"信息技术与课程整合"途径与方法研究的新发展(下)[J].电化教育研究(6):47-56.

基于数据挖掘技术的外语学科教师的学术发展特点和科研管理举措探析*

陈　帅[①]　赵延敏[②]

教育大计,教师为本。教师素质是决定高等学校教学质量、科研创新能力和社会服务能力的关键要素,而科研能力则是高校教师的基本素质之一(束定芳,2009)。在现行高等教育评价体制下,科研能力也是高校教师必备的生存能力。对高校外语教师来说,目前教学仍是绝大多数的工作重心(夏纪梅,2002),而且外界对外国语言文学的学科体系和学科群的建设仍未给予足够的重视,进而严重影响外语教师科研能力发展(汪晓莉,2011)。

随着计算机技术,特别是数据库技术的发展,高校信息化水平有了很大的提高,各类管理信息系统以及网络上权威检索数据库中存储的数据都已初具规模,积累了大量的教学、科研、人事等信息,只是这些以台账管理为主的管理系统缺乏综合分析、辅助决策的功能,不能为学校高层领导做出教学、科研决策时提供全方位的科学依据(杜聪,2009)。数据挖掘技术的出现和发展为此提供了有力的支持,本文拟以外语学科发展现状、外语学科教师的学术发展特点为出发点,从数据挖掘的角度对科研管理的改进举措提供建议性意见,具有较大的理论研究价值,而且具有极大的应

* 基金项目:本文系浙江省社会科学界联合会研究课题"基于大数据技术的普通高校优势学科群的凝练及其提升机制"(编号:2019N21)、浙江工商大学高等教育研究课题"基于数据挖掘技术的普通高校科研管理提升机制研究"(编号:Xgy20034)、浙江工商大学学科建设管理项目"基于科研数据分析的我校学科结构及优势学科发展路径研究"(项目编号:XXK2019007)的成果。
① 陈帅,硕士,浙江工商大学外国语学院,研究方向为科研管理。
② 赵延敏,硕士,浙江工商大学信息与电子工程学院,研究方向为数据挖掘。

用前景。

一、高校外语教师的科研现状

(一)人均科研成果数量少

浙江工商大学外语教师队伍非常庞大,共计131人,专任教师数量为119人,是全校人数最多的学院之一。承担全校大学英语、研究生英语以及英语相关专业的教学工作,教学任务繁重,人均课时多。无论是高校英语教师,还是其他语种的教师,人均科研成果数量都非常少。调查显示,教师的年龄与他们的工作重心存在显著关系,其中男性教师比女性教师更倾向于科研工作,年轻的教师(40岁以下)比中青年教师(40—60岁)更倾向于科研工作,学历和职称越高的教师,工作重心会越偏向于科研,而目前外语教师以中青年女教师为主,人均科研成果较少。

(二)优秀科研成果缺乏

与庞大的外语教师队伍规模形成鲜明对比的是,高校外语教师的优秀科研成果相对较少。高校外语教师在国际上发表的论文屈指可数,缺乏国际影响力。核心以上期刊也是高校职称评聘时的重要指标,优秀科研成果的缺乏无疑成为晋升瓶颈。

(三)创新性研究匮乏

外国语言学研究中纯粹的介绍不是创新,外国理论加中国例子也不能算创新,"解释"别人的理论也不是创新。创新性的研究必须要有问题意识和理论意识。对照这一标准,外语学科中翻译理论与实践研究以及创新性的外国语言学研究非常匮乏。而在研究生培养阶段,专业笔译和口译是外国语言文学学科的重要研究方向,大量学者从事翻译学相关研究,这无疑增加了翻译学者的科研创新难度。

二、提升中国高校外语教师科研水平的举措

(一)凝练学科方向,构建学科体系

外语学科的发展是外语教师形成自己稳定的科研方向与科研团队的前提,更是接轨国际学术研究前沿、参与高水平创新性研究的前提。建设一支思想过硬、学术功底扎实、年龄结构合理的学术梯队显然是外语科研水平的根本保证。借鉴国内外的成功经验,加强学术队伍的交流,加强院校之间研究人员的交流,防止"近亲繁殖",从而保证学术资源、知识结构互补优化,为外语学科体系的建立创新奠定人才的队伍基础(戴炜华,2009)。加强学科建设与科研工作的有机结合,着力构建共享平台,提升信息服务水平,实现资源的有机整合。此外,还要整合不同学科的学术资源,联合攻关重大课题。

(二)加强博士研究生教育,提高外语教师整体科研水平

博士点的数量和博士研究生的培养质量决定了外语界整体科研水平的高低(戴炜华,2009)。我校外国语学院自2018年成功申报外国语言文学一级学科博士点后,科研成效显著。近3年,国家社会科学基金项目立项总数和科研论著质量明显提高。

(三)增加外语学科核心期刊数

外语类CSSCI来源期刊数量偏少,仅有不到20种。年度文章刊载总量严重偏低。出版周期普遍偏长(庄智象,2006),外语类CSSCI来源期刊基本上都是季刊和双月刊。学校在科研考核评价时,可面向外语类教师征集核心期刊目录,增加我校核心期刊数。

(四)推进科研管理方法

要全面提升外语学科的研究水平,必须注意其研究方法的"与时俱进",批判地吸收国内外已被实践证明行之有效的研究手段和方法,充分

使用高科技的辅助手段来进行人文社会科学研究,以提高研究的效率,如采取数据挖掘技术、建设管理信息系统等。

三、数据挖掘在科研管理中的应用初探

基于上述对外语学科发展现状、外语学科教师的学术发展特点以及提升外语教师科研水平举措的研究,综观当前数据挖掘技术的应用,大多集中于商业流通领域,而对高校中信息化的分析还不够。高校教师申报项目的积极性高,因此如何提高申报立项率是科研管理中的重要一环。

基于此,将数据挖掘方法引入高校科研管理中(Han & Kamber,2001),综合应用关联规则、文本挖掘、聚类分析等数据挖掘方法,可以发现高校科研信息中隐含的规则和知识,一方面对教师申报科研项目起到一定的指导作用;另一方面可以挖掘地方院校的科研优势,找出科研重点学科领域,凝练科研数据分析,加强我校学科结构及优势学科发展,提升学校的核心竞争力。这一技术的应用具有较大的理论研究价值,而且具有极大的应用前景。

(一)基于关联规则的数据挖掘技术在高校教师项目申报中的应用

关联规则技术能对积累的科研数据进行统计,发掘影响科研成果的关键要素(如纵向科研项目申报成功与否和项目组成员的团队结构、研究基础、申报的项目级别、是否有合作单位等)(唐恒永,2004),以及各科研要素间和科研成果间的关联规则,从而为领导组织、协调及评价教师科研工作,做出科研决策提供科学依据(Liao,2009);并能对积累的项目申报书的主要影响因子进行统计,发掘项目申报人和成员的职称、学历、研究基础等因素与项目立项成功与否的关联规则,从而对教师申报科研项目起到一定的指导作用。

(二)基于文本挖掘技术在科研项目管理中的应用

基础科学研究的学科间相互交叉的日益加深及科研项目申请数量的

急剧增加为科研管理工作提出了新的课题,传统的基于信息的科研管理模式已经不能适应目前的管理工作,这对科研项目的知识管理产生了迫切的需求,而文本挖掘是知识发现的有效手段。

(三)基于聚类分析的数据挖掘技术在提炼高校品牌特色领域中的应用

数据挖掘技术在科研信息管理中的应用,不仅可以为学校领导层的科学决策提供依据,在科研信息管理系统中也具有非常重要的意义,如通过数据挖掘对项目进行分类,提高项目检索效率(Lee,2010)。通过使用数据挖掘中的聚类分析方法,可以找出地方院校科研重点领域,提炼出品牌特色。其主要内容包括:参与国家级项目课题组相关数据的收集,对国家级项目进行聚类分析,采用统计分析等方法对结果进行解释。

总之,中国高校外语教师的科研现状不容乐观,究其原因与学科发展特点和科研管理机制有着密切关系。加强学科建设、成立高水平科研团队、完善科研管理体系是科研管理工作有条不紊进行的必要前提。充分使用数据挖掘等高科技辅助手段进行科研管理,提高管理效率,可以为教师提供更优质的科研服务。

参考文献

束定芳,华维芬,2009.中国外语教学理论研究六十年:回顾与展望[J].外语教学,(6):37-44.

夏纪梅,2002.大学英语教师的外语教育观念、知识、能力、科研现状与进修情况调查结果报告[J].外语界,(5):35-41.

汪晓莉,韩江洪,2011.基于实证视角看中国高校外语教师科研现状及发展瓶颈[J].外语界,(3):44-51.

杜聪,2009.数据挖掘技术在科研评价系统中的应用研究[D].济南:山东大学.

汪晓莉,刘淑华,2010.需求导向的中国外语高等教育战略初探[J].外国语,(6):41-58.

戴炜华,2009.外语语言学科建设和研究生教育[J].外语界,(5):2-9.

庄智象,2006.以个性求出路、以人才求发展——我国外语学术期刊的现状、挑战与对策[J].编辑学刊,(4):60-64

唐恒永,2004.高校科研决策支持系统中关联规则挖掘的应用[J].沈阳师范大学学报(自然科学版),22(1):7-1l.

韩家炜,坎伯,2001.数据挖掘:概念与技术[M].范明,孟小峰,等译.北京:机械工业出版社.

LIAO S, CHEN J, HSU T, 2009. Ontology-based data mining approach implemented for sport marketing[J]. Expert systems with applications, 36(8): 11045-11056.

LEE S, 2010. Commodity recommendations of retail business based on decision tree induction[J]. Expert systems with applications, 37(5): 3685-3694.